利他到覺悟

證嚴上人利他思想研究

何日生 著

推薦序

行菩薩道　做慈濟人

樓宇烈
北京大學哲學系教授
北京大學中國文化研究院榮譽院長

證嚴上人是當今臺灣地區及全球一位極有影響的佛教領袖人物，其創立的「慈濟功德會」不僅在臺灣有著極大影響，而且在世界上也有廣泛的影響。

慈濟功德會本著佛教慈悲濟世的精神，在全世界積極推進各項慈善事業，其中包括教育、醫療、救災、扶貧等眾多方面。他們在臺灣和世界各地建學校、開醫院，扶貧困等，特別是在救災方面，更是常常在第一時間到達災害發生地區，給當地政府和災民都留下深刻的印象。慈濟功德會的這些慈善實踐業績，與證嚴上人對佛教慈悲濟世理念中「利他」精神的發掘、闡發、弘揚、實踐是分不開的。因此，深入研究證嚴上人「利他」精神的思想和實踐，對了解「慈濟功德會」的整體精神和事業有著重要的實際意義。

證嚴上人是把佛教的精神、菩薩的精神，與中國儒家的精神緊密結合，體現出漢傳佛教的一種傳統，從禪宗一直到近代的一些大師，首先培養人，成為一個完善的人、完美的人。

就像太虛大師所講的，「仰止唯佛陀，完成在人格，人圓佛即成，是名真現實。」這是真的，現實的，我們所景仰的是佛陀，但是怎麼樣完成你的景仰呢？就要落實到你人格的養成，人格的圓滿；人格圓滿了，也就成佛了。

我們不要像在印度後期佛教那樣，只是去拜佛、拜菩薩，求佛、求菩薩，而要去學佛、做佛，學菩薩、做菩薩，我想，在這一方面，慈濟給我們樹立了一個很好的榜樣，有那麼多的慈濟菩薩都是在為社會服務，為眾生服務，為全世界的人類服務。我覺得在慈濟走過五十周年，將來怎麼樣發展，應該是很明確的——繼續發揚慈濟這種行菩薩道的精神，做一個真正的慈濟人！

慈濟大家庭以天下一家親的情懷，對於這個世界、人類生存的地球所付出的大愛精神，真是令人非常感動。這種精神，我覺得是來自於證嚴上人對於佛法的智慧。佛法在世間，是隨著世間的發展而發展的，佛教的根本精神就像印順導師所說的，是契理、契機的。它既要秉承佛法的根本精神，又要隨著時代的變化，不斷地適應時代的發展。環顧當代佛教發展，上人所開創的慈濟志業，可以說在當今的佛法中，是一面旗幟，是對佛教精神大大的發揚。

何日生博士追隨證嚴上人，在慈濟功德會工作多年，對證嚴上人的思想有深入的了解和體會。他在《利他到覺悟》這本書中，首先梳理了證嚴上人慈濟宗門「利他覺悟」的基本思想，如：「慈悲行與究竟覺」、「緣起法與慈濟大愛」、「利他精神與菩薩道」、「從利他到成佛的歷程」等。然後，探討了證嚴上人慈濟宗門思想，是如何在融合佛、儒、現代科學等，以及傳統和現代的過程中形成起來的。

本書詳細地分析了證嚴上人創立慈濟宗門的思想體系，探究了這些思想來源的主要佛教經典，以及其中一些主要的思想。如：「從緣起契入無我」、「與萬有合一」、「以勤行禪定」、「以眾生為師」、「以無所求覺悟」、「在利他中清淨」等，這些對今天學佛的人都有相當的啟發意義。

書中對證嚴上人慈濟宗門利他思想的實踐體系的梳理，以及對其現世意義分析，也相當細緻和富有啟發。這是一本迄今比較全面、系統研究慈濟功德會、慈濟宗門核心思想和實踐的書籍。由於慈濟功德會對社會做出的貢獻，人們對其實踐的指導思想有著濃厚的興趣。這本書的研究成果，具有很高的理論和現實意義，一定會在社會上發生廣泛的影響。

本書使用資料翔實可靠，內容豐富，分析詳細，條理清晰，邏輯嚴謹，行文流暢，是一本了解證嚴上人思想與慈濟宗門實踐理路的重要著作。

推薦序
慈濟宗門　以人為本

許木柱
慈濟大學　副校長
慈濟大學人文社會學院　教授

本書精緻地闡述證嚴上人利他思想的緣起與實踐，也是中文世界第一本深入而系統性的闡述慈濟宗門的佛法基礎與實踐法門。何教授年輕時即對哲學、文學、心理學深感興趣，廣泛地閱讀不同領域社會科學家的論述，對當代思潮奠定了寬闊的理解，更重要的是對表面現象背後的意涵具有獨特的敏感度，因此總能在幽微之處點燃明亮的理解之光。

十五年前，當時在傳播界廣為人知的何主播，捨棄令人欽羨的名位，毅然投入慈濟，長年跟隨證嚴上人，不僅擔任慈濟基金會的發言人，建立慈濟與外界溝通的管道，也參與慈濟的海內外援助。何教授長期聆聽證嚴上人在不同場合的開示，以及在北京大學接受的佛學訓練，使本書成為全世界極少數能精準詮釋證嚴上人的佛法思想與慈濟宗門實踐的著作。

證嚴上人於五十二年前創立佛教克難慈濟功德會之後，即以「內修誠正信實，外行慈悲喜捨」的一念心，始終如一地帶領全球廣大的慈濟弟子，實踐佛法的利他精神。其實踐過程即是透過以無所求的付出來利益眾生，而且是以無分別心與感恩心去付出，契入無我的境界，得大智慧，達到覺悟究竟之境，由此獲得個人（自我）的圓滿與解脫。

本書的精闢剖析使讀者得以理解，為何慈濟人面對苦難眾生時，總是毫不猶豫地主動伸出援手，積極而真誠的關懷，而且不分宗教、種族與國家，只要有慈濟組織的地方，哪裡有苦難，就會有慈濟人藍天白雲的身影。作為臺灣大型的慈善組織之一，慈濟基金會在臺灣，除了長期每月提供固定的金額濟助數萬個個人及家庭脫離貧困，有些人也從手心向上，翻轉成為手心向下的助人者；慈濟每年並提供新芽獎助學金，幫助近萬名清寒學生安心就學。此外，慈濟在災難援助上強大而有效率的動員力，更備受推崇與尊敬，特別是在比較大型的災難，例如臺灣的九二一大地震、莫拉克風災、其他大小不等的風災，以及桃園、澎湖、基隆河等地的空難；在海外方面，中南美洲各國的土石流、伊朗巴姆城地震、海地大地震、卡崔娜颶風、紐約雙子星大廈恐攻、印尼紅溪河水患、南亞大海嘯、緬甸熱氣旋、四川（汶川、雅安）大地震、日本東北大地震、菲律賓海燕風災、尼泊爾地震等等，臺灣島內及海外各國的慈濟人，都快速地走入災區，而且總是第一個到，最後一個離開。直至目前，慈濟人的身影還在許多地區持續關懷，例如慈濟高雄杉林園區、四川雅安、海地等。

所有這些慈善援助，都根源於證嚴上人不忍眾生苦的慈悲心，以及祈願眾生得離苦的大悲願。這也說明了為何證嚴上人不斷叮嚀慈濟弟子與慈濟的四大志業，要合心、和氣、互愛、協力，因為天下的苦難如此巨大，只有每一個人放下我執與身段，以感恩心付出而無所求，不斷地利益眾生，才可能產生大愛的循環，如慈濟宗門依循的《無量義經》所說的「布善種子，又一而生無量」，如此才可能達致「人心淨化、社會祥和、天下無災難」的琉璃世界。

本書的論述一方面深入闡述證嚴上人的佛法思想，同時也契合許多可歸類為後現代社會科學家的理論。例如，以感恩心付出而無所求的大愛情懷，彰顯法國社會思想家 Pierre Bourdieu 實踐理論的價值，亦即每一個人都具有主觀性與主動反應的本性，而其行為表現與價值觀（道德）的塑模，都必須在人際互動的過程中自然孕育而成，由此而形成規範個人行為的文化理解。另一方面，慈濟現象也呼應了 Rogers、Maslow 等人文心理學家在一九六〇年代即大聲呼籲的「以人為本」（person-centered）的主張。此外，一九九〇年代興起的正向心理學，主張「人類長處」（human strengths）對人類社會發展具有重大的意義，在 Seligman、Snyder、Lopez 等人所提出的六大面向、二十四項正向特質中，就包含了慈濟人文的許多核心價值，例如慈悲、喜捨、知足、感恩、包容、善解、誠實、正直等。可見東西方思想家對人類社會的永續發展，顯然有相當一致的觀點。

本書的出版將證嚴上人的思想體系與人間佛教做了清晰的因果論述，而在資本主義與個人主義盛行的全球化環境下，證嚴上人以人為本的入世實踐，不僅對許多強調個人欲念與極端主義的個人具有振聾啟聵的意義，也對整個社會指引一條臻至祥和、安寧而得以永續發展的理路。

目次

第三章　證嚴上人立慈濟宗門之思想體系

緒論

本書從慈濟宗門創立者證嚴上人的利他實踐精神出發，探究佛教利他思想的再現與保存，其精神於現世間的意義與影響，以及從利他通向覺悟的思路。

生活在當代科學主義至上、工業資本環境勃興與多元價值並陳的我們，兩千多年前佛陀邁向覺悟境界的教法，是否可引以為今日吾人生命終極的追求？是否能成為個人生命可實踐的目標？如果是，它的實踐內涵與具體的模式為何？當代社會中諸多的歷史條件，能否為這樣的思想與實踐提供有力的、可行的支援環境？

佛教作為人類歷史進程中最重要的信仰之一，其經典經過數百年部派佛教的詮釋，以及近兩千年大乘佛教的淘煉[1]；傳到漢地，也歷經一千九百年，[2]經由漢傳佛教修行者的詮釋與對中國文明的適應，它原始的面貌與內涵已然經過許多的修正、轉折與隱落。尋求原始佛教的意義，並不是在尋求的過程中，考據原始的佛陀如何說如何說，而是試著揮開兩千多年曲折蜿蜒的不同文化適應中所產生的諸多扭曲與包袱，而能更直接且深入地掌握佛教的根本教義，從這根本的教義中試著找出它在當代文化中的新適應，這新適應包括建立系統而合宜的思想詮釋、真實的宗教經驗與具體的社會實踐。

證嚴上人以佛教之利他思想為基礎，在利益眾生之際，清淨自心，最終契入究竟覺悟之境。證嚴上人[3]開立慈濟宗門，建立從行善到體現一切善行的佛教修行法門，從利他臻於究竟覺悟之境。其宗門之理想是以提供眾生身、境、心的圓滿具足為目標。

本書分析闡述證嚴上人之慈濟宗門利他精神之要旨、利他與究竟覺悟的思想關聯、其實踐之體系，以及對當代佛教及世界文明之影響。

一、佛教利他的思想

從因緣法的立場，萬物相通相連，沒有一物單獨存在，一切相依相生。覺悟，就是體解緣起法，證悟萬法是一，利他與利己不二。以慈濟宗門出發的佛教利他思想，其意指利他不只是覺悟後的運用，而是究竟覺悟的根本，甚至是究竟覺悟的本身。

佛陀是自覺、覺他、覺性圓滿。佛陀的覺性已經圓滿，他還要眾生都圓滿。從「萬法是一」的思想，徹底的利他，直到一切眾生都覺悟清淨本性，佛的覺性之願力才算成就；諸佛共具之總體的、抽象的、總稱的佛性才堪稱圓滿。因此，「終極的利他」就是「究竟的覺悟」。

佛教利他思想提供當代人一條可依止、可實踐的路徑，這實踐路徑契合當代社會繁忙的物質生活、緊密的人際關係，以及多元價值的文明樣態。在佛教利他的思想上，以慈悲看待一切的緣起，以大愛回應一切的因緣，因而與眾生、與萬物共生共榮。這種思維與實踐之道，對於追逐物

1 平川彰，《印度佛教史》（臺北：商周出版社，二〇一四，二版），頁二二〇。

2 任繼愈，《中國佛教史》（北京：中國社會科學出版社，一九八五，初版），頁一。

3 本書將以「證嚴上人」或「上人」稱謂證嚴法師，以符合一般人對此稱謂的熟悉與理解。另外為對於佛教法師無性別的尊重，本書以「他」而非「她」來表述證嚴上人之性別稱謂。

質文明為先，個人利益至上的當代社會所衍生的各種衝突，會是一條有效的梳理、和解之道。

本書擬以慈悲濟世為使命的慈濟宗門創立人證嚴上人的思想與實踐為核心，提出慈濟宗門如何在提倡利他度己的歷程中，體現淑世的理想，同時淨化自心。並在自我與群體的共同願力中，超越個人短暫、有限的生命，而逐漸邁向佛陀所教示更高遠的覺悟之境界。

在過去佛教思想的研究與實踐中多是偏向佛陀對禪定解脫的教法，認為世間苦，離世間為上，或認為入世救度眾生，就是給眾生佛法，而對於眾生的現實苦難未必能真正拔其苦、予其樂。「只給佛法」已經足夠，對於現世間的苦難只能一旁不捨、觀看的傳統佛教思維，在近代中國的太虛大師、印順導師等提倡的人生佛教、人間佛教，已經從避世修行，走向入世修行。太虛大師、印順導師提倡「自利利他、自度度人」的思想，對於中國佛教，乃至全球佛教的當代發展都起了積極的作用。

但是直到今日學術界對於佛教利他思想的探究仍然非常有限。佛教的學術研究主流仍然以佛陀的教義、經典為主，而把佛教入世運用這一區塊，讓給人類社會學家作為佛教的現象與運用研究。在不把佛教利他思想作為佛陀教法之核心，不以利他實踐作為佛陀本懷的思維中，佛教利他仍只是工具，是究竟覺悟之後的運用，而非本體。

本書以證嚴上人的利他思想與精神為核心，從利他的實踐契入自他不二的理想，探討慈濟宗門利他思想作為佛教適應當代的思想與實踐基礎，亦闡明佛教利他思想是覺悟的本體與覺悟必要之路徑。

佛教利他思想是側重實踐的，而宗教信仰的核心就是體證。如保羅・田立克所主張的宗教不是知識，不是思想，而是一種體驗。[4] 因此在佛教利他思想的理解討論中，實踐之例證是關鍵的核心議題。本書從證嚴上人作為當代佛教入世利他的重要實踐代表力量，探究其思想與實踐模式。分析證嚴上人與佛教思想之淵源，及其適應當代社會的過程中，對於不同文明價值之吸納。歸結佛教的利他是佛陀本懷、是覺悟的根本，也是將現實世界良善化的重要實踐道路。

二、近當代西方利他之研究

當代西方對於利他的探討專書與論文之數量，遠遠超出佛教利他思想之專論很多。西方論述利他思想之專論，包含從生物科學、經濟學、心理學、哲學、倫理學、宗教學等角度探討人類利他的行為模式。並分析激發利他行為的社會條件與時機。哲學與宗教的角度從倫理學探討利他的思想內涵及其實踐原則。西學利他的重要著作與觀點分析如下：

4 保羅・田立克（Paul Tillich）著，魯燕萍譯，《信仰的動力》（*Dynamics of Faith*）（臺北：桂冠出版社，一九九四），頁六、頁二七。

（一）利己式的利他

十九世紀達爾文的進化論觀點指出人類的本性是利他的意向。利他讓人類免於滅絕的危機。達爾文認為利他精神是從進化的過程所衍生出來。達爾文觀察物種之間的競爭，得出具備利他的物種較容易在競爭中生存下來。

達爾文進化論學派的學者，如近代心理學家蘇伯和威爾遜（Sober and Wilson）則從實驗中總結，道德的利他是從進化的原理所衍生出來，以利物種的延續及社會規範的建立。進化論學者提出「親近互動機制」（Proximate Mechanism），論證人類之所以發展出巨大社群，而猩猩等其他物種沒有這麼成熟複雜的社會體系，是因為人類社會具備利他、互助的文化機制。

相對於佛教將利他與利己相結合的思維，西方哲學對於利他與利己的辯論已經數千年。利他，在邏輯上似乎與利己是相違背。從亞里斯多德到聖托馬斯、尼采、佛洛依德等都認為利己才是人的本性。佛洛依德從心理學立場主張人是被個己欲望所驅使，利他的前提也是為了自利。[5] C．丹尼爾．巴特森（C. Daniel Batson）提出的利他心理學研究，大都環繞在利他不離自利的心理機制。筆者將西方這種心理學與實證演化論的利他之詮釋，稱為「利己式的利他」（Altruism for Self Interests）。

筆者認為，這種「利己式的利他」的思維，使得利他倫理觀點放諸一族群或一國族可以成立，而無法解釋從原始社會至近代人類社會，部落與部落、國族與國族、宗教與宗教不停的因自我群類之利益而爭鬥不已。

學者威廉・龐士東（William Poundstone）所著《囚犯的兩難》（*Prisoner's Dilemma*）[6]，以及大衛・麥克亞當斯（David McAdams）的《賽局意識》（*Game-Changer: Game Theory and the Art of Transforming Strategic Situations*）[7]，是從博奕模式出發，分析兩個囚犯彼此如能有良好的合作的默契，對彼此都最為有利。兩個囚犯分隔審問，都不願供出夥伴罪行，不是基於愛與利他，而是精心計算自我利益下的利他模式。

美國的羅伯特・艾克斯德（Robert Axelord）與漢彌爾頓（Hamilton）合作的《合作的進化論》（*The Evolution of Cooperation*）一樣採用博奕理論，探討互惠模式，不背叛彼此，對雙方的好處最大。互惠是基於「自利」而行使之。但是賽局理論的失靈，會發生在雙方都無法預估對方會怎麼做，此理論就會失效。

---

5 C. Daniel Batson, *The Altruism Question—Toward A Social Psychological Answer*,6. United Kingdom: Psychology Press, 2014.

6 威廉・龐士東（William Poundstone）著，葉家興譯，《囚犯的兩難：賽局理論與數學天才馮紐曼的故事》（*Prisoner's Dilemma*）（臺北：左岸出版社，二〇一四）。

7 大衛・麥克亞當斯（David McAdams）著，朱道凱譯，《賽局意識：看清情勢，先一步發掘機會點的終極思考》（*Game-Changer: Game Theory and the Art of Transforming Strategic Situations*）（臺北：天下雜誌，二〇一五）。

（二）唯心論的利他

西方理性主義對於倫理道德的思辨，是先建立在一個堅固的真理之可能，再從這可能性的真理出發，建構倫理學。康德把這道德倫理的真理稱為「善意志」。康德（Immanuel Kant）在《道德底形上學之基礎》（*Grundlegung zur Metaphysik der Sitten*）一書就說，道德的建立必須是普遍的、自然的、自發的、無現實目的的、無條件的一種律令。康德是先建立形而上的律令，再經自由意志運用至形而下的現實世界。約翰・羅爾斯（John Rawls）把康德的這種善稱為「觀念取向的欲望」（conception-dependent desire），亦即只要人們充分意識到道德的最高原則，而且這原則是深植於我們的自由之理性，人們就會產生根據此道德法則實踐的欲望。

宗教學者約翰・哈伍德・希克（John Harwood Hick）認為，康德至善的思想與佛陀的思想為相近[8]。因為康德倫理學所陳述的至善是應然、是實然、是必然的真理，與佛陀的覺悟與真理合一之境界相契合。但是筆者認為康德將理念與實踐二元分開，佛教的利他思想是世間與出世間、形上學與形下學的倫理實踐兩者不離、不異。

（三）超越哲學與利他

利他是超越自我的驅力。人對於超越的追尋如同卡爾・雅斯培（Karl Theodor Jaspers）在

《哲學信仰》中所說：「人體認到自己雖然是有限，但他的可能性似乎伸延到無限，這一點使他自己成為一切奧祕中最偉大的存在。」[9]卡爾・雅斯培以個體生命的「存在」必須認識超越的「存有」或「統攝者」，才是自身回歸的目標。

從宗教超越角度論述道德實踐的學者包括英國的約翰・哈伍德・希克主張人類都具備「第五向度——靈性的向度」；這個向度通向梵、上帝、佛性、道。只是各宗教的歷史條件與詮釋不同，但是都指向人類共同的生命體，這生命體是趨向合作、互愛、互助，共生共融。

近代的海德格之存有觀也是從超越的觀點談「存有」（Being or Dasein）。[10]人類的存在，萬物的「此在」（existence）是涵蓋在「存有」之中。海德格深受老子「道」的影響，其「存有」帶有「道」之含義。海德格甚且提出「無」與「存有」並立為一，是宇宙萬有的根本。但是海德格並沒有根本理解老子的道之含義。海德格的有與無是對立的兩面，此兩面組成萬有。老子的有無同出而異名，有無相生，皆源於道。西方的二元對立思維即便在汲取東方涵融思想之後依然存在。

從卡爾・雅斯培、海德格，到約翰・哈伍德・希克，西方宗教學者與哲學家在去除上帝的

---

8 約翰・哈伍德・希克（John Harwood Hick）著，蔡怡佳譯，《宗教之詮釋：人對超越的回應》（*An Interpretation of Religion: Human Responses to the Transcendent*）（臺北：聯經出版公司，二〇一三）。

9 Karl Jaspers, *The Perennial Scope of Philosophy* .UK: Routledge & Kegan Paul Press, 1950,51. "*He becomes for himself the greatest of all mysteries when he senses that despite his finite nature, his possibilities seem to extend into infinite*"

10 Heidegger, Martin *Being and Time*. US: Harper & Row, Publisher Incorporated Press, 1962. ,37~39.

框架之後，從東方的「道」、「無」、「法身」、「空」、「梵」等思想，去尋找對存在的理解方式。他們都指出有一大我的存在，個體的目標就是認識與回歸此大我整體存有之路徑。

當西方哲學家努力將個體與整體的對立找出路的時候，東方哲學家似乎早就悟透這二元對立背後的和合與一體。本書將分析立基於佛教思想的證嚴上人之利他思想與實踐體系，貫穿形上學與形而下的倫理學，主張利他是無量劫之累世修行，直到眾生皆得度，萬法歸一。而從倫理學的實踐主張與一切萬事、萬物建立愛的關係。本書闡述這種精神對當今佛教發展與世界文明之可能價值與貢獻。

三、利他範疇與名詞之界定

本書研究旨趣在分析當代佛教利他思想之實踐例證——證嚴上人創立慈濟宗的思想意旨及實踐理路。闡明佛教利他精神之理想，利他通向究竟覺悟的歷程；慈濟之佛教利他思想之於當代之實踐與適應模式。擬從佛教利他的本體思想著手，闡明佛教利他思想之主要內涵，以及證嚴上人對佛教利他思想的運用與開展。

（一）佛教利他之本體思想與基本情懷

1. 佛教自利與利他的意涵

西方心理學詮釋「自利」，是將「自利」解釋為自我利益之維護為先，他人之利益為後的思想與行為。而佛教的「自利」是指修行息滅貪嗔癡，體解因緣生滅法，了悟世間空、無常，契入清淨的自心作為自利之意義。非為向他人謀取利益之自私自利之意。自利的聲聞緣覺仍是大修行人，是不沾染世俗利益的。清淨的阿羅漢已經斷各種八苦，無求無欲，非為利益的追逐者。

自利的聲聞、緣覺在證得清淨涅槃之後，佛陀引導他們行菩薩道，以利他行，將他們所覺悟的清淨智慧法教導眾生，遠離貪嗔癡的顛倒妄想。其利他的原始意義亦與當代心理學的利他有所不同。當代心理學的利他是指為他人謀福利，不以自我利益為中心。佛教的利他行是以覺悟的清淨法為本，不是強調給眾生實質的物質利益（雖然可以包括物質的布施），而是給予眾生「習清淨、離欲苦、得淨樂」的智慧為其目標。

佛陀的利他是要引領眾生遠離物質性的貪欲，去除對利益的執著。這與當代心理學的利他思想有所區別。佛教利他，是要眾生斷欲清淨，不追求物質，不追逐欲望。原始佛教之利他行為，的確著重對心苦的對治。但是在佛陀的教義中，布施當然也包括對眾生的身苦、境苦的關注與救濟。只不過一切的布施，財布施、無畏施，都回到法布施為根本，即是「苦既拔已，復為說法」；說真實法，無為法，性相本空之智慧。

菩薩在度化一切有情體會法空無我之過程，修習一切智慧，忍辱、精進，一切困難都不擾亂菩薩的願心、願行才是契入禪定。面對性欲無量的眾生，菩薩能以無量法度化之，即得解脫智慧。這是菩薩從利他完成自利的歷程。

2. 因緣生法與佛教利他精神

本書從佛教「緣起法」的思想探討利他思想及其實踐。闡明「因緣生法」與利他實踐的內在理路與關聯性。萬法緣起，故慈悲為眾生。

緣起法的另一層思想為「緣起性空」，這是「覺悟義」。體會萬法緣起故「空」，即契入佛境。而「緣起性空」亦為「利他義」，如證嚴上人將佛教利他思想體現為「付出無所求」，「付出」是「緣起」，「無所求」故「性空」，利他是通向究竟覺悟的道路。

萬法緣起，故慈悲度眾生。萬物為一，利他即自利。因此一切眾生都是觀照的對象，一切眾生都是自己的一部分，這是佛陀慈悲的根本精神，亦即「無緣大慈、同體大悲」。

本書將闡明論述，用無私的大愛與一切萬物、一切眾生相結合，就是佛教至高的利他覺悟之境界。佛的覺悟境界為「無上正等正覺」，「等正覺」視萬物平等如如，「無上」即契入與「萬有真理合一」的真如境界。值此，利他實踐臻於覺悟，徹底利他即究竟覺悟。

佛教利他思想究竟是重實踐的法門，利他實踐更不離於對現世間之運用。利他是入世的、是現世間的、是當代的。印順導師說人間佛教是「此時、此地、此人」；證嚴上人說「付出無所求」在此一「時間、空間、人與人之間」。旨趣皆相同。因此本書在研究闡明佛教利他思想要旨，把利他的當代實踐列為研究範疇是必須的思考。

在當代佛教利他思想實踐的成果中，證嚴上人所創立的慈濟宗是顯著的一股力量。本書選擇證嚴上人的利他思想與實踐作為討論核心，主要基於證嚴上人的慈濟宗以建構一套佛教利他思想及其在現世間的實踐模式，特別是在當代科學主義與資本主義昌盛的時代，傳統佛教的利他思想如何重新闡發，如何適應實踐，是一大課題。本書藉著慈濟證嚴上人的思想與實踐，探討原始佛教的利他思想在當代社會的保存及創新其體現。

本書先前以闡明佛教的利他是不離緣起法。緣起是將萬物視為一體，所以利他應是群體的利他行動，非個人的單獨行動。對於慈濟利他實踐模式的分析——特別慈濟以「共善」、「共修」為實踐核心來體現佛教利他思想的「外行」與「內修」，是研究佛教利他實踐十分適切的對象。

（二）佛教利他、慈悲與大愛的思維與定義

1. 大愛與欲愛

本書出現的愛字，不是貪愛，欲愛，而是清淨無染的大愛。如果語脈意指欲愛，本書會直接表述「愛欲」。

愛欲與大愛之區別在於，愛欲是私愛，是貪著、占有、控制的一種情感。大愛指的是付出、

給予，非控制、非占有的一種情感。大愛以成就對方的需要而行動。這期間必須區別成就對方不是助長對方的欲念與貪念。因此大愛必須具備智慧。所以才說，「苦既拔已，復為說法」。讓受助者也能夠去幫助人，如證嚴上人所主張，啟發受助者成為手心向下的人，以達到三輪體空，無施者、無受者，亦無施予。

2. 大愛與利他的關係

大愛與利他是一體兩面。利他的擴充即是大愛。化小愛為大愛，轉自利之心為利他之情，即是大愛。證嚴上人以大愛一語涵蓋慈濟之善行與修行。以他的詮釋，大愛的終極是「心包太虛、量周沙界」。意指以大愛的心胸懷宇宙十方一切眾生，愛的能量連一粒沙都觀照膚慰。

筆者認為慈濟宗門的利他思維是：與一切人、一切萬物都建立愛的關係，亦即大愛。這境界需要無窮盡的努力。

利他之「他者」是無盡的，菩薩之利他行亦是無盡的。終極之利他是宇宙萬物都能遍照、啟發、覺悟，最終歸向萬有合一的境地。如證嚴上人云，真如本性與萬有真理合一。

3. 利他與慈悲的關係

慈悲是佛教的核心精神。慈，是廣泛地對待眾生的一種正向情感，慈能無緣慈，對一切萬物都抱持愛的態度。悲是同理，悲，非心也，同理他人之苦為悲。關於慈悲，《中阿含經》說：

> 斷殺，棄捨刀杖，有慚有愧，有慈悲心，饒益一切，乃至昆蟲，彼於殺生淨除其心，我亦盡形壽離殺、斷殺，棄捨刀杖，有慚有愧，有慈悲心，饒益一切，乃至昆蟲。[11]

慈悲是殺業的相反，慈悲饒益一切有情，包含了布施、憐憫，觀照一切眾生之苦，並覺得慚與愧。因為自己生存之際，有形無形地都會造成其他生命的損失。所以《阿含經》係把慚愧心與慈悲心常聯繫一起。《增壹阿含經》說：

> 若有善男子、善女人，盡形壽不殺生，不加刀杖，常知慚愧，有慈悲心，普念一切眾生；盡形壽不盜，恒念惠施，心無悋相。[12]

慈悲是因為不捨眾生之苦，而饒益眾生；利他亦為饒益眾生之思想與行為。慈悲是利他的內在核心，也是利他的動力；利他是慈悲的具體表現，是慈悲的普遍化與廣泛化。

利他包含慈悲與智慧。佛教對慈悲與智慧亦有區別。慈悲是情感的趣向，是動機取向的情感特徵；智慧是側重理性地對待萬物，給予萬物解脫之道。智慧側重結果的善，慈悲側重動機的善。慈悲與智慧兩足尊，並行不悖是佛法的本意。利他是綜合慈悲與智慧的實踐與結果。利他並

11《中阿含經》，《大正新修大藏經》第一冊，第〇〇二六。

12《增壹阿含經》卷十二，《大正新修大藏經》第二冊，第〇一二五。

不是去動機，而是恰恰包含著「動機、行為、結果」三大要素。

4. 利他與利己的定義

當代西方心理學、經濟學的「利己」是為自己謀利益。佛教的「利己」之意是求得「自心的清淨」為生命目標。「利他」在西方心理學是指為他人創造福利，在原始佛教意義是「給予佛法」，開啟他人智慧，入佛知見。印順導師曾言：「原始佛教並不強調物質生活的改造，不從社會組織求解放，也不作生理機構的改善，只要在內心的解脫，不受外境的轉動。」而在兩千多年佛教歷史的發展中，「利他」之意涵不離「給予佛法」。[13]而以證嚴上人的慈濟宗門，「利他」不是只給予佛法，而是意指給予眾生「身、境、心」的圓滿具足。亦即《無量義經》與《藥師經》的理想。欲令一切眾生得安樂，繼而覺佛道，最終同登覺悟的彼岸。

4-1. 利他與利己的辯證

利他從世間法言之，指的是幫助他人，但不是為著自己得到好處。如康德所言，善意志，遵循著至善的意志與理念，即使是善的意志無實現的機會，亦可稱為善。慈濟的利他強調動機與結果之兼具。利他如果沒有在行動上獲至善的成果，就不是利他的意義。利他在許多情況下可能沒有實踐的機會，或失敗了。但是佛教利他的精神，菩薩為眾生會繼續精進不懈地努力，達到利他的善之果。

利他不是為著利己，但是如果一個人在利益他人之際，自己也獲益，這是否還能稱為利他？

利他與自利的並立不悖在佛教的思想是可以成立的。不同的是，利他之行不能懷抱著利己之心，或是當利他與利己牴觸之際，仍然選擇利他。

從慈濟的思維言之，利他不必害己，利他從佛教思維也不會發生害己之情境。就世間意義言之，幫助人結果自己受害，這種利他可能會感動他人，但同時也會阻礙他人從事利他。如一位志工在救災中為拯救一名小孩而往生了。這故事會感動很多人，但是當志工的生命喪失成為高頻率，就可能會阻卻許多人從事志工工作。

佛教之利他應該是群體的，非個人的，亦即自我的利他行動應該激發更多人的利他行為。證嚴上人總是擔心慈濟志工的安全，總是保護著志工的安全，避免志工因為愛心與熱情鋌而走險，貿然勉強進入險境，傷害自身，其出發點是慈悲不捨。

4-2. 世間與出世間的利他

以出世間的觀點言之，佛陀過去生中捨身餵虎；在煉獄中為老病者拉拖火車，而被獄卒打死。但是佛陀的願力於那一世升至忉利天。而舍利弗以眼珠救人，不堪侮辱而於菩薩道上退轉。佛教的「出世間法」是以法身，而非肉身之得失為考慮。寧捨身為法，不捨法為身。

在大乘菩薩道上，度化眾生的利他法則欲普遍化，出世間的法身之提升，與入世間之安全，都應一併考慮。因而救人之際的群策群力，審慎規劃，不冒進害己，但又能常保慈悲，處處體現

13 釋印順，《唯識學探源》，《妙雲集》（臺北：正聞出版社，一九九二），頁三四。

無畏施。這需要考慮種種因緣時節，也需要時時鍛煉救人之智慧與經驗。所以慈濟志工需長期培訓之道理亦在此爾。

許多心理學家與哲學家都主張自利是人性的根本。即便在利他中，也是抱持著自利的成分。證嚴上人主張付出無所求，指的是幫助人的人，對受助者無所求，但是想成佛是不是有所求？求慧命、求法身，不是現世意義的利己。佛教之自利，其原始含義的確是要求得法身提升與心靈清淨。這種心靈提升與清淨，使得利他之心更為堅定，濟世之情更為深切。求道，不是欲求，是正精進。

5. 利他與究竟覺悟

證嚴上人於一九六六年創立慈濟功德會，以利他度己引導弟子在行善中啟發自我慈悲心，在淑世理想中，實現佛陀度化眾生的大悲願。證嚴上人於二〇〇六年更積極地闡揚慈濟宗門，[14]其立宗之旨趣，以筆者觀之可以從兩個方面理解：一是修行方法，二是淑世理想。慈濟宗修行的方法是「利他度己」。慈濟宗門不偏廢但不強調禪坐解脫、誦經、持咒往生淨土等，而是以「利他行」淨化自心，亦即利益他人，度化自己。從淑世理想言，利他是給予一切眾生身、境、心的具足與圓滿。拔苦予樂，復給予佛智，直到一切眾生都圓滿覺性，自己方成佛道。證嚴上人認為成佛須行菩薩道，菩薩常在生死中利益眾生。因此利他行通向究竟覺悟。

從原始佛教教義言之，佛陀是自覺、覺他、覺性圓滿。證嚴上人詮釋為，佛陀的覺性已經圓滿，他還要眾生都圓滿，所以稱為「等正覺」。無上正等正覺的佛，是以慈悲等觀度化一切有情都能契入佛道，也同樣證悟本自具足的真如本性。佛陀的覺悟非阿羅漢的覺悟，阿羅漢證得涅槃，是清淨的有餘涅槃。佛陀的涅槃是無住涅槃，他的法身於無始以來，在生死中修行，度化眾生，行菩薩道。入滅的佛證得無餘涅槃，法身不滅的佛仍然回到人間度化眾生，所以稱為無住涅槃。本書將分析慈濟理念的究竟覺悟之境，是無住涅槃意。佛陀的慈悲與智慧體現徹底的利他，諸佛弘願，要一切眾生都覺悟清淨本性，圓滿覺性的佛，其願力才是圓滿。因此，「終極的利他」就是「究竟的覺悟的大圓滿」。

四、慈濟宗的利他思想與實踐概述

佛陀的根本教義緣起法是通向利他之實踐。一切萬物皆因緣起，珍惜一切因緣，即通向利他，即是大愛。佛陀深體「萬法緣起」，所以「萬物為一」，因此利他即為利己，利己更要利他。依此理，諸佛悉欲眾生皆得度化。只要還有眾生未成佛，諸佛的覺性願力仍未完成，佛的覺性之願行就仍未圓滿。

14 根據《慈濟年譜》文獻資料，證嚴上人於一九九〇年代多次被問及，慈濟是屬於哪一個宗門？證嚴上人回答「慈濟宗」。二〇〇五年證嚴上人在靜思精舍對慈濟志工共修大會的演講中，具體闡述慈濟宗的理想「內修誠正信實、外行慈悲喜捨」。二〇〇六年證嚴上人首次對慈濟志業體六百多位資深主管宣講開示慈濟宗的思想與修行之意義。

以證嚴上人的觀點，則是「菩薩先救他人，再救自己。」眾生不脫度，自己不成佛。菩薩是在不斷地付出中，最終修得絕對清淨的法身。菩薩入人群，不畏眾生剛強與汙濁。眾生的剛強適足以鍛煉菩薩的智慧；眾生的汙濁適足以成為菩薩成就修行的養料。如蓮花出於淤泥，淤泥是蓮花清淨的養分。這體現涅槃與世間、佛與眾生、清淨與煩惱不二的中道觀。

本書以證嚴上人的利他思想與實踐作為討論核心，主要基於證嚴上人的慈濟宗門以建構一套佛教利他思想及其在現世間的實踐模式，特別是在當代科學主義與資本文明昌盛的時代，傳統佛教的利他思想如何重新闡發，如何適應與實踐，是一大課題。本書亦經由慈濟證嚴上人利他精神的思想與實踐，探討原始佛教的利他思想在當代社會的保存及其創新體現。

本書深入闡明慈濟體現的佛教利他思想之內涵及其於當代社會的表現形式與價值。證嚴上人將「利他精神」與「度化自己」合而為一，將淑世的理想化為自身的修行。慈濟人必須內修「誠正信實」，外行「慈悲喜捨」，以「付出無所求」的心奉獻社會，濟度一切眾生，最終達到上人的三大心願「淨化人心、祥和社會、天下無災」。

證嚴上人以《無量義經》、《法華經》為靜思法脈與慈濟宗門的核心經典。《無量義經》強調利益群生，無相布施。「不只付出無所求、付出還要感恩」，藉此體會緣起性空之理及三輪體空之妙。《無量義經》有入世、淑世的理想與願景，亦有內在修習人格的方法與路徑。

證嚴上人強調的修行是將每一個眾生都視為經典，即所謂「無常師」、「無師智」、「自然智」的法門。即便自己習性尚未完全去除，亦可救助他人，如船夫身有病，依此堅固船身亦能度人。「船上的人上彼岸，自己也上彼岸」，這就是度他也自度，從利他邁向最終的覺悟。

利他是人與人、人與自己、人與社會、人與自然、國族與國族和諧安樂的一劑良方。利他精神可歸結為，與一切人、事、物都建立愛的關係。人人從無所求的利益他人中，契入無我之境，達到究竟覺悟之境地。自我覺悟，人人覺悟，天下本來一體，萬物本來和合為一。利他的極致就是邁向萬物和合，一切有情安樂自在。

第一章

慈濟宗門利他覺悟的基本思想

證嚴上人成立慈濟宗門的緣出，以筆者觀之，是因其強調修行之法門為力行，以利他行到達究竟的覺悟。證嚴上人的利他思想不是只給予眾生佛法即為利他，而是對於一個受苦的人給予身、境、心的同時救助。一如藥師如來十二大願所陳，願眾生身體健康、物質豐饒、心靈潔淨。慈濟宗門的利他，同傳統佛教重視心靈的超拔而非解決現世間物質與環境的苦難，有明顯區別，其立宗之旨趣亦在此。

慈濟宗門以《無量義經》為宗經，《無量義經》的根本大義以筆者詮釋之為「性相空寂、利益群生」，這正是證嚴上人的根本核心思想——「付出無所求」，「以無所求的心」為眾生付出。「無所求」為「性空」，「付出」即「濟度群生」。

本章將闡述慈濟宗門的思想與理想，係主張「利他實踐」具足修持禪定及般若智的功能，並在萬物因緣和合、相生相立的世界體系中，依利他精神契入萬法合一之究竟覺悟。

綜觀佛教歷史的發展，佛陀的修行是不忍眾生苦，佛陀覺悟的一刻體證超越生死輪迴之苦的涅槃之境。這境界眾生本自具足，但為無明所遮蔽故，沉迷於五蘊之中。本章論述「慈悲」是佛陀修行與覺悟的根本動力：慈悲所以出家修行，慈悲所以「開、示、悟、入」眾生體佛之知見；慈悲待一切眾生，觀照一切有情，以慈和萬物相通連，就是佛陀覺悟的本懷。

所謂「本懷」是意指以慈悲為起點，亦指覺悟的終極。以慈悲心利益眾生，度化眾生，直到與一切萬有都得度化，就是圓滿的佛境。亦即，自覺、覺他、覺性圓滿。所以，從慈悲出發的利他通向覺悟，覺悟的終極之境就是徹底的利他之行。

本章闡述證嚴上人所主張的慈悲利他包含大智慧，因為慈悲度眾生，所以智慧生。眾生無量，故需要的法亦無量。如《無量義經》所云：「眾生性欲無量，故法無量。」[1]無量法即無量智慧。因慈悲利他故生智慧，非為追求智慧而慈悲利他。因此慈悲利他以眾生為道場，眾生就是菩薩培養智慧的處所。如證嚴上人所述：「汙泥成就蓮花，汙泥是蓮花成長的養料。世間的汙濁、眾生的剛強是我們成佛的養料。」[2]

以慈悲度化一切有情，每一眾生皆含一法，能度化一切眾生，度化一切萬有，就契入萬有的真理。真如佛性，就是與萬有的真理合一，[3]所以慈悲之利他通向一切智慧。「真如佛性與萬有合一」有兩種涵義，一是在慈悲的觀照中，一切有情眾生都平等，這是佛陀慈悲等觀；每一眾生之苦，皆為我之苦，皆為諸佛與菩薩度化之對象。與萬有合一的第二層涵義為，以緣起法，萬物相依相生，實不分離，他者就是我者，自他不二是佛陀的利他之究竟思想。所以依慈悲利他心達到一乘真實法，不只是主觀的慈悲度化眾生，亦是萬物、萬有不分離的客觀真理，這是利他即為利己的真實義。

利他至覺悟的修行歷程，仍必須以內修清淨，外行四無量心為宗。以無相為本；諸法無我之念為本。能以無我之心利益眾生，度化眾生，才是邁向清淨智慧的涅槃之道。入世間的利他回返般若的空慧，以法空無我的境界入世利他，才能體現「諸行無常、諸法無我、涅槃寂靜」究竟覺

1 三藏曇摩伽陀耶舍譯，《無量義經．說法品第二》，《大正新修大藏經》第九冊，第〇二七六。
2 二〇一三年十二月十五日證嚴上人於靜思精舍早課開示，筆記。
3 二〇一五年三月三十日證嚴上人於靜思精舍早課開示，筆記。

悟之境。

一、慈悲行與究竟覺

佛陀經過五年參學，六年苦修，最終在菩提樹下七七四十九天極深的禪定中，徹悟宇宙的真實大法。佛陀覺悟的時刻，或讓佛教修行者認為，禪坐是通向覺悟的關鍵。禪坐當然是佛教修行的必要法門，但是在佛教諸多經典裡顯示，佛陀是累生累世修行，在過去無量劫以布施行善，才終於在菩提樹下的禪坐中臻至究竟覺悟之境。一如證嚴上人闡述佛陀覺悟的境界時言：

> 佛陀所以成佛，是因為累劫、無始劫以來，一心一志，上求佛道，下化眾生。來來回回人間，一大事因緣，無不都是要將他所上求的佛道，能夠於人群中度化眾生，無不都是為人間苦難而來，這是釋迦牟尼佛修行的過程，那是累生累世的修行結果。[4]

從慈濟宗門的觀點言之，「慈悲心、利他行」是邁向究竟覺悟的關鍵。不只無量劫的慈悲利他行是清淨自心的修行路徑，也是得大智慧的法門。利他，自我欲望低、見著少，故漸次得清淨；利益眾生，眾生性欲無量差別，在度化眾生的無盡願力中，修得一切智慧。

慈悲行是清淨與智慧的融合，最終達到無緣大慈、同體大悲，慈悲等視眾生，臻至一切眾生，一切法皆如如的平等空慧。

（一）覺悟後趣向有情

佛陀覺悟之後，向人間的反轉，而不停留在甚深的涅槃寂靜之中，亦不直接取滅，是佛教利他與覺悟的關聯之重要思想線索。覺悟的佛是有情的，此有情使他出於人間，此有情引領他利益眾生。

佛陀成道之際，根據《法華經》與《華嚴經》的觀點，諸梵天看到娑婆世界悉達多太子成佛，諸梵天王、諸龍王、緊那羅、諸魔王都來向佛禮敬、請法。佛向他們開示華嚴精神，這華嚴精神不是一般娑婆世間的眾生所能體解。在向諸梵天王說法後，佛陀陷入很深的思考，是否直接取滅，因為他深怕眾生不能明瞭他的教法。佛陀體悟出真實大法後，流連在甚深寂靜中數日，不願出離。直到梵天王請求，佛陀才出禪定，度化眾生。

而佛陀決定出定度化眾生，他第一個想到度化的對象是自己的兩位外道的老師——羅勒迦藍與鬱頭藍弗。這說明佛陀在臻至高覺悟之際，仍不離有情的心境。這心境如《增壹阿含經》所述：

4　二〇一五年五月二十六日證嚴上人於靜思精舍早課開示，筆記。

一時，佛在摩竭國道場樹下，初始得佛。爾時，世尊便作是念：「我今以得此甚深之法，難解、難了、難曉、難知，極微極妙智所覺知，我今當先與誰說法？使解吾法者是誰？」爾時，世尊便作是念：「羅勒迦藍諸根純熟，應先得度，又且待我有法。」作此念已，虛空中有天白世尊曰：「羅勒迦藍死已七日。」

是時，世尊復作念曰：「何其苦哉，不聞吾法，而取命終；設當聞吾法者，即得解脫。」是時，世尊復作是念：「我今先與誰說法，使得解脫？今鬱頭藍弗先應得度，當與說之，聞吾法已，先得解脫。」世尊作是念，虛空中有天語言：「昨日夜半，以取命終。」是時，世尊便作是念：「鬱頭藍弗何其苦哉！不聞吾法，而取命過；設得聞吾法者，即得解脫。」

爾時，世尊復作是念：「誰先聞法而得解脫？」是時，世尊重更思惟：「五比丘多所饒益，我初生時，追隨吾後。」是時，世尊復作是念：「今五比丘竟為所在？」即以天眼觀五比丘，乃在波羅㮈仙人鹿園所止之處。「我今當往先與五比丘說法，聞吾法已，當得解脫。」[5]

羅勒迦藍是佛陀出走王宮修道，跟隨的六位外道老師的第一位，他是數論派學者。以斷生死、行忍辱、禪坐等法門修行，但佛陀不滿意他的修行法門而離開。鬱頭藍弗，則是佛陀最後跟隨學習的外道老師。佛陀最先是想起向兩位恩師，想向他們傳授自己心中已悟到的真實大法，但兩位尊者都已死去。佛陀之念是謂報師恩。佛陀覺悟後仍為有情之覺悟者。

佛陀又想到跟隨他修道的五位比丘，從他出生為太子在宮裡，到他到曠野修道，五比丘都如親人般照顧著他，所以佛想向他們傳法，這是報親恩。佛陀覺悟後意欲傳法的對象都是他的恩人，這是有情的生命境界。

證嚴上人的慈濟功德會強調情，覺有情。他常說：「拉長情、擴大愛。」證嚴上人的數十萬的皈依弟子，與他有很深的情感投入。證嚴上人是所有弟子情感的依靠，而他自己也不捨弟子，每每弟子重病或往生，他的悲傷溢於言表。覺悟的人應該靜定，有情與覺悟是否衝突？以筆者觀之，證嚴上人不只對弟子有情，對天下受苦的眾生也是有情。臺灣九二一大地震，他因流淚過多而得乾眼症。許多大災難證嚴上人總是悲從中來，難以自抑。這是「無緣大慈、同體大悲」的心情。而對弟子的情，是一種大家長的情。以筆者觀之，證嚴上人沒有特別關愛誰，他每一個人都愛。所以他才說：「天下沒有我不愛的人，沒有我不相信的人，沒有我不能原諒的人。」因此這種「情」非為對於個人之私情，而是以視一切眾生為自己的情，眾生與自己生命相關聯的情，甚至將眾生的生命與慧命視為比自己更重要的情，這即是「覺有情」；這契合佛法的因緣生法，一切眾生、萬物都是互相關聯，視他（她）如己，「傷在他身，如痛在己身」的大慈悲心。大慈悲心是成佛的根本。

筆者認為，整個慈濟宗門就是要創造一個「有情的大生命共同體」。慈濟人往生，還要乘願再來追隨證嚴上人行菩薩道，還要繼續度化眾生。這就如印順導師在《菩薩心行記要》一書中所引述經文：「菩薩利益眾生，常在生死中。」[6]二〇〇五年印順導師圓寂，證嚴上人在「我思、

5《增壹阿含經》第十四卷，《大正新修大藏經》第二冊，第〇一二五。

6 釋印順，《菩薩心行記要》（臺北：正聞出版社，一九九五），頁一二〇。

我師、人間導師」的追悼一文中說：「師父一定會乘願再來人間！」可見證嚴上人所發的大願仍是菩薩在生死中，不斷地度化眾生，直到眾生都得度，才契入涅槃。

值得提出的是，這種「有情的大生命共同體」並不是家族式或部族式的生命共同體。其關聯非血緣，非私情，而是覺有情。證嚴上人在一次對於一個出家弟子因為同門師兄的往生而悲傷不已，上人告誡他，不可以把情綁在一個人身上，出家人修行要將情感平等地給予每一個人，這是慈悲等觀，是覺悟後的大情。而整個慈濟宗門就是維繫在這樣的「大情感系統」中，這「大情感系統」在理念上自然是要涵蓋所有的有情眾生，讓所有眾生最終都契入覺悟之境，尋回其本自具足的真如本性。

（二）悲智相契匯成覺性大海

證嚴上人認為，覺悟的佛在無量劫中悲心度眾，經由苦修、參學證得一切清淨的智慧，非為四十九天禪坐即能成佛，而是「本覺慧海、契悲運智，互為圓融」[7]。佛陀累世修行，以及今生十一年的苦行參學，本來就智慧如海。此智契悲，想起親近的人，念及一切眾生尚未覺悟，不捨之情，悲智相契，互為圓融，乃成佛道。

證嚴上人對佛陀在長時期的苦行及修持中透澈體會生命之苦：

佛陀在長久的時間，不斷不斷地來人間，這是他的願力，不是業力，是願力。所以他現相人間，覺道樹下金剛座上，這個覺樹，覺就是菩提，菩提樹下金剛座上，在石頭上，在那地方好好思維。六年的苦行，了解的法已經累積得差不多，不只是五年參訪，六年苦行，不只是這樣，是久修以前的以前，但是他現一相給我們看，就是要這樣修行。

這是表示用這樣的方式來教育我們，你平時要好好去了解世間法，去體會人間苦，苦是來自於無明煩惱。多少種的無明煩惱呢？你要入人群去體會。所以在五年的參訪、六年的苦行，就是要經過這樣長久的時間之後，這些法開始體會，還要三七日中思惟，將心完全靜下來，才體解大道。在金剛座上體解大道，夜睹明星。三七日當中所思考的，如何度芸芸眾生？

這種修行迴向於眾生的這念心，夜睹明星覺悟了，天地遼闊，眾生芸芸，無限量的煩惱如何度化？所以這種「本覺慧海、契悲運智」，本來就覺悟了，本具佛性。尤其是過去所修來累積的這個本覺慧海，最後啟動了悲，這種契悲，契悲運智，悲智這樣結合過來，法圓通起來。就是與眾生契為一體，這樣運用智慧，悲智，互為圓融。同體大悲，智慧圓融起來，這樣成佛了。[8]

體解佛陀成道過程，並不是一個特例，諸佛皆是無量劫的利益眾生修得一切智慧，證得真實

7 二〇一五年七月十一日證嚴上人於靜思精舍早課開示，筆記。
8 二〇一五年七月十一日證嚴上人於靜思精舍早課開示，筆記。

大法。成佛是否為人人的福音？約翰・哈伍德・希克言：

歷史上真正證悟的每個世代不出幾千人，成佛對於少數根機聰敏的人是福音，但對於多數平凡人而言確非如此。[9]

但是佛陀的本意是要人人成佛，不只是要嘉惠少數幾個根機聰敏的人。其關鍵在於成佛是向自我內心的反轉，是從自我中心過度到利他為中心。反觀自性是學佛的關鍵，無盡的利他是成佛之道。或許正如日本禪師鈴木大拙所言，一部佛教史不是佛陀成道到今日所記載的法之歷史……而是我們每一個人精神生命開展的歷史。[10]

任何人如果立弘願，於累生累世中長養慈悲，勤修梵行，常在生死中，利益眾生，終究能成就佛道。覺悟，是慈悲與智慧的總和與總結。

（三）為眾生成就佛道

佛陀修道是為著眾生之苦，傳道也是為著有情眾生的覺悟。所以有情眾生是佛陀不取滅，而向娑婆世間宣說真實大法的關鍵。覺悟的佛趣向世間有情。於是《法華經》還敘述這一段過程：

我所得智慧，微妙最第一。眾生諸根鈍，著樂癡所盲，如斯之等類，云何而可度？爾時諸梵王，及諸天帝釋、護世四天王……恭敬合掌禮，請我轉法輪。我即自思惟：「若但讚佛乘，眾生沒在苦，不能信是法；破法不信故，墜於三惡道。我寧不說法，疾入於涅槃。尋念過去佛，所行方便力，我今所得道，亦應說三乘。」

作是思惟時，十方佛皆現。……一切諸如來，以無量方便，度脫諸眾生，入佛無漏智，若有聞法者，無一不成佛。諸佛本誓願，我所行佛道，普欲令眾生，亦同得此道。[11]

佛陀學習古佛不忍眾生的情懷倒駕回人間。不忍獨覺，「今已得道，亦應說三乘」。佛所以出世間，是為著世間，為著「開、示、悟、入」眾生；讓佛陀成道之後繼續留在娑婆世間的那一念，是不捨眾生未成佛道。所以證嚴上人說：

佛陀為了眾生，不捨眾生，覺悟之後還是回入人群中，不只今生今世，還是無量劫，無量生世，與眾生緣未了。[12]

凡夫是被業牽來的，我們的修行是發大心、立大願，去來自如，為一大事。我們上求佛

9 約翰・哈伍德・希克（John Harwood Hick）著，蔡怡佳譯，《宗教之詮釋：人對於超越之回應》（*An Interpretation of Religion: Human Responses to the Transcendent*）（臺北：聯經出版公司，二〇一三），頁二七九。
10 鈴木大拙著，劉大悲譯，《禪與生活》（北京：光明日報出版社，一九八八），頁二九。
11 《妙法蓮華經》卷一，《大正新修大藏經》第九冊，第二六二。
12 二〇一四年十月二十六日證嚴上人於靜思精舍早課開示，筆記。

道，下化眾生，再入人群，無數生、無數世，我們要不斷來往，我們都能善逝，來去自如，「善於迷鄉往於智地」。每次都是這樣修，都是這樣結緣，我們清淨我們的心，也淨化別人的心，成就人我的好因緣，在人群中、於眾生中成就智慧。[13]

我們不能忽略，佛陀的覺悟從來就不只是思想的，理性層面的，而更是情感面向的絕對徹悟。所以涅槃意為清淨智。清淨的智慧，清淨是情感的面向，去除煩惱，去除私欲。這並不是沒有情感而落入斷滅之空無，而是覺有情，「覺悟後的長情大愛」，如證嚴上人所述，佛陀是長情大愛的體現者。我們從佛陀出定第一個想到度化的對象，都是與他有甚深因緣的有情人。

他想到他的外道老師羅勒迦藍以及鬱頭藍弗，想到一直隨他出宮學法的五比丘皆未證道，所以出離禪定，向五比丘說四聖諦。佛陀出世間正是為「開、示、悟、入」眾生。亦即「開佛知見，示佛知見，悟佛知見，入佛知見」。世尊在《法華經．方便品》語舍利弗：

舍利弗！云何名諸佛世尊，唯以一大事因緣故，出現於世？諸佛世尊欲令眾生開佛知見，使得清淨故，出現於世。欲示眾生佛之知見故，出現於世。欲令眾生悟佛知見故，出現於世。欲令眾生入佛知見道故，出現於世。舍利弗！是為諸佛唯以一大事因緣故，出現於世。[14]

不只佛陀，十方諸如來皆是回到人間，以無量方便，度化眾生。佛陀所體之道，要讓眾生都同得此道，這是佛陀的大慈悲。

覺悟後之佛陀，為了慈悲，不忍心眾生受苦難，所以再入人群，隨眾生根機，教化有情。佛陀在十法界之中。十法界：有四聖六凡，就是聲聞、緣覺、菩薩、佛；「六凡」，就是六道眾生。覺悟的佛陀「度菩薩、度緣覺、度聲聞、度六道四生」，這十法界的眾生都需要佛陀以法來度化，這是佛的大慈悲。[15]

佛陀看到眾生的老病死，而感悟生命無常，而發心修行。證嚴上人因為父親驟然去世，感受到人生的無常之苦而發心修行。證嚴上人在出家修行之際原本懷抱著三個願望：「不收弟子、不當住持、不趕經懺」。一九六三年當他在花蓮縣新城鄉普明寺旁的小木屋獨自修行，每日禮拜《法華經》，而感悟「靜寂清澄、志玄虛漠、守之不動、億百千劫」之境界。當時花蓮原住民部落都還是點油燈，山區小徑也沒有通電，上人修行之小木屋的屋頂夜裡常放光，原住民看到報警，因此引來佳民村員警的關注。多年後，《亞洲週刊》報導證嚴上人，也提問此一事件，證嚴上人回答說：「這只是修行的過程，不是修行的目的。」

筆者觀之，此時證嚴上人應該已經臻於甚深的禪定、清淨的覺悟境界。這時期的證嚴上人是獨自修行的階段，他還沒有要兼善天下的因緣，直到一九六六年看到一難產的原住民婦女，因為

---

13 二〇一五年六月十七日證嚴上人於靜思精舍早課開示，筆記。
14《妙法蓮華經》卷一〈方便品〉，《大正新修大藏經》第九冊。
15 二〇一四年十一月十五日證嚴上人於靜思精舍早課開示，筆記。

沒有錢繳保證金而在診所門口留下的一灘血，證嚴上人才開始走出慈悲濟世的宏願。不捨有情世間之苦，因而濟世利他，這即是「本覺慧海、契悲啟智」的歷程。

此歷程相應於佛陀悟道之初，流連在甚深的禪定之中不想出離，有相似之處。證嚴上人從獨自修行之願，轉而為慈悲濟世之志，亦是不忍眾生苦。不只證嚴上人，古賢、大德之修行者莫不是以利他為成佛之道。

（四）從善門行入佛門

慈濟宗門證嚴上人從善門引導眾生啟發慈悲心，然後契入佛教義理。從慈濟功德會成立之初，慈濟許多的志工是在慈善工作中感受到眾生的苦，因而激發自心的愛與慈悲。那是「教富濟貧」的時期，引導富有的人直接接觸苦難，從中啟發慈悲與智慧。如《孟子》所言：「惻隱之心，人皆有之。」一人的慈悲心與生俱來，即便在非佛教的國度如南非、辛巴威、莫三比克等當地信奉基督教的祖魯族慈濟志工、印尼的伊斯蘭教徒、天主教國家海地、菲律賓的本土慈濟志工，他們都不是從佛法進入慈濟，都是從慈悲心入門，然後慢慢理解佛法。南非、辛巴威、莫三比克的志工開始舉辦浴佛典禮，聆聽上人開示佛法，見面也互道阿彌陀佛。他們仍是基督徒或天主教徒，但是他們很喜歡佛教。

南非資深黑人志工葛蕾蒂絲女士曾經告訴慈濟南非分會執行長潘明水說：「基督教是錯的，每天只是傳教，佛教才是對的，佛教每天都在救人。」潘明水回答說：「是人錯了，不是上帝的錯！」

目前已有數百名南非志工受證為慈濟委員，慈濟委員的使命就是承擔如來家業。正如證嚴上人一念不捨原住民難產婦女的苦難，投身人群。他也如此地以慈悲引導眾生，從利他行契入佛智。許多南非志工仍然貧窮，但是他們自給自足，還去幫助別人。這是心靈之富，這是證嚴上人強調的「濟貧教富」，期待施者與受者無差別的慈悲等觀。如佛陀所述的三輪體空，無施者、無受者、亦無布施。

（五）行解信證與利他覺悟

凡夫成佛之道從行慈開始，菩薩成佛從發菩提心開始。對於一位不了解佛法的凡夫，不會一開始就想成佛，不會一開始就對佛產生信心。一定是了解佛法，喜歡佛法，才會信解體證。雖說菩薩之「初發心」為發菩提心，為「上求佛道，下化眾生」，這是菩薩成佛的起點。但是此發心的菩薩是已經了解佛法，堅信佛法，此歷程非凡夫所能企及。

慈濟證嚴上人的利他思想之核心為：以「行」入佛乘。利他不只是法身清淨後的運用，利他就是清淨法身的路徑，是究竟覺悟的根本。

華嚴思想強調「信為道源功德母」，以「信、解、行、證」為學佛的歷程。而「行」——利他行，是「信、解」之後的實踐歷程。「信」對學佛者而言自然是關鍵議題，信佛所說，信佛體悟之真理。

佛陀說他是「真語者、實語者、不妄語者」。但是這個「信」，並不是依賴佛陀，而是依賴他的法。佛陀並不要我們信他，而是依他的法而行。所以《增壹阿含經》才說：「自熾燃，熾燃於法，勿他熾燃。」佛涅槃前也囑咐弟子：「當求自我解脫，勿求助他人。」「當自皈依，皈依於法，勿他皈依。」「信」是能體解佛的真理，是包含理性的認知與情感的體悟。而理解與體悟的前提其實是「行」。

由凡夫到佛的歷程以太虛大師所主張是「由了解而堅信」。太虛大師說：「由人以至佛之歷程，第一：為研究佛陀之哲學，由了解進為信行。」[16]因此從太虛大師的立場言之，學佛之人「解」是前提。雖然這解是有次第的，然而這是太虛大師從哲學研究的角度體解成佛次第，為先理解佛法的精妙偉大，進而生信心，進而行中得智，智中證悟佛道。

從實踐的立場「行中解」，「行中生信」。凡夫一開始在不懂佛法之際，於濟世利他的慈悲行中，逐漸體解佛道的微妙之樂，建立對佛陀教法的信心，繼而契入空慧，最終證悟佛智。

因此本書論述學佛以「行」，以「慈悲利他行」為先，闡述佛陀的教法是「行、解、信、證」，以利他行入門，了悟世間苦，體解清淨慧，從而對佛法起了堅定的信心，然後在持續精進不懈的利他行中，證悟真如本性，臻至「與萬有合一」的究竟覺悟之境。

二、緣起法與慈濟大愛

佛陀的根本義緣起法是通向利他之實踐。一切萬物皆因緣起，珍惜一切因緣，即通向利他，即是大愛。

佛陀深體「萬法緣起」，一切萬物都互為因緣，無一物能單獨存在，每一眾生都是相依相存，互為因緣，所以「萬物為一」。萬物既為一，因此自他不二，利他即為利己，利己更要利他。而以愛對待一切緣起，即是利他精神之體現。

（一）從萬物一體契利他覺悟

佛陀認知萬物本為一體，只要一眾生未得脫度，佛的大悲心仍心繫眾生，所以諸佛再回到人間。只要還有眾生未成佛，諸佛的佛性仍然未完成。作為總體的、抽象的、整體的佛性仍然未圓滿。

呂澂先生從緣起的認識出發，把這道理說得很透澈：

16 釋太虛，《宗用論》，《太虛大師全集》（臺北：善導寺佛經流通處，一九九三），頁九七五。

世界一切都是互相依持、互相聯繫的，人與人，人與生物也是互相聯繫的，人不能看成是個體，而應看成是整體。所以在趨向涅槃實踐中，不是要一個人的單獨行動，而是要全體都行動起來。單獨趨向是自利，在緣起的條件下，單獨自利是不可能的，要自利利他，甚至要以他為自。這樣，把自己融合在眾生的汪洋大海中，利他就是自利。[17]

佛陀的慈悲與度盡一切眾生的願力，其根本就是緣起法。萬物相依相生，沒有人能單獨存在，沒有人能自覺於其他生命之外。不管個別因緣不同，果報不同，但其根本生命的最深處，一切都相關聯。因緣法將一切生命緊緊扣連。愛自己與愛他人，愛他人如同愛自己。這是利他即利己，成就他人佛性就是成就自己的佛性，成就自己的佛性須成就他人的覺悟。

以證嚴上人的觀點，「菩薩先救他人，再救自己」。眾生不脫度，自己不成佛。菩薩是在不斷地付出中，最終修得絕對清淨的法身。慈濟宗門的理想即是與一切萬事、萬物都建立愛的關係，即是利他精神之終極實踐。

佛陀自覺、覺他、覺性圓滿。佛的覺性已成就大圓鏡智，但是他的願力是無盡的。只要眾生還在有限的世間，無限的整體就不圓滿。覺悟的涅槃之境是清淨無染，這清淨無染是整體的清淨無染，所以除非世間都清淨，否則無限的整體如何能得清淨無染。

圓滿於「無限真理」與「情感清淨」的佛，必須讓有限的世間化為無限的存在，必須讓染著的眾生都化為清淨，如此整體的清淨才圓滿，這是佛必須回到世間度化眾生的意義。引領眾生離開有限歸向無限，離開染著通向清淨，才是圓滿的無限存在，才是達到「整體清淨」與「圓滿萬有真理」的境地，佛的入世間正是圓滿此一境界的關鍵。

若將此境界喻之為水，凡世間的佛陀也曾是樹上的一水滴，經過無始以來的修行，終於歸向無限的大海。而它不停留在大海中，而是化作無限的雲，再落到塵界之中，將一切的水滴帶回大海，如此無限地循環，讓萬物回歸整體。於此情懷中，世界是一，萬法是一，終極的存在是無限的整體。佛的圓滿智慧經由自覺、覺他，才臻至覺性圓滿。

從緣起法言之，一切萬物相連相依，部分圓滿當然不是究竟的大圓滿。因此諸佛不斷來人間，懷抱四弘誓願，就是要度盡一切有情契入佛道。覺性圓滿的佛自覺、覺他，覺他之「他者」是無盡的，因此佛的智慧與願力亦是無盡量。直到眾生都得究竟覺悟，佛陀才真正成就覺性圓滿之願力。如證嚴上人云：

> 佛遍及一切三界。佛視眾生如己子，佛與眾生，法髓慧命脈絡相連，這是覺有情。佛陀不忍眾生沉淪，故設機逗教。[18]

覺悟的佛在人間傳法四十九年，但娑婆世界的眾生仍尚未成佛，那麼佛為何取滅呢？佛陀入滅前曾詢問阿難說，他可以再住世一劫繼續在娑婆世界傳法。但是三次問阿難，阿難都沒回應。

17 呂澂，《印度佛學源流略論》（臺北：大千出版社，二〇〇〇），頁一八二。
18 二〇一四年一月二十日證嚴上人於靜思精舍早課開示，筆記。

因此魔王要求佛陀取滅，因為魔王以此認為娑婆世間不再需要佛住世。

然則佛之取滅亦為開示眾生「三理四相」之道理。[19]一切器世間之生命非永恆，佛陀以「世間身」諭示眾生此「身」能體無限真理之「法」；而此身亦為短暫之存在，但此身所承載之「法」長存不滅；佛陀入滅是「法不滅」的示現，是「有限的存在」迴向「無限整體真理」的示現。因為佛陀體現的真理是無形無相，佛既與萬有真理合一，其覺性之本質亦無形無相，無相不相。世間身的佛與出世間的佛其覺性不增不滅。如證嚴上人所說：

> 佛雖不在人間，佛所說的法仍在。佛的慧命，智慧的生命仍在人間，法身常在。[20]

法身常在，即無為真實法長存不滅，這是諸佛所共具。從因緣生法的立場，諸佛將眾生視為一整體，諸佛的法亦是一整體，互相通連，互相傳遞。如證嚴上人所述：

> 釋迦牟尼佛與華光如來之世界亦同，彼此智慧相傳，企望成就佛道。佛陀在《法華經》開示，授記諸未來佛。佛陀亦是過去諸佛教導而成就。[21]

一佛與諸佛皆秉持共同願力，度盡一切有情契悟無為真實法。不只是諸佛，一切菩薩，一切眾生皆有真如本性，皆能體無為真實法契入佛道。如印順導師所說：

佛體平等，知道自己所證悟的，與諸佛所悟的無二。他這樣的「善」巧深「達法界」的平等，是從來所未得到的境界，於是引生從來未有的大歡喜，所以名極喜地。登地的菩薩，深入諸佛自證的法界，具有佛慧的氣氛，所以名「生如來家」，為真佛子。悟入佛的知見，大悲熏心，能繼承諸佛自覺覺他的家業，所以名生如來家，紹隆佛種。那時，能悟得三事平等，正所謂「心佛及眾生，是三無差別」。[22]

諸佛、菩薩、眾生皆平等，一切有情都是相依相繫，破暗顯明的願力如燈燈相續，一燈照不明無窮宇宙的黑暗，一佛之覺性圓滿，不捨器世間之黑暗。只有法身相續，慧命相傳，直到照亮一切宇宙穹蒼的盡頭，才是佛的覺性之普照與大圓滿。如證嚴上人云：

學佛要以佛的智慧為世間、為人人點燃心燈。一盞燈點燃另一盞，燈燈相續。點燃別人的燈，自己的燈之光明無有稍減，而室內益發明亮。人人燈燈相續，智慧相傳，世間即現光明。[23]

19 三理四相：世間之生命「生老病死」，物理世界之「成住壞空」、心理世界之「生住異滅」。
20 二〇一四年五月二十日證嚴上人於靜思精舍早課開示，筆記。
21 二〇一三年九月三日證嚴上人於靜思精舍早課開示，筆記。
22 釋印順，《攝大乘論講記》（臺北：正聞出版社，一九九二），頁三三〇。
23 二〇一三年九月三日證嚴上人於靜思精舍早課開示，筆記。

佛陀法身的長存從出世間意義是無相無形的真理恆長存在；對於世間解，則是佛弟子、菩薩、一切眾生對佛法的實踐與願行。佛、法、僧的並立是佛法延續的三個關鍵。佛弟子如何以願力體道篤行，將佛法燈燈相續，佛的法身才得以長存人間。如《佛遺教經》所說：「我諸弟子輾轉行之，則是如來法身常在而不滅也。」[24]

印順導師的論述說得透澈：

法身的是否常在，依佛弟子的行踐而定。有精勤的實行者，就有現覺法性者，有能見佛陀的所以為佛陀者，法身也就因此而實現在人間。佛法的不斷流行，有不斷的勤行者，法身這才常在人間而不滅。「法身常在」的論題，是何等深刻、正確而有力！[25]

（二）佛與眾生皆入大涅槃

出世間的佛身是因緣法，世間的法身也是因緣法。以入世間意義解，眾佛弟子能以永恆的願行清淨自心，利益眾生，佛身就不滅。以出世間意義言之，佛陀所說「見緣起即見法，見法即見佛」。[26] 這是從緣起體解一切法空。但法空不空，世尊畢竟是不離世間的。因緣法的根本是不二中道觀。

以因緣生法觀點言之，一切相對待的立場——佛與眾生、法身與生身、涅槃與世間、染汙與清淨不二；利他與利己不二。如樓宇烈先生所述：「無二、無得、無別是大乘佛法中的不二中道。」所以「不斷煩惱而入涅槃，不滅癡愛起於明脫」；佛與菩薩不離眾生，不離世間，不離煩惱。自覺覺他的佛與菩薩，不是獨自追求覺性圓滿，而是不斷地在生死中啟發一切眾生，都臻於覺性圓滿之境。

眾生本具佛性，因為眾生即佛。佛以慈悲等觀度眾生，成就無上正等正覺。菩薩是眾生度盡，方證菩提。佛是眾生覺性圓滿，佛的大覺圓滿才臻於完成。如證嚴上人所云：

> 佛即自覺、覺他。佛陀透澈宇宙萬物真理，其心境華嚴海會。這是自覺，也要覺他、度化他人。覺行圓滿，要救助苦難，利益天下眾生。[27]
>
> 「有眾生之處，就是菩薩修行的淨土」，其實只要有眾生的地方，佛陀就希望人人發大心，行菩薩道。菩薩道不是只在僧團中，有眾生的地方，無不都是修行的地方，不只在有人類的地方，哪怕是地獄、餓鬼、畜生，同樣也要有菩薩在那地方救濟眾生，這是佛陀的目標。
>
> 佛是「大涅槃」。「大涅槃」所說的取大涅槃，是與眾生同等，在眾生中的付出，一切無

24《遺教經論》，《大正新修大藏經》第二十六冊。
25 釋印順，《佛法概論》（臺北：正聞出版社，一九九二），頁十六。
26《佛地經論》卷五，《大正新修大藏經》第二十六冊。
27 二〇一二年三月八日證嚴上人於靜思精舍早課開示，筆記。

所求，只希望所有眾生都能了解世間一切真實道理，要與「六道眾生同涅槃」。

佛陀就是曠劫以來，在六道不斷來回，救度眾生。地藏王菩薩說：「地獄不空誓不成佛！」地藏王菩薩守在地獄，地獄眾生不空，他誓不成佛。何況佛陀？「佛陀是六道的眾生不淨化，他不入涅槃」，所以佛陀的涅槃是「大涅槃」，與一切眾生「同一涅槃」。[28]

（三）真如本性與一切真理合一

世間是無盡的，因此在趨向涅槃的過程中，法亦無盡，所以不能停下來。因此才說無住涅槃。究竟修行的境界不是自修自得，更要度化他人。修行者通過度化他人也淨化自己。究竟覺悟的聖者以利他通達覺性圓滿之境界。所以《中阿含經》又云：

> 知一切世間，出一切世間。說一切世間，一切世如真，彼最上尊雄。能解一切縛，得盡一切業，生死悉解脫。是天亦是人，若有歸命佛，稽首禮如來，甚深極大海。知已亦修敬，諸天香音神，彼亦稽首禮，謂隨於死者。稽首禮智士，歸命人之上，無憂離塵安，無礙諸解脫。是故當樂禪，住遠離極定。[29]

佛契入一切種智，與一切萬有合一。萬有的真理是他，他是萬有的真理。這當然不是說佛是上帝，從基督教的理念上看，上帝是萬有的創造者。佛陀並不主張有一創造者，但是覺悟者能與萬有的真理合一，即悟入真如的境界。所以佛陀出生，一手指天上，一手指地下，說天上天下唯我獨尊。一出生就能走七步講話，似乎有神祕傳說的成分。但理解天上天下唯我獨尊，證嚴上人闡述說：

> 佛與真理合一，惟我獨尊，即惟真理是尊。[30]
>
> 佛陀體會萬有真理，其體悟遍及虛空，虛空有盡，我願無窮。[31]

佛陀體悟究竟之真理，這真理以證嚴上人的體解言之，就是一乘真實法，一乘真實法是諸佛所共具。證嚴上人於《法華經．序品》中詮釋《妙法蓮華經》即是圓滿中道的真實法。[32]這個真實法是諸佛所共具，佛佛道同。且此一真實法是人人本具，是與佛同等之清淨真如本性諸佛、菩薩無不自覺覺他，以無量法門度化眾生，去除無明，回歸真如本性。而「真如本性」證嚴上人說：「就是與天地萬物真理合一。」證嚴上人論述眾生成就真如之慧命云：

28　二〇一四年八月二十一日證嚴上人於靜思精舍早課開示，筆記。
29　《中阿含經》卷三十四，《大正新修大藏經》第一冊。
30　二〇一四年四月四日證嚴上人於靜思精舍結集中心開示，筆記。
31　二〇一四年八月三十一日證嚴上人於靜思精舍早課開示，筆記。
32　釋證嚴，《靜思妙蓮華．序品第一》上卷（臺北：靜思人文出版有限公司，二〇一五），頁一一〇。

「覺」，聽法之後能夠覺悟，慧命成長，這就沒有老病死的觀念，沒有老病死的威脅，這就是需要有法；「法」才能恆常存，這就是「出世的法財」，人人只「追求世間財物」，忽視了出世的「法財」，不知道「出世的法財才是永恆」，法入我們的心後，成長了我們的慧命，才是永遠，才是無量無數。[33]

永恆的慧命，就是無為法，就是真如本性。這真如本性非佛所創，本自具存。佛陀體現的法是客觀性，普遍的、長存的，眾生等具「無為法，本自存在，不是佛陀所創，而是他明白，在教導我們。我們能理解真實法，慧命就能增長。」[34]

（四）依於法的不請菩薩

佛陀的教法是客觀性的，佛陀所欲教導眾生的是這個「法」，而不是對他個人的依賴。正如佛陀覺悟之後曾有片刻的、絕對的孤獨感，這意寓著每一個個體於宇宙天地間的存在之本來狀態：我們都是孤獨地面對世間。追求真理必須獨立的，不依賴他人地完成生命之旅。佛陀再三強調「依於法」，「當求自我解脫，勿求助於他人」。

佛體驗的真理是客觀的真理，他是真理的體現者，非真理的創造者。如《雜阿含經》言：

緣起法者，非我所作，亦非餘人作。然彼如來出世及未出世，法界常住，彼如來自覺此法，成等正覺。為諸眾生分別演說，開權顯實。[35]

亦如《大般若波羅蜜經》云：

如來出世，若不出世，諸法法爾皆入法界無差別相，不由佛說。……菩薩摩訶薩修行般若波羅蜜多時，欲學法界當學一切法，若學一切法即學法界。[36]

因此，佛陀體悟的法是客觀真理，此客觀真理長存不滅。每一眾生都有機會體解此一真理成就佛道。佛不是唯一的覺悟者，也不是最後一位。他的取滅之念，意謂著佛陀並不占據這真理，真理長存，眾生皆可悟之、取之。佛體解的真如智慧是客觀的真理。印順導師云：

四諦的實理，法，有普遍、必然、本來如此的意義，即真理；四諦合於此義，所以說是法寶。而法寶最究竟的，即是寂滅的實相。……自覺覺他的佛寶，是由覺法而成的，不是離了

33 二〇一四年八月三日證嚴上人於靜思精舍早課開示，筆記。
34 二〇一三年十二月十八日證嚴上人於靜思精舍早課開示，筆記。
35《雜阿含經》卷十二，《大正新修大藏經》第二冊。
36《大般若波羅蜜經》卷三八五，《大正新修大藏經》第六冊。

現覺正法，能成等正覺的。[37]

佛是覺悟此真理，非創造此真理，亦非獨據此真理。佛的覺悟是個人累劫的修持與福德因緣，他成道後曾有的取滅之念，是一種透徹明瞭眾生得靠自己才能覺悟，非自他力。所以佛陀在八十載涅槃之際才再一次告誡弟子，以戒為師，依教法修行。自覺是成佛之道。

佛陀悟法，尊重法。應該說有法才有佛，佛是體道悟法的大覺者。這法，是透徹世間因緣生滅的有為法，是體悟萬有不生不滅的無為法；這法是清淨無染的智慧，這智慧人人本具。佛陀以大智慧及大慈悲傳法給弟子，悉欲度化一切有情。這有情不只人間，一切的器世間皆為有情。佛陀並不是要弟子信他，而是信受法。佛將所體悟的法，悉數教化眾生，要弟子以法為尊，如《增壹阿含經》云：

當以法供養得彼比丘。所以然者，如來恭敬法故，其有供養法者，則恭敬我已。其觀法者，則觀我已。有法則有我已，有法則有比丘僧，有法則有四部之眾，有法則有四姓在世。所以然者，由法在世，則賢劫中有大威王出世，從是已來便有四姓在世。若法在世，便有四姓在世：剎利、婆羅門、工師、居士種。若法在世者，便有轉輪聖王位不絕。若法在世者，便有四天王種、兜術天、艷天、化自在天、他化自在天便在於世。若法在世者，便有欲界天、色界天、無色界天在於世間。若法在世者，便有須陀洹果、斯陀含果、阿那含果、阿羅漢果、辟支佛果、佛乘便現於世。[38]

佛陀明白指出，有法住於世，才有四眾之部，才有四姓在世；有法在世，才有四種果位、聲聞、緣覺、與佛乘在世。可見佛陀以法為尊，非以崇拜自己為尊。這就是為什麼民國初期的弘一和尚與太虛大師們甚至主張佛教不是宗教，因為佛教不是崇拜的宗教。原始佛教的佛是「覺者」，非神，非為讓人崇拜的對象，而是悟法者、傳法者、行法者。

就佛陀看來，眾生的本性與佛的覺性等同，修行依此法而行，不必求助佛，不必求助他人。這就是為什麼佛陀行將入滅，阿難問佛陀，僧團由誰傳承？佛陀要不要向僧團作聲明？佛陀回答說：「我只是一個行將入滅的老人，我的法毫無保留地都給你們每一個弟子。如果有人現在認為他可以領導僧團，或僧團對他有特別關切，他應該來對僧團給予聲明。我能跟你們聲明什麼呢？你們每一個人都應該要依靠自己繼續修行，別無他法；都應依靠我的教法，別無他法。」[39]這段故事出自《增壹阿含經》記載。當時佛陀八十歲了，一次生病，阿難擔心佛陀入滅後究竟應該由誰來領導僧團？針對這一提問，佛陀對阿難開示說：

爾時，世尊於靜室出，坐清涼處。阿難見已，速疾往詣，而白佛言：「今觀尊顏，疾如有損。」

37 釋印順，《中觀論頌講記》（臺北：正聞出版社，一九九二），頁四四〇。
38《增壹阿含經》卷二十，《大正新修大藏經》第二冊，第〇一二五。
39 Gombrich, Richard,*A Radical Buddhism for Modern Confucian, Tzu Chi in Socio-Historical Perspectives*.UK: Equinox Publishing Ltd,2013.

阿難又言：「世尊有疾，我心惶懼，憂結荒迷，不識方面，氣息未絕，猶少醒悟。默思：『如來未即滅度，世眼未滅，大法未損，何故今者不有教令於眾弟子乎？』」

佛告阿難：「眾僧於我有所須耶？若有自言：『我持眾僧，我攝眾僧。』斯人於眾應有教命，如來不言：『我持於眾，我攝於眾。』豈當於眾有教令乎？阿難！我所說法，內外已訖，終不自稱所見通達。吾已老矣，年且八十。譬如故車，方便修治得有所至。吾身亦然，以方便力得少留壽，自力精進，忍此苦痛，不念一切想，入無想定時，我身安隱，無有惱患。」

「是故，阿難！當自熾燃，熾燃於法，勿他熾燃；當自皈依，皈依於法，勿他皈依。云何自熾燃，熾燃於法，勿他熾燃；當自皈依，皈依於法，勿他皈依？阿難！比丘觀內身精勤無懈，憶念不忘，除世貪憂；觀外身、觀內外身，精勤不懈，憶念不忘，除世貪憂。受、意、法觀，亦復如是。是謂，阿難！自熾燃，熾燃於法，勿他熾燃；當自皈依，皈依於法，勿他皈依。」[40]

佛陀悟道終究是歸於法，佛陀是體會真實法而成道。皈依法，而非皈依他，這是釋迦佛最重要的教法。自皈依，自熾燃，自我發願為眾生。菩薩已經自我淨化，入人群世間是為著眾生苦。菩薩不是為成佛而度眾生，而是為度化眾生而成就佛境。眾生剛強，菩薩在眾生的習氣上修煉一切的智慧與慈悲，最終到達佛的境界。所以是「為眾生而成佛」，不是「為成佛而後眾生」。

佛教的利他之真義是萬物一體，自他不二，利他即利己。所以證嚴上人才說那是「本分事」。助人是本分事，是體現真理，不是為了佛做，不是為成佛而做，也不是上帝或神派我們來做，而是自願、甘願、自動、自發、本然、自然的本分事。

因此，證嚴上人告訴慈濟人，我們是「不請菩薩」，沒有人叫我們來，是我們自己要來助人，任何困難都應該歡喜接受。甘願做，歡喜受，才是真菩薩。自發心，自皈依，佛性本自具足，佛陀是覺悟「法」的人，佛弟子要信靠此「法」。

三、利他精神與菩薩道

（一）五時教與菩薩修行次第

綜觀佛陀一生的說法四十九年，經典演說的次序，歷史的考據不一。而根據天臺判教，智者大師將佛陀一世的說法分為五時。

證嚴上人在佛法的開展次第上，引用天臺判教的五時之概念，主張佛陀說法之五時，一、華嚴時，二、阿含時，三、方等時，四、般若時，五、法華涅槃時。這五時是否合於歷史的真實，

40《佛說長阿含經》卷二，《大正新修大藏經》第一冊，第〇〇〇一。

近代學者考據後，看法分歧。但是作為大乘佛教的思想體系，筆者認為，五時判教仍可茲以說明佛教利他思想實踐的進程。

第一，佛陀於華嚴時為諸天人說遍照十方法界的真理，暢演佛陀覺悟的三昧本懷。值此，學佛者先肯定佛陀此一究竟覺悟之境界。

第二，這境界人間的凡夫聽不懂，所以鹿野苑時佛陀說阿含，從離苦得樂到心清淨之法說起。體解四聖諦、了悟十二因緣、力行三十七道品、行四無量心。這是小乘的修行，著重自淨其心的法門，亦即行菩薩道須清淨自心。

第三，是方等時，佛陀以《勝鬘經》、《維摩詰經》、《圓覺經》等，開曉大乘入世法門。這說明如來清淨不離雜染，入世利他乃佛陀本願。入世出世不二，煩惱即菩提、世間即涅槃，於此時顯明其理。

第四，般若時，入世利他不離空慧，慈悲行須回到實相般若的空慧，一切世間的方便行也不離空慧。

第五，最後五時說法華、涅槃，強調生生世世的菩薩願力，佛佛道同，皆以一乘實相，為眾生開示悟入，開權顯實，為聲聞、緣覺、菩薩說一乘法。在此，不只三乘歸一，一切凡夫、眾生依法華無量義皆得利他度己，成就佛道。

證嚴上人引述五時教的遞演次序，闡述了大乘佛教的開展思想與菩薩道修習的歷程。證嚴上人說：

佛陀覺悟之後，他的心靈世界在「華嚴」，所以「三七日」的時間講《華嚴經》，那就是佛的世界，他心靈的世界，暢演本懷，這是向法身菩薩、天人所說的法。

但是「三七日」過了之後，要思考如何回入人間，這種的大機，眾生無法接受，所以他就要脫下莊嚴的服裝，降下他尊貴的身分，降下他尊貴、已經覺悟的身分，走入鹿野苑，開始以跟著這些出家人都一樣的身分，說法、成立僧團，在僧團中開始弘法。這是「阿含時」。「阿含」講述之際，佛陀了解眾生根機小，對聲聞都是講「四諦法」、「十二因緣」、「三十七助道品」。這些法有人、事、物，以譬喻言說，比較容易了解。這些事理一一說過來，有十二年的時間。「四諦」、「十二因緣」。接下來「方等」，眾生平等的大乘法要開始宣說，同時來到「般若」，分析所有一切皆空的道理。[41]

在《方等經》裡，佛陀已經發現到在家菩薩，有發大心在人群中，願意去幫助社會人群。佛陀開始就說大乘法「在家菩薩智慧長」，他們在家，有辦法體會人生苦。在家人的家庭，能體會到人間互相的相處，那種愛的力量。他們感受得到社會人間疾苦，所以願意在社會付出，所以叫做「在家菩薩智慧長」。修行者在叢林，聽到在家居士向佛陀請法，佛陀為他們說大乘法，開示演說菩薩法。同樣的，出家弟子也是在聽，但是自己（聲聞修行者）卻還沒有志願，覺得入人群，這與我沒關係。佛陀是為那些發大心的人，那些發菩薩心的人說的話，與我的法沒有關係，就是還沒有志願。[42]

41　二〇一四年十月十六日證嚴上人於靜思精舍早課開示，筆記。

「般若」是要讓我們了解一切因緣生，一切因緣滅。滅掉了一切，空了一切。佛陀讓我們了解一切皆空，但是趕緊轉一個彎，轉過來讓大家知道「空」中有妙理。「空」中，雖然我們的人生，到頭來也要往生，身體無法永遠在人間，但是他還存在著他的業種，這業種是由不得我們自己；或者是我們這顆淨業的種子，讓我們在來生來世，與佛法同住，生活在佛法沐流中。再為我們淨化，讓我們的種子能夠更成熟，來培養這顆種子，這就是妙有。[43]《法華經》七年，《法華經》開權顯實，講述一乘真實大法。三乘歸一乘，成佛必須行菩薩道，以及人人皆可成佛的妙法。最後要入涅槃時，佛陀就是講《涅槃經》，這已經是涅槃的境界。這是佛陀一生在人間說法的過程。[44]

從證嚴上人對五時的詮釋可以理解慈濟的菩薩道是從道德的實踐出發，這是《阿含經》的精神。慈濟人是在救助世間的苦難中深刻體解「四聖諦——苦、集、滅、道」、「十二因緣」之涵義。繼而力行三十七道品，從行善到體現一切善行。如證嚴上人教導慈濟人，要縮小自我，知足儉樸，清貧致福。這是《阿含經》所重視的從日常道德實踐中清淨自心的修行法。證嚴上人以《方等經》為依據，認為居士對佛教弘法利生的重要性。居士行於社會，知曉社會之苦，知曉與人相處之道，因此慈濟所發展的居士管理團隊，對弘法利生有十分顯著的成績。此皆為體現「方等」精神。

接著「般若時」，般若的空慧是為行善的根本。「以無所得入一切法」，「以無所求的心付出」，是證嚴上人強調的慈善之根本精神。入世間必須以空慧為本，否則會生執著，貪功德。因此慈濟人被教導不只付出無所求，付出還要感恩。以「空慧行慈」是大乘佛教之重要義理。「藉假修真」，「身是載道器」，以「有形的身修永恆的慧命」，這都是證嚴上人勉勵他弟子修行的旨趣。最終體會「此身非我有，用情在人間」的菩薩精神，這是《法華經》的最高指導。

證嚴上人的慈濟宗承繼佛陀利他思想，其開展次第為「從行中體無常」、「從因緣法體空」、「於生活中捨欲清淨」、「於付出中斷貪嗔癡」，這是自利清淨的部分。同時以佛陀教化弟子的入世間理想，行「四無量心」，發「四弘誓願」，持「四攝法」，入「六度般若」的菩薩修行歷程中，於一切眾生所，習一切種智，悟一切道種智，至最終圓滿的覺悟。

（二）利他是覺悟必要過程，非只為覺悟後的願行

利他在傳統佛教思想中，是作為修行覺悟的一種願行與實踐。筆者認為慈濟宗門的特色是「利他不是修行覺悟後的實踐，利他本身就是修行的一部分，以及必要之歷程」。

阿羅漢修得清淨心，但未得一切智，利他的歷程是慈悲與智慧的鍛煉，所以利他以眾生為修行道場，在眾生的剛強與煩惱中，鍛煉慈悲與智慧，才能修得一切種智。如《大般若波羅蜜經》云：

42 二〇一五年十月八日證嚴上人於靜思精舍早課開示，筆記。
43 二〇一五年十月二十九日證嚴上人於靜思精舍早課開示，筆記。
44 二〇一四年十月十六日證嚴上人於靜思精舍早課開示，筆記。

> 是故菩薩應作是念：貪、嗔、癡等相應之心，於大菩提雖為障礙，能隨順菩提資糧，於菩薩心非極間雜，如求獨覺、聲聞地心。所以者何？貪、嗔、癡等能令生死諸有相續，助諸菩薩引一切智。
>
> 謂菩薩眾方便善巧，起諸煩惱受後有身，與諸有情作大饒益，依之修學布施、淨戒、安忍、精進、靜慮、般若波羅蜜多令得圓滿，依之修學四靜慮、四無量、四無色定令得圓滿，依之修學四念住、四正斷、四神足、五根、五力、七等覺支、八聖道支令得圓滿，依之修學空、無相、無願解脫門令得圓滿，依之修學陀羅尼門、三摩地門令得圓滿，依之修學諸菩薩地五眼、六神通令得圓滿，依之修學如來十力、四無所畏、四無礙解、大慈、大悲、大喜、大捨及十八佛不共法等無量無邊諸佛功德令得圓滿。如是煩惱能助菩薩，令證無上正等菩提。[45]

《維摩詰經》也說，一切煩惱為如來種。煩惱中才能有眾生。佛陀是自覺、覺他，而覺性圓滿。佛陀是覺悟後開始說法四十九年，但是佛陀已是累世修習六度般若，才能覺悟之果。聲聞與緣覺修習斷欲清淨，斷生死苦，但是二乘未修習入世間的利他行願，只著重清淨行的自利，未行菩薩道，未以入染著眾生，度化有情。菩薩修行則為利益眾生而長在生死中。菩薩宏願，眾生度不盡，誓不成佛，是以利他完成自利的修行法。

自利的聲聞、緣覺在證得清淨涅槃之後，佛陀引導他們行菩薩道，以利他行，將他們所覺悟的清淨智慧法教導眾生，遠離貪嗔癡的顛倒妄想。其利他的原始意義亦與當代心理學的利他有所不同。當代心理學的利他是指為他人謀福利，不以自我利益為中心。佛教的利他行是以覺悟的清淨法為本，不是強調給眾生實質的物質利益（雖然可以包括物質的布施），而是給予眾生「習清淨、離欲苦、得淨樂」的智慧為其目標。

佛陀的利他是要引領眾生遠離物質性的貪欲，去除對利益的執著。這與當代心理學的利他思想有所區別。佛教利他，是要眾生斷欲清淨，不追求物質，不追逐欲望。原始佛教之利他行，的確著重對心苦的對治。但是在佛陀的教義中，布施當然也包括對眾生的身苦、境苦的關注與救濟，只不過一切的布施：財布施、無畏施、都回到法布施為根本，即是「苦既拔已，復為說法」，說真實法，無為法，性相本空之智慧。

菩薩在度化一切有情、體會法空無我之過程，修習一切智慧，忍辱、精進，一切困難都不擾亂菩薩的願心、願行才是契入禪定。面對性欲無量的眾生，菩薩能以無量法度化之，即得解脫智慧。這是菩薩從利他完成自利的歷程。

菩薩的自利是「以清淨的心度化一切有情」。於此，「清淨」及「願行」必須同時兼具，方為菩薩利他自利不二之圓滿覺行。

45《大般若波羅蜜多經》卷五八〇，《大正新修大藏經》第七冊，第〇二二〇。

（三）圓滿現世間的利他理想

印順導師在《唯識學探源》一書中提到華嚴「隨心所變」的思想中論及：

> 原始佛教的解脫論，確乎不從物質世界的改造起，不從社會的組織求解放，也不作生理機構的改善，主要在內心解脫，不受外境的轉動。[46]

佛陀是以他的真實教法悉欲眾生得解脫，解脫貪嗔癡，解脫生老病死苦。原始《阿含經》裡不常敘述佛陀去救助一個身體正在受苦的人，但這並不意謂著佛陀不具淑世的理想。佛陀在《藥師經》、《無量義經》裡所揭示的理想淨土是身軀完美健康、環境優裕、物質豐饒，同時心靈潔淨。身、境、心的三者圓融無礙，是佛陀菩薩道的理想。但是在佛陀時代這還只是理想，即便在過去兩千年的佛教盛行之區域，佛教僧侶給予眾生的仍是以「給予佛法」為主。利他度眾，就是「給予佛法」，「利他」不是努力於改善芸芸受苦眾生的現實生活之意義。直到近代的人間佛教、人生佛教、入世佛教，特別是證嚴上人的慈濟宗，將佛陀的淑世理想，致力實踐於現實社會中。

1. 具足身心境的大願

慈濟宗門是以利益眾生為宗，行菩薩道為門。證嚴上人在淑世的理想上提倡《藥師經》與

《無量義經》。藥師佛也是以菩薩道之精神，以利益眾生為本。慈濟的入世行，是以慈善的力量改善生命的苦境，再從改善生命的苦境中，淨化自我與他人之心靈。從逐步改善眾生身心境的努力中，使社會富足，人心調和。慈濟宗門的理想是使一切有情眾生，脫離苦厄，達到「身體康安，心靈潔淨，物質豐足」的境地。這三個目標，總結了藥師如來佛十二大願之本懷。因此慈濟宗門正是以《藥師經》與《無量義經》作為接引眾生領悟清淨智的法源之一，也是慈濟實踐入世行的理想與願景。

藥師佛的理想世界，是期望菩薩在現世社會中成就利益眾生的功德與體現付出無所求的價值。功德的意義從證嚴上人的詮釋是：「內能自謙是功，外能禮讓是德。」雖然慈濟否定西方淨土阿彌陀佛世界的崇高價值。證嚴上人只是闡述這兩種世界無不都是從做好人，行好事開始。筆者不只一次聽聞證嚴上人引《阿彌陀經》所說：「不得少善根福德的因緣，得生彼國。」這正是出自阿彌陀佛的教導。

可見不管是《藥師經》或《阿彌陀經》都是從行善、從現世修身做起。證嚴上人在註釋《東方琉璃藥師佛大願》一書的序中闡明：「釋迦牟尼佛強調淨土法門，因為娑婆世界多苦難，所以還有一個與苦難世界對比的西方極樂世界。這是佛陀開的方便法門。」一樣以善行善心作為通向淨土之道，阿彌陀佛的世界是「後世樂」，《藥師經》是「現世樂」。在講求科技理性與資本主義抬頭的時代裡，眾生所求多是現世樂。因此不可諱言《藥師經》是入世佛教接引眾生進入佛門

---

46 釋印順，《唯識學探源》（臺北：正聞出版社，一九九二），頁三四。

的重要經典。

證嚴上人對於《藥師經》的詮釋與理解，並不僅僅以它作為教義，而是以它作為願景，引領慈濟人親身實踐，為苦難眾生創造出藥師如來大願的「當下、現世、具體、可進入、可把握的人間淨土」。

2. 性相空寂濟度群生

證嚴上人以《無量義經》作為他一生奉行的重要經典。《無量義經》也是慈濟人修行「利他度己」最重要的精神依歸。「靜思法脈勤行道，慈濟宗門人間路」。靜思法脈是強調行的，不只行，還要勤行。慈濟宗門人間路，慈濟宗門以入世濟度眾生為志，而在濟度眾生的同時清淨自心。《無量義經》的核心理念就是「性相空寂」與「濟度群生」，以證嚴上人的話語就是「無私、大愛」。「無私」，是邁入「性相空寂」的必要狀態。「大愛」，是「濟度眾生」的心靈源頭。以無私的心廣澤大愛於人間，是證嚴上人實踐《無量義經》的入世法門。

筆者詮釋《無量義經》中「性相空寂」之意涵，空，是佛教的基本教導。正如《無量義經》所述，

> 應當觀察一切諸法，本自來今，性相空寂；無大無小，無生無滅；非住非動，不進不退，猶如虛空，無有二法，而諸眾生，虛妄橫計：是此是彼，是得是失；起不善念，造眾惡業。[47]

性相空寂，無有二法，空與妙有本是一體。空是無所執；妙有，是創造與實踐；這亦如慧

能大師所言：「世界虛空，能含萬色萬有……世人性空，亦復如是。」48

在創造實踐一切因緣之際，又能超越、點化一切因緣，而常保心的寂靜與清淨，這即是真空妙有。「性相空寂」與「無相不相」這兩個概念緊密相連。空寂之相不是一無所有，不是斷滅空；佛陀之教義是「不住生死，不住涅槃」，空寂是無所不包的一種覺然的心態。證嚴上人嘗言：「心包太虛，量周沙界。」修行的心，必須如太虛一般，能包容一切；愛的能量，連一粒沙都能遍及。這種絕對的包容之境，是無相不相，性相空寂之意。

以利他行，達到靜定。這印證印順導師所言：「緣起性空，性空緣起。」導師認為「性空」，是在緣起處把握的；在每一個因緣中，入因緣，又同時保持著超越的心境，這即是在緣起處性空。

證嚴上人用「以出世的心，做入世的事」一語，來描述這種既「進入因緣、又超越它」的心境。而具體實踐的方法就是「付出無所求」。「付出無所求」也具體實踐「性空與緣起」之深義。「付出」是一種緣起，「無所求」就是性空。付出的那一刻心無所求，就是在緣起處性空。證嚴上人以創造性的語言「付出無所求」，讓「空」、「有」兩觀超越它表面的對立，而賦予它實踐的內涵。他所建立的慈濟宗門，試圖把佛陀的離欲、性空等教義，融入現實的生命，並淬鍊

47 三藏曇摩伽陀耶舍譯，《無量義經．說法品第二》，《大正新修大藏經》第九冊。
48 釋慧能著，釋聖印譯，《六祖壇經》釋定慧品（臺北：天華出版社，一九八九），頁五三。

它的實踐意義。

四、從利他到成佛的歷程

原始佛教的阿羅漢以四禪為修行的目標，從四禪邁向涅槃。慈濟宗門的修行旨趣是從四無量心修習四禪之境界，在契入涅槃。涅槃即世間，涅槃不離世間，這是大乘佛教的思想。利他不是覺悟的願行，而是覺悟的本身。徹底的利他，就是涅槃。因為萬物一體，萬法是一，與萬物合一，與萬法合一就是涅槃之境。終極的利他，就是達到與萬物、萬法無分別，與萬物、萬法合於一的境地。因此，本節的論述會闡明無盡的利他行，從慈悲喜捨，以大捨消除自我，以入群得大智慧，契入禪定的思想與實踐。

（一）定慧一體之四禪與四無量心

禪宗慧能大師言：「定慧一體不是二。定是慧體，慧是定用。即慧之時定在慧，即定之時慧在定。」[49]定中生慧，清淨梵行能夠增長佛慧，而這淨、定、慧，是在入世間人群中獲致；在慈悲度眾的願力完成圓滿佛智。如證嚴上人云：

六度：布施、持戒、忍辱、精進、禪定、智慧，就是要在人群中，在人群中就是為了要成佛，成就佛智慧。蓮花出於汙泥而不染，汙泥中的蓮花還是清淨，那就是我們用清淨心入人群中，不受人群汙染了，這就叫做法。世間法如水，洗我們的心。世間的煩惱，如一塊淨布，擦拭我們的心鏡，讓我們的智慧成長。所以我們修行一定要入人群，要「全攝六度」。

修梵行不是都不和人互動，才算清淨，修行不是如此。梵行是要入人群中，與人互動，而不受人群染汙把我們汙染了。汙泥因蓮花而淨化，正如我說過的，汙泥是因為有蓮花而美化、淨化了；菩薩就是需要入人群中，才能淨化人心。所以我們必定要行六度行，才能真正練出我們一念清淨無染的心，這才是真正的梵行，這就是「宣法修慧」的梵行。

用六度法來修梵行，梵行總攝受的就是在六度中。[50]

修禪定、修梵行是在人群中，在度化眾生的慈悲中，悲智雙運，定慧一等，契入佛智。

1. 四禪之境通向度他

原始佛教中阿羅漢們修持的四禪之境界，其最終仍是度他，向捨的一種修行旨趣。如《雜阿含經》所示：

49 釋慧能，《六祖壇經》（臺北：天華出版社，一九八九），頁一〇三。

50 二〇一五年五月四日證嚴上人於靜思精舍早課開示，筆記。

> 離欲、惡不善法，有覺有觀，離生喜樂，具足初禪。離有覺有觀，內淨一心，無覺無觀。定生喜樂，具足第二禪。尊者離喜，捨心住正念正智，身心受樂，聖說及捨，具足第三禪。尊者離苦息樂，憂喜先斷，不苦不樂捨，淨念一心，具足第四禪。[51]

一禪：為離惡業、貪、嗔、癡之欲念。本書把此境界稱為「捨欲」。

二禪：是捨一切無明。到達無覺、無觀，亦即不存在三界的境識裡，定力甚深。捨去自我，無我中生定，定中生喜樂。本書稱之為「喜捨」。心已經感受捨的喜悅，捨欲的喜，布施他人的喜。

三禪：離喜，住一切正念正智。一切的境界到來都能相應，能隨自己的意思受果，要到何處受生，就能到何處受生。本書稱為「捨喜」。

四禪：不苦不樂，捨，念清淨，具五通，得四果。本書稱為「捨捨」。

《阿含經》所敘述的阿羅漢境界並非全達到四禪境界。只有具解脫阿羅漢可以了達四禪境界、得八解脫。「慧解脫阿羅漢」以了達煩惱障礙解脫。「具解脫阿羅漢」（共解脫阿羅漢）與辟支佛於定障礙解脫。只有佛得一切法障礙解脫，能通曉出世間法與入世間法，離煩惱障礙、離諸禪定障礙解脫，並且離一切法障礙解脫。佛自覺，還覺他，為聲聞、緣覺演說一切真實大法。如《雜阿含經》描述佛與阿羅漢之區別言：

> 諸比丘！如來應等正覺、阿羅漢慧解脫有何種種別異。諸比丘白佛：「世尊是法根、法

眼、法依，唯願為說，諸比丘聞已，當受奉行。」

佛告比丘：「諦聽，善思，當為汝說。如來、應、等正覺者，先未聞法，能自覺知，現法自知，得三菩提，於未來世能說正法，覺諸聲聞，所謂四念處、四正斷、四如意足、五根、五力、七覺分、八聖道分，是名如來、應、等正覺。所未得法能得，未制梵行能制，能善知道、善說道，為眾將導，然後聲聞成就隨法隨道，樂奉大師教誡、教授，善於正法，是名如來應等正覺、阿羅漢慧解脫種種別異。」[52]

阿羅漢於色生厭、離欲、滅盡、不起、解脫。聲聞、緣覺都是煩惱斷滅，不起無明。阿羅漢與佛的差別是佛能以一切真實智慧度化一切有情眾生。

佛陀與阿羅漢之區別是於未來世能說正法，能制梵行，以三十七道品度化諸聲聞者。佛陀因為教化眾生而與阿羅漢有所不同。佛是立本願，利他度人的大覺者。阿羅漢也有一部分的利他之心，如先前所述的「護阿羅漢」是傾向利他度人的。但比起佛陀，如木村泰賢所言，利他是成佛必備的元素。

阿羅漢與佛修行究竟之差別，就在於佛是以利他為本，阿羅漢雖修得清淨，但是仍不具說法無礙之智慧，仍不願意起大悲、行聖道、度化眾生。而佛具一切種智，說法無礙，於眾生惱濁無

51《雜阿含經》卷十四，《大正新修大藏經》第二冊，第〇〇九九。
52《雜阿含經》卷二十六，《大正新修大藏經》第二冊，第〇〇九九。

畏，於諸法無漏。自覺、覺他，成就功德圓滿的大圓鏡智。

2. 從四無量心修禪定

四無量心是佛陀利他的根本法門。慈悲喜捨為眾生，為眾生的歡喜無私付出中，修得禪地解脫，這是四無量心的無量功德。《大智度論》云：「菩薩以四無量心行般若故名無量。」《小品般若波羅蜜經》亦言：「若空即是無盡，若空即是無量。」

四無量心即空慧，即禪定。如《解脫道論》將「四無量心」與「四禪」相合。慈即初禪，歡喜為眾生，悲為二禪，喜為三禪，捨為四禪。

> 重名四無量義。四無量以一眾生事，依余處修行。如母念兒隨其時節，如是於畜生，於犯戒人，於具戒人，於厭欲人，於聲聞人，於緣覺，於正遍知。皈依勝處，成勝無量可知，問於慈悲喜，何故三禪起，非第四禪。答，眾生憂惱所起，嗔恚害不樂，彼憂惱以對治，與喜俱生心，修行慈悲喜，是故三禪生，非第四禪。復次捨地是第四禪，以二捨成就故，所謂受捨法中捨，於捨地住，於眾生取饒益成捨，由地故三無量三禪生非第四禪。[53]
>
> 復說於四無量四禪生。如世尊所說，於四無量，汝比丘當修。此定有覺有觀，汝當修有覺無觀，汝當修無覺無觀，汝當修與喜俱生，汝當修與樂俱生，汝當修與捨俱生。[54]

菩薩修習慈心會遠離欲望，斷絕貪嗔癡，慈心是清淨之源。悲心是無分別的「同體大悲」，是無色界之本。喜心以眾生之樂為住，是無意識界之根。

「捨心」是連「捨的心」也超越，達到眾生平等無二，無眾生可得度，亦無菩薩度眾生，是契入無想、無想想界。

修持四無量心契入禪定的境界如《雜阿含經》所說：

心與慈俱，無怨無嫉，亦無嗔恚，廣大無量，善修充滿；四方、四維、上、下一切世間，心與慈俱，無怨無嫉，亦無嗔恚，廣大無量，善修習充滿，如是修習。悲、喜、捨心俱亦如是說。[55]

修持慈心會達到「內淨、一心」的一禪境界。悲心同理眾生，能達空的定靜，定、生喜樂的二禪境界。喜心付出，為眾生為己，讓眾生歡喜為本，是為「身心安樂，安樂住彼」的三禪境界。捨心亦捨，心空然無我，不苦不樂，是為捨念清淨之第四禪。所以《雜阿含經》云：

比丘！心與慈俱多修習，於淨最勝；悲心修習多修習，空入處最勝；喜心修習多修習，識

53《解脫道論》卷八，《大正新修大藏經》第三十二冊，第一六四八。

54《解脫道論》卷八，《大正新修大藏經》第三十二冊，第一六四八。

55《雜阿含經》卷二十七，《大正新修大藏經》第二冊，第九九。

入處最勝；捨心修習多修習，無所有入處最勝。[56]

捨到無有入處，無入不自得，無所不入，又無所入，是四禪的捨境。所以真正的捨，必須回歸到與空慧相應合。空慧又必須依六度萬行而修習，才是真正的無量心解脫。

證嚴上人以《法華經》義闡述「悲智雙運」，「定慧不離」、「禪定與度眾一體」的涵義時云：

經文說：「復有住禪，得神通力，聞諸法空，心大歡喜，放無數光，度諸眾生，是名大樹，而得增長。」

禪定是思惟修，心都清淨了，真如本性智慧都具足在我們的心。心若清淨，沒有無明遮蓋，自然放無量光，放無量智慧之光。「放無數光，度諸眾生」。菩薩用他的智慧，普遍如密雲在空中，因緣成熟，就降雨滋潤大地，大地草木皆得蒙潤。所以我們要好好用心接受佛法，洗滌我們心的無明垢穢，心的煩惱去除了，我們才有辦法真正法度人間。

我們的心若完全將那些煩惱破除，自然就得心通達，很歡喜，看到我們的心地風光，是大樹增益。就像大樹，既長大了，也還是需要雨來滋潤，若久來無雨，地又是乾，這棵大樹也難保。所以我們必定要將法入心，直到我們的自性覺悟，這才是真正法的源頭。

宇宙萬物的真理，都入我們的心了，自心即是法。我們自己的真如本性，就是法的源頭。所以我們要好好用心，思惟修，得心通達就是大樹。

「此中應涵蓋小中上草增長」。大樹既然能接受滋潤，它的濕氣同樣也能普及土壤。不只是上面接到雨水，其實地上也能受到滋潤。因此大樹受潤，這當中也應該涵蓋著小樹或者是中上藥草，全都能受潤。這就是佛法一相一味，大樹既能接受到，小樹也接受得到，小草、中草、上藥草，全都能受潤。

「放無數光，度諸眾生」。光，表示智慧，用智慧攝眾生，用我們的智慧來度眾生，所以「名為放光」，發揮我們的智慧來度眾生。我們已經上求，我們也要下化，我們要用智慧來廣度眾生。「智慧攝生」，攝度眾生的方法。

智慧，不只是一項，是無量無數的智慧，所以「名為大樹，而得增長」。這就是譬喻頓教的菩薩，頓教大菩薩，所謂「光照大千，六種動地」。因為菩薩全都體會、了解了，「光照大千」、「六種動地」。這已經是菩薩的智慧，光照大地，六種動地，已經「現身殊形，六道化身，分應十方。」[57]

慈濟菩薩道之精神即是，清淨自心，度化眾生。在清淨自心之際，要潤漬眾生；在度化眾生之際，清淨自性。

56《雜阿含經》卷二十七，《大正新修大藏經》第二冊，第九九。

57 二〇一五年四月三十日證嚴上人於靜思精舍早課開示，筆記。

（二）行菩薩乘　歸向佛乘

佛陀在人間傳法的最大願望就是人人成佛。佛陀本可以安住第一義空之座，不處佛地果德，第一義空之座，因為悲憫眾生苦故。佛之願力要一切六道眾生，人、畜生、阿修羅、惡鬼、地獄、天人或是帝釋天、二十諸天，皆可成佛。而佛陀在說法四十一年之後，講授《法華經》就是強調三乘歸一乘，即佛乘。

聲聞、緣覺在聞法四十一年之後，聽到佛陀講授菩薩道大法，難免有些詫異。過去聽聞的各種斷欲、除五毒、四念處、四如意足、四正勤、七覺支、八正道修行至涅槃的道理，難道都還不究竟？佛陀講授必須行菩薩道，度化人間，才能契入阿耨多羅三藐三菩提之無上正等正覺的究竟圓滿之覺悟境界。三乘——聲聞、緣覺、菩薩歸於佛乘，這是《法華經》裡最重要的精神。

佛陀向舍利弗說，過去跟弟子說過的志願佛道，汝今悉忘，只在意自己得滅度。佛弟子行慈心成佛，在原始阿含裡已經具備這樣的精神，但是眾弟子仍偏向寂滅法，以小乘為滿足。《增壹阿含經》中，佛陀教示弟子們要以行慈心成佛道：

> 身行慈，口行慈，意行慈，使彼檀越所施之物，終不唐捐，獲其大果，成大福佑，有大名稱，流聞世間，甘露法味。如是，諸比丘！當作是學。
>
> 爾時，世尊便說偈曰：「布施成佛道，三十二相具；轉無上法輪，本施之果報。」[58]

佛陀講法華，三乘歸於佛乘，必須行菩薩道，包括須菩提等都覺得已經老邁，一時無法契入法華大法。舍利弗終究是佛陀弟子的典範，在舍利弗幡然體悟後，體解菩薩大道是成佛之道，佛陀授記舍利弗將來作佛，號華光如來。

舍利弗，汝於未來世，過無量無邊不可思議劫，供養若干千萬億佛，奉持正法，具足菩薩所行之道，當得作佛，號曰華光如來、應供、正遍知、明行足、善逝世間解、無上士、調御丈夫、天人師、佛、世尊。國名離垢，其土平正，清淨嚴飾，安隱豐樂，天人熾盛。琉璃為地，有八交道，黃金為繩以界其側。其傍各有七寶行樹，常有華菓。華光如來亦以三乘教化眾生。[59]

以大乘《法華經》的精神觀之，可見聲聞、緣覺不行菩薩道未能成佛。聲聞、緣覺雖然以證入涅槃，但是未證得「阿耨多羅三藐三菩提」，即「無上正等正覺」。圓滿無分別之智性，就是阿耨多羅三藐三菩提——無上正等正覺。聲聞、獨覺、佛的菩提，都是依真如、法性而建立的，[60]所以《金剛經》說：「一切賢聖，皆以無為法而有差別。」只有菩薩道能最終證入阿耨多羅三藐

58《增壹阿含經》卷四，《大正新修大藏經》第二冊，第一一五。
59《妙法蓮華經》卷二，《大正新修大藏經》第九冊，第一一六二。
60 釋印順，《華雨集》第一冊（臺北：正聞出版社，一九九三），頁三五〇。

三菩提——無上正等正覺。

（三）一念慈心、成佛起點

佛陀在累世修行中，都曾經處六道之中，甚至在地獄道。但都是一念為善，所以能上升天人，終至成佛。

證嚴上人多次講述《愚賢經》裡的一段記載：佛陀有一世在地獄中受苦，但是看到一位罪人扛著火焰鐵車，一時慈心起，幫他拖火焰鐵車，結果被獄卒一棒打死。《愚賢經》云：

> 佛告阿難：「若欲知之，當為汝說。過去久遠，不可稱計阿僧祇劫，有二罪人，共在地獄，卒驅之使挽鐵車，剝取其皮，用作車鞅，復以鐵棒，打令奔走，東西馳騁，無有休息。時彼一人，筋力尠薄，獄卒逼之，躃地便起，疲極困乏，絕死復甦。彼共對者，見其困苦，興發慈心，憐愍此人，顧白獄卒：『唯願聽我躬代是人，獨挽此車。』獄卒嗔恚，以棒打之，應時即死，生忉利天。阿難當知！爾時獄中慈心人者，我身是也。我乃爾時，於彼地獄受罪之時，初發如是慈矜之心，於一切人，未曾退捨，至於今日，故樂修行慈愍一切。」[61]

一棒被獄卒打死的佛陀，直接升忉利天。最後無數量劫之修持後成佛。這給予每一眾生成佛的契機與因緣。證嚴上人深信，慈心悲憫眾生，是成佛道之關鍵。

入世間利他實踐，契入涅槃境，是佛法修行的法門之一。如《雜阿含經》中佛陀告訴聚落主：

> 此是身善行，此是身善行報，此是口、意善行，此是口、意善行報，是名天、是名人、是名善趣化生、是名涅槃，是為柔軟。[62]

身善行，意善行，是名涅槃。涅槃就是清淨、寂靜。[63]「清淨」、「寂靜」是一種無染，是一種蓮花出汙泥不染著，入塵世不煩惱的境界。在入世利他的行動中，心永遠保持無所求、無汙染的狀態，就是清淨，就是寂靜。證嚴上人說：

> 佛陀是兩足尊。福德兼具，天地與人間共如是法。我們在人間，每一個人都是我們的道場，每一個地方都是道場。每一個人都是法，每一個地方也都是法。[64]

菩薩十地的第一地就是歡喜布施。如《大方廣華嚴經》云：

61《愚賢經》，《大正藏》第四冊，第〇二〇二。
62《雜阿含經》卷三十三，《大正新修大藏經》，第二冊，第〇〇九九。
63 樓宇烈，〈佛教哲學專題講座〉（北京：北京大學哲學系，二〇一三年六月三日）。
64 二〇一四年五月一日證嚴上人於靜思精舍早課開示，筆記。

> 念能令眾生得利益故生歡喜，念入一切如來智方便故生歡喜；復作是念：「我轉離一切世間境界故生歡喜，親近一切佛故生歡喜，遠離凡夫地故生歡喜，近智慧地故生歡喜。」[65]

修行者為眾生歡喜付出，見苦知福。所以「念能令眾生得利益故生歡喜」。初聞佛法歡喜，能將生命依止於大道，知道生滅不已、不實，真實大道不有、不虛，所以「我轉離一切世間境界故生歡喜，親近一切佛故生歡喜，遠離凡夫地故生歡喜，近智慧地故生歡喜。」

不只自己歡喜，還要發十願，一切眾生度盡，我願乃盡。如經云：

> 菩薩住歡喜地，以十願為首，生如是等百萬阿僧祇大願；以十不可盡法而生是願，為滿此願，勤行精進。何等為十？一、眾生不可盡；二、世界不可盡；三、虛空不可盡；四、法界不可盡；五、涅槃不可盡；六、佛出世不可盡；七、諸佛智慧不可盡；八、心所緣不可盡；九、起智不可盡；十、世間轉、法轉、智轉不可盡。若眾生盡，我願乃盡。[66]

歡喜布施的終極目標與情懷就是眾生都成佛。菩薩從財施、法施到無畏施，一切髓腦悉施人。菩薩布施功德以無我為本。「但願眾生得離苦，不為自己求安樂。」菩薩的物、身、心皆能布施給眾生：如《增壹阿含經》云：

> 復次，菩薩若惠施之時，頭、目、髓、腦，國、財、妻、子，歡喜惠施，不生著想。由如

> 應死之人臨時還活，歡喜踴躍，不能自勝。爾時，菩薩發心喜悅，亦復如是，布施誓願不生想著。復次，彌勒！菩薩布施之時，普及一切，不自為己使成無上正等之道，是謂成就此三法，具足六度。[67]

無相、無我、無生布施，是菩薩布施的大功德。菩薩布施不只無相、無我，甚至捨身、捨生布施意在所不惜。面對眾生的困難，菩薩能勇猛精進，不退轉，以身相許，「但為眾生得離苦，不為自己求安樂」。

（四）行六度般若臻涅槃

從利他到涅槃之境，是原始佛陀的教義。涅槃之境從布施、從捨開始。捨的第一步就是放棄自我的執著與貪欲。世間一切的苦都和自我有關。證嚴上人強調，越是為他人付出，自我越縮小，苦就越少。從付出無所求的行動中，培養內心的清淨，直至涅槃。

佛陀利他的精神實踐，離不開「六度般若」的功夫。「布施、持戒、忍辱，精進、禪定、解

65《大方廣佛華嚴經》卷二十三，《大正新修大藏經》第九冊，第〇二七八。
66《大方廣佛華嚴經》卷二十三，《大正新修大藏經》第九冊，第〇二七八。
67《增壹阿含經》卷十九，《大正新修大藏經》第二冊，第〇一二五。

脫」。證嚴上人同樣以「六度般若」不斷地要求弟子，行六度，得解脫智慧。

六度的第一度就是布施。布施為利他的第一要。布施通向究竟覺悟的阿耨多羅三藐三菩提。如印順導師於《學佛三要》說：

> 菩薩在三大阿僧祇劫中，或作國王、王子，或作宰官，或作外道，或作農工商賈，醫生，船師；或在異類中行，為鳥為獸。菩薩不惜財物，不惜身命，為了利益眾生而施捨。閻浮提中，沒有一處不是菩薩施捨頭目腦髓的所在。他持戒，忍辱，精勤的修學，波羅密多的四種，六種或十種，都是歸納本生談的大行難行而來。這樣的慈悲利他，都在證悟解脫以前，誰說非自利不能利他！等到修行成熟，菩提樹下一念相應妙慧，圓成無上正等正覺。這樣的頓悟成佛，從三大阿僧祇劫的慈悲利他中得來。菩薩與聲聞的顯著不同，就是一向在生死中，不求自利解脫，而著重於慈悲利他。68

利他才能達到究竟覺悟，證得阿耨多羅三藐三菩提。以證嚴上人的觀點，「菩薩先救他人再救自己」。眾生不脫度，自己不成佛。菩薩是在不斷地付出中，最終修得絕對清淨的法身。

菩薩行疾求阿耨多羅三藐三菩提，聲聞、菩薩平等，連男女也平等。阿難曾追問佛陀，女子怎麼也能求得阿耨多羅三藐三菩提？佛陀才說出在燃燈佛時代，佛陀也供養布施燃燈佛，燃燈佛授記佛陀將來作佛，一女子聞言，也要跟隨佛陀授記，將來證得阿耨多羅三藐三菩提。《小品般若波羅蜜經》云：

阿難白佛言：「世尊！是女人於何處初種阿耨多羅三藐三菩提善根？」「阿難！是女人於燃燈佛所初種善根。以是善根，迴向阿耨多羅三藐三菩提。亦持金華散燃燈佛，求阿耨多羅三藐三菩提。阿難！爾時我以五莖華散燃燈佛，求阿耨多羅三藐三菩提。燃燈佛知我善根淳淑，即授我阿耨多羅三藐三菩提記。時此女人聞我授記，即發願言：『我亦如是，於未來世，當得授記。』如今是人得受阿耨多羅三藐三菩提記。阿難！是人於燃燈佛所初種善根，發阿耨多羅三藐三菩提心。」[69]

阿難白佛言：「世尊！是人則為久習阿耨多羅三藐三菩提行？」

佛言：「如是！阿難！是人久習阿耨多羅三藐三菩提行。」[70]

這是強調修持梵行，不嗔，不淫，齋戒，布施之人才能得生彼國。布施包括財布施、法布施、無畏施。布施必須持戒，否則貪嗔癡垢重，不可能體現無相布施的境界。持戒必須有忍辱的功夫，否則境界一來，立刻起退轉心，無明煩惱即起。不只忍辱還要精進地度化眾生，連侮辱我們的人都要度化，與人與事都自在即是禪定，禪定及即生解脫智慧。《六度集經》云：

68 釋印順，《學佛三要》（臺北：正聞出版社，一九九四），頁一四五。
69 《小品般若波羅蜜經》卷七，《大正新修大藏經》第八冊，第〇二二七。
70 《小品般若波羅蜜經》卷七，《大正新修大藏經》第八冊，第〇二二七。

菩薩六度無極難逮高行，疾得為佛。何謂為六？一曰布施，二曰持戒，三曰忍辱，四曰精進，五曰禪定，六曰明度無極高行。[71]

在《增壹阿含經》中，佛陀告彌勒菩薩，菩薩摩訶薩行「四法本」。所謂「四法本」都是以布施為本，具足六度般若。《增壹阿含經》言：

若菩薩摩訶薩行四法本，具足六波羅蜜，疾成無上正等正覺。云何為四？於是，菩薩惠施佛、辟支佛，下及凡人，皆悉平均不選擇人，恆作斯念：「一切由食而存，無食則喪。」是謂菩薩成就此初法，具足六度。[72]

這是菩薩修持此四行法，具足六度，疾成無上正等正覺。菩薩修行次第是通向佛的境界。菩薩之惠施，於佛、辟支佛及凡人皆無差別。菩薩力行平等愛，對一切阿羅漢、佛、眾生都無分別地付出慈悲，僅付出食糧亦是初法功德，依此次第修行，具足六度。這是從布施到智慧解脫的歷程。

（五）利他覺悟以眾生為道場

1. 以眾生煩惱　成就菩薩道

證嚴上人強調：「眾生的一切煩惱都是菩薩歷練的契機。」[73]「菩薩入人群，不畏眾生剛強與汙濁。眾生的剛強適足以鍛煉智慧；眾生的汙濁適足以為菩薩成就修行的養料。如蓮花出於淤泥，淤泥是蓮花清淨的養分。」[74]

眾生難調難伏，聲聞、緣覺畏懼，但是菩薩無畏施，無畏眾生的剛強，眾生的煩惱都是成就菩薩的增上緣。所以《增壹阿含經》云：

> 復次，彌勒！菩薩摩訶薩布施之時，作是思惟：「諸有眾生之類，菩薩最為上首，具足六度，了諸法本。何以故？食已，諸根寂靜，思惟禁戒，不興嗔恚，修行慈心，勇猛精進，增

71《六度集經》，《大正新修大藏經》第三冊，第〇一五二。
72《增壹阿含經》卷十八，《大正新修大藏經》第二冊，第〇一二五。
73 二〇一五年五月十四日證嚴上人於靜思精舍早課開示，筆記。
74 二〇一三年十二月十五日證嚴上人於靜思精舍早課開示，筆記。

其善法，除不善法，恆若一心，意不錯亂，具足辯才，法門終不越次，使此諸施具足六度，成就檀波羅蜜。」[75]

「無分別、無我相、遍一切、無退轉」，此四法是成就菩薩的四德。成就此四法、四德，菩薩即得成阿耨多羅三藐三菩提。《增壹阿含經》總結菩薩四法云：

> 若菩薩摩訶薩行此四法，疾成無上正等正覺。是故，彌勒！若菩薩摩訶薩欲施之時，當發此誓願，具足諸行。如是，彌勒！當作是學。[76]

菩薩是不斷煩惱，不住涅槃，不斷地回到人間。所以者何？菩薩是疾成無上道的行者。無上道即貫通有為法與無為法，體現一切真如的無上道，與萬有之真理無分別的無上道。萬有與自己無別，所以他人之苦，亦是菩薩之苦。所以菩薩所緣，緣苦眾生。眾生就是自己，自我已經邁向無上道，邁向萬有之真如，他者與我人無分別。此菩薩之「覺有情」是終究成佛之道。

2. 依一切因緣轉識成智

佛陀所言「一切因緣生，因緣滅」。一切「緣起」都是隨著「因」而轉。沒有因，就沒有外緣的牽引。唯識學倡議阿賴耶識為一切種識，善惡一切的業因種子都涵藏其中。第七識，則為自我生成的推力。第九識即為清淨智，是為佛智。當外緣與第八識阿賴耶識接觸後，就會開始造作各種因緣果報。對於慈濟宗門而言，業因在境界中，而佛智的獲得一樣是在境界中。

證嚴上人闡述阿賴耶識為成就道業的關鍵。他認為，如果每一個種識在與外界的境接觸之際，都能將「識」轉為「清淨智」。亦即當識與緣對應，眾生能不以第七識的自我來對應，而是以第九識、佛性的清淨智來對應；在每一個緣與識的接觸中，不以小愛，而是大愛；不以忌妒，而是讚歎；不以占有，而是給予；不以私我，而是以無私的愛來對應；如此心念，就能常在寂然與清淨的佛智之中。

證嚴上人這種見解是實踐的、能動的佛教觀。臨近一切的境界，都把握住清淨的心，則一切種識裡的業因，就能不斷地清除，而轉成一切種智。在人世間一切作為，都是以第九識的清淨智來應對，則無時無刻不在佛性的愉悅中。時時利他，時時心念眾生、時時無所求地為眾生付出，即是清淨的源頭，即是將一切種識轉為一切種智的動中靜。這是利他實踐與佛教終極覺悟的契理與契機。

3. 先利他後利己

佛教之利他是以利益他人為先，先利他再利己，利他就是利己。從緣起的角度「他與己」是緊密關聯。「他與己」都是生生世世的親人。「他與己」，從個人到社會，從小環境到大環境無

75《增壹阿含經》卷十九，《大正新修大藏經》第二冊，第〇一二五。
76《增壹阿含經》卷十九，《大正新修大藏經》第二冊，第〇一二五。

不都與自己有關，都是成就自己的幸福與法身慧命的關鍵。

如印順導師在《菩薩心行要略》所言：菩薩是從「自他的輾轉關係，而達到一切眾生的共同意識，因而發生利樂一切眾生（慈），救濟一切眾生（悲）報恩心行。」[77]印順導師主張「菩薩以利他完成自利」，所謂「未能自度先度他，菩薩於此初發心」。菩薩但從大悲生從餘善生。大悲是根本，智慧與空慧都是以悲心契入，才逐漸養成。

利他度己，非為一定要自度才能度人。如《無量義經》所言：船夫身有病，船身堅固能度人。船就是佛法，依靠佛法能度人，儘管自己未究竟覺悟，如證嚴上人曾對筆者言：「船到了彼岸，乘客到了，船夫也上岸了。」利他通向佛道為當代人間佛教之特色。

（六）利他與十地菩薩之修持

1. 眾生緣慈　苦其所苦

利他後度己，是大乘佛教的根本思想。然而利他會不會害己？利他如果傷己，菩薩願不願意？菩薩道都是堪忍的菩薩道，娑婆世間堪忍的世間。忍眾生之剛強，為度眾生忍一切苦，利他的道路上，傷己、害己在所不惜。四無量法門「慈悲喜捨」，心心念著「願諸眾生受種種樂，無有恚、恨、怨、惱」，以慈緣一方的眾生開始，漸漸擴展至十方六道眾生，具以慈心平等視之，不致生起任何親怨之別想，平等地希冀一切有情皆能獲得利樂與安隱。這就是「慈禪定增長成就」，是為「眾生緣慈」。

成佛之道本必須經歷無數的修行與考驗。證嚴上人以《愚賢經》的一段記載，說明菩薩為眾生如何甘願受苦：

在無量劫之前，世尊於閻浮提作大國王，名毘楞竭梨，典領諸國八萬四千聚落，二萬夫人婇女，五百太子，一萬大臣，王有大慈悲，視民如子。所以百姓安居樂業，過著很快樂的生活。但國王同時看到子民必有老病死苦。他想如何讓我的子民對老病死自在安樂。一日，國王對臣子說，我想求法，如何讓我的子民老病死自在快樂。於是貼出告示徵尋大法。子民聽到歡喜，國王不只讓我們安居樂業，還為我們的老病死安然無慮。

一修行人看到告示，說這很簡單，我可以讓國王體解生死自在大法。國王聽聞很歡喜，恭敬隆重頂禮歡迎。修行者對國王說，我修行如此久才體會，王如何能聽聞就明白呢？您必須做到我的要求我才說給您聽。要如何做我都願意，國王說。修行者說您能在身上釘一千支釘子我就告訴您真實大法。國王說如果釘上一千支釘子就會死亡，但能讓百姓快樂他願意。修行者說世間無常，但是法不滅。說到這裡，修行者說您釘一千支釘子之後我告訴您。

國王為了臣民的安樂無怖老病死，就答應以一週時間釘上一千支釘子。百姓聽了很不捨，國王在我們就很幸福快樂，何必為他們再多做什麼呢？臣子們就這樣以一週時間釘上一千支

77 釋印順，《菩薩心行要略》（臺北：正聞出版社，一九九五），頁八四。

釘子。那位修行者進王宮享福了。國王身體每釘上一支釘子，就想到百姓會得安樂，他就生歡喜。這種義舉震驚八方龍天菩薩，一千支釘子釘完，國王的釘子突然都脫落下了，身體也完好，沒有一點傷痕。修行者已逃逸無蹤。佛陀說，累世之前他就是這個國王，修此苦行為眾生得自在安樂。[78]

成佛前菩薩廣施眾生，為眾生苦，苦其所苦，心心念念為眾生，生生世世為著眾生得安樂，如地藏王菩薩所言：「地獄不空、誓不成佛。」

2. 堪忍十地　方成佛道

以《法華經》教義為根本思想的慈濟宗，證嚴上人近幾年對慈濟弟子們講述《法華經》。他提到佛陀如何引導聲聞緣覺逐漸趨向大乘法。智慧第一的舍利弗之所以還在聲聞的修行階段，是因為過去生中因為不堪忍，所以退回到小乘修行的境地。《大智度論》述：

如舍利弗於六十劫中行菩薩道，欲渡布施河。時有乞人來乞其眼，舍利弗言：「眼無所任，何以索之？若須我身及財物者，當以相與！」答言：「不須汝身及以財物，唯欲得眼。若汝實行檀者，以眼見與！」爾時，舍利弗出一眼與之。乞者得眼，於舍利弗前嗅之嫌臭，唾而棄地，又以腳蹋。舍利弗思惟言：「如此弊人等，難可度也！眼實無用而強索之，既得而棄，又以腳蹋，何弊之甚！如此人輩不可度也。不如自調早脫生死。」[79]

這位長者就是舍利弗的某一世。從此舍利弗退回小乘自修自得。《大智度》云：

思惟是已，於菩薩道退，迴向小乘，是名不到彼岸。若能直進不退，成辦佛道，名到彼岸。[80]

從慈濟菩薩道的精神觀之，菩薩修行本須克服內外的各種挑戰。從布施、持戒、忍辱到精進，連侮辱我們的眾生都要度化，才能到禪定，才能生大智慧度化無量眾生。所以菩薩修行十地，正是說明菩薩如何從六度萬行，到最終的覺悟。

證嚴上人以菩薩十地之修行，勉勵弟子們，從「歡喜」布施，到捨欲「離垢」，心地「發光」；難忍能忍，難行能行，如火「焰」灼、去蕪存「慧」；「難勝」能勝，因而悲智現前；繼而以無窮的願力「遠行」度眾；恆持慈心「不動」；得無量「善慧」，最終其德如「法雲」，普潤眾生，澤漬大地。

菩薩十地：一者歡喜地，二者離垢地，三者發光地，四者焰慧地，五者難勝地，六者現前地，七者遠行地，八者不動地，九者善慧地，十者法雲地。

78 二〇一四年四月十九日證嚴上人於靜思精舍早課開示，筆記。
79《大智度論》卷十二，《大正新修大藏經》第二十五冊，第一五〇九。
80《大智度論》卷十二，《大正新修大藏經》第二十五冊，第一五〇九。

第一地的歡喜布施先前已詳述。無相布施功德為最。但無相者必須清淨自心開始。所以進入第二地離垢。

第二地離垢地。菩薩與聲聞緣覺一樣都是煩惱漏盡的修行者。欲度眾生先須度己，既以眾生為大願，自我執著必須去除，去除我執，我貪，我嗔慢疑等，所以離一切欲望無明煩惱，才能行此菩薩大道。

第三地發光地，指菩薩心境光明，無染無瑕，可以照耀他人。但是入群度化眾生，眾生剛強難調難伏，菩薩還是會受考驗的，因此進入第四地焰慧地。

第四地焰慧地，菩薩如入火爐般地淬鍊己心，至細小煩惱與習氣皆能去除。

第五地難勝地。眾生度不盡，入人群不為眾生煩惱所染，自我調伏心，依止正道、大法，是難勝地。能克服自己的煩惱，能濟度眾生不退轉，就進入第六地現前地。

第六地現前地，菩薩以智慧現前，光明普照。

第七地遠行地，濟度眾生非一時之力，非一人之力，必須生生世世地行大願，引度更多的菩薩加入救助眾生的行列，所以是遠行地。

第八地為不動地，這種修行與願力守之不動，億百千劫，行於定中，是不動地。能長時間地修行，內能清淨，外能度人，這是善慧。

第九地善慧地。不只得涅槃清淨，說法度眾無礙，是善慧。如此清淨無礙，說法無礙，成就功德無礙，終至成佛的第十地法雲地。

第十地法雲地謂菩薩智慧無礙得以如法雲庇護潤漬眾生。佛陀也是經過無數量劫的修行，自度度人，經歷各種挑戰磨難，於世間法，出世間法，皆能具足，得一切種智，終至成佛。

菩薩十地，即是體現「眾生緣慈」，「法緣慈」，以及「無緣慈」。眾生緣慈先前已論述，為眾生不畏艱難困苦。此為第一歡喜地至第八之不動地。

從第一地到第八地為眾生緣慈，旨在說明菩薩欲度化一切剛強眾生的偉大願力。菩薩行眾生緣慈，還要具足「法緣慈」。「法緣慈」為度化一切有情眾生體解空慧之理，萬物一切「不一不異」，皆依因緣生滅法而有無，菩薩以「無為法」引眾生契入諸法空相，此為第九地善慧地。

菩薩更以「無緣慈」引領眾生體解佛心不住有為，不住無為。諸佛菩薩是為了憐愍眾生受種種輪迴之苦，才以種種方便法，令諸眾生契入諸法實相的智慧，這真實大法因眾生而起，如雲一般，是即空而起的大慈悲及智慧，是名「無緣慈」，是名「法雲地」。菩薩以「慈悲喜捨」四無量心，行六度般若，歷菩薩十地，而體現佛教之利他度己的思想。這是證嚴上人策勵慈濟人修行度眾的最重要法門。

（七）諸佛再回人間圓滿佛道

佛陀的利他功德遍一切有情，但是有情眾生未度盡，佛陀為何取滅？但是佛陀滅度後，是否永恆地出離人間？既然佛陀的滅度非有、非無，法身不生不滅，但是入滅的佛陀如何不滅？

於是佛陀再來人間成為佛弟子情感必然的渴慕，亦是不生不滅思想出現的必然。再來人間的佛以不同的身形示現眾生。於是涅槃從具生身的清淨心——即「有餘涅槃」，到無生身的「無餘涅槃」，進展到無所住、無所執、無所不往的「無住涅槃」。

如大梵王問佛陀涅槃之意，佛陀的回答是諸法起滅是涅槃，一切的生命皆是涅槃，一切唯心，佛性顯露即是涅槃。[81]因此，依於無住涅槃的佛陀是無所不在，無所在，無所不住，亦無所住。「無住無不住」的佛終究再回到人間。

那麼，成正等正覺的佛再來人間是否又回到有？佛陀再來人間其法身不變，其來人間非依業力而來，而是依願力而來。諸佛成就無上正等正覺回到人間是不捨眾生仍在三界火宅之中。回到人間的法身不是一個不滅的佛的靈魂再回來，而是其法身。法身為精神、為思想、為人格典範。而聲聞、緣覺、菩薩等弟子傳頌佛陀之教法，皆是佛的法身。如樓宇烈先生所言：「佛身常存應該是理解為在佛弟子的心中能印證佛陀覺悟的智慧，所以稱為佛的法身常在。」[82]

法身常在亦是入滅的佛，化身為另一佛出現在人間。如同文殊菩薩為七佛之師，再回到娑婆世界協助釋迦牟尼佛教化人間。諸佛依願力而來人間，其法身不染。如《成實論》所言：「如劫火燒地等無餘。以無相故諸業煩惱則不復集。」[83]

慈濟證嚴上人做了一個很易懂的譬喻。證嚴上人以在美國的慈濟志工到海地去賑災為例。美國慈濟人很富裕，生活過得很好，到海地去幫助這個貧困國家的人民。美國慈濟人進入貧苦的海地是願力，慈善發放關懷結束後，菩薩們又回到美國。菩薩入五濁世間是願力，不是依報。菩薩入五濁人間隨時可以自主地離開，不是在五濁世間受業力牽引，受五陰之苦捆縛。相同的，佛陀再來人間不是解釋成受後有，而是佛陀大願力，回到人間拔苦眾生，法身清淨圓滿不變。佛陀本可以安住第一義空之座，不處佛地果德，第一義空之座，因為悲憫眾生苦故。[84]這是佛與菩薩

「不受後有」境界的一種詮釋說明。

不受後有的佛，如何再來？清淨的佛性入世間，與有染的世間和合，為何不被染著呢？佛陀之涅槃能有，能無，如何相立？染與淨能「並立相依」？

筆者以「圓的概念」之於「圓的皮球」為例說明染與淨，有為法與無為法、真如法性與世間五陰之關係。因為有「圓的概念」，所以才會產生「圓的皮球」。有「圓的皮球」才能具體彰顯「圓的概念」。有無相生相成，互為依存，這是緣起法。「圓的皮球」破了，不成圓了，但「圓形的概念」不滅。理入於相，不為相所壞。佛陀真如本性入世間五陰不為所染，不為所困。所以證嚴上人說，佛陀的真如本性是與真理合一，與萬法合一，所以長存不滅，又無所不在。

佛是體悟宇宙真實大法的覺者。這一真實大法是無量劫以來諸佛所共有，不是佛所獨創，非佛所獨有。而是諸古佛所共同體悟、共同之願。所以《法華經》言：「佛佛道同。」「四弘誓願」是諸佛共有的本願，只是因著不同的因緣，不同的時代之所需，諸佛依因緣，在不同的器世間傳此真理，開示悟入無量眾生，希望眾生都能體解本自具足的清淨無染本性，證悟不生不滅的真實大法。

81《大梵天王問佛決疑經》卷二，《卍新纂續藏經》第一冊，第〇〇二六。

82 樓宇烈，〈佛教哲學專題講座〉（北京：北京大學，二〇一三年九月十五日）。

83《成實論》卷十二，《大正新修大藏經》第三十二冊，第一六四六。

84 二〇一四年三月二十八日證嚴上人於靜思精舍早課開示，筆記。

諸佛不捨眾生，所以再來人間。諸佛再來人間但為利益眾生故。諸佛具大慈悲之願力，要來回人間，直到眾生成佛為止。

而這利益眾生的願力，源自於佛陀最初的覺悟——萬法唯一心，萬法為一。宇宙萬物本身是一體，相生相成，互為依存。我與他，我與萬物，我與萬法本為是一。這種「宇宙萬物和合為一」的思想是佛教利他思想的本質。

萬物為一，利他即為利己。利己更要利他。因此，只要還有眾生未成佛，諸佛的整體佛性仍然未完成。諸佛的大覺行仍然未圓滿。

佛陀的最終體悟就是「萬法唯一」、「萬物為一」。既為一，既無分別，佛陀不斷地再回人間度化眾生，直到眾生皆成佛道。

第二章

證嚴上人與慈濟宗門之思想緣起

一、慈濟發軔於臺灣的歷史因緣

（一）孕育佛教、儒家、西方科學的土壤

證嚴上人出生在東方世界的一隅——臺灣，這個小島，在過去四百年的歷史中，歷經西方殖民統治近兩百年。其對於西方的資本主義及科學主義有相當程度的熟悉和不排拒，甚至吸納其為文化的一部分。而中國之儒家思維在海洋及政治雙重隔絕的歷史因素下，使得臺灣有儒家之深厚傳統，但一直未讓儒家處於文化的支配性地位。漢傳佛教在中國這一片古老大地經過將近一千九百年的發展，對臺灣文化及人民的生命觀有相當深遠之影響。

「佛教、儒家、西方科學理性」這三股文明匯流在中國地理邊陲的臺灣，在世世代代的子民為生存奮鬥的過程中逐漸融合演進著；這些文明的土壤正是孕育慈濟在臺灣生長茁壯的結構性力量。而證嚴上人以非凡的智慧及人格，不自覺地、創造性地，將這股薈萃的人文運用融合，並且發揚光大。

正如文藝復興發軔在義大利的小城邦佛羅倫斯，臺灣作為中國古老帝國的延伸，有它自己獨特的歷史命運，這命運使它更早經歷西方資本主義及科學主義的洗禮。西方思想浸淫已深，所以

它沒有中國大陸抗拒西方的激烈過程，也沒有發生五四運動中以「中學為體、西學為用」或全盤西化之間的掙扎矛盾，及其所引起的中國社會巨大撕裂及戰爭。

臺灣受到儒家思想的影響，但是不同於儒家在中國大陸是基於支配性的思想地位，臺灣比較沒有儒家在封建社會中，那種以「家天下」的深沉文化結構，因為它多半時間是被西方列國統治。它也沒有直接擁抱西方之社會文明，而是以日本作為橋梁，接受歷經「明治維新」修正的西方社會體制。佛教信仰在這裡逐漸被民間信仰及道教所融合，逐漸失去其獨特性及深厚的思想基礎。

佛教在臺灣曾有消融、式微之慮。然而這樣的社會文化氛圍，卻為一個全然的文明思維之生長，提供豐富且相對自由寬廣的空間。慈濟在臺灣的誕生、發展，無疑是歷史的偶然，也是歷史的必然。[1] 歷史的必然是這文化的土壤，歷史的偶然是出現證嚴上人這樣具時代創造性的宗教思想家。

（二）戰火下醞釀之淑世理想

證嚴上人生長在一個戰亂的後期，他年輕的時候於二次大戰期間一樣躲過空襲，他看到有一個人為了躲炮彈，跑進防空洞裡，手裡還拿著一把菜刀，應該是煮飯時來不及放下菜刀就跑出

1　何日生，〈慈濟宗門的人文精神與思想略說〉，《慈濟實踐美學》上冊（臺北：立緒出版社，二〇〇八），頁八六。

來，而且另一隻手臂鮮血直流。原來他只顧著躲炮彈，竟不自覺地讓菜刀把自己手臂砍傷。證嚴上人幼年時小小的心靈看到生命的脆弱及人性互相殘殺的傷痕，不禁自問：「為何生命必須殺害生命？為何人與人必須互相壓迫對抗？」[2]

沒有人可以正確估計這一段臺灣戰亂的歷史對於證嚴上人的意義有多深刻？但是一個和平互愛的社會，應該是他早年的歲月中就已經深切渴望的。如同佛陀看到艱苦而思索成道之路，或許歷史必須感恩那一段戰爭歲月並不算長，證嚴上人因為不須一直躲戰火，這使他的生命能在一個更穩定的環境中，自由開闊地發展其人格及思想。

一九六〇年代的臺灣經濟開始逐漸富裕，證嚴上人的俗家父親生意做得很好。同時經營將近十家戲院，這讓證嚴上人小小年紀已經學會事業管理及待人之道。他對俗世的了解是在那時候奠定的；對於俗事世界充分了解，使他能夠在入世志業中不致過度理想化。而證嚴上人離開家庭應證了他對俗世的超越，一如佛陀生長在皇宮，使他歷經人間繁華，但這一切都在更遠大的真理追求中顯得微不足道。

（三）生死之迷惑契入長情大愛

一九六一年，是二次大戰結束後的十五年，在臺中豐原的這一位年輕女子王錦雲（即證嚴上人的俗名），在父親過世之後驀然覺悟生命的無常，他開始更嚴肅地思索著生命的真實意義及最終的境地。那一年，他深切省思，為什麼人會往生？為什麼我們必須走這一遭？

具有歷史性影響力的宗教精神領導者，似乎都是從「生死」提問開始，總是不被周圍的人理解及接受，他們總都經歷過孤寂的心靈歷程，而這歷程是足以培養其卓越超凡的人格及跨越時代的高遠思想。

禪宗慧能大師從弘忍大師一句「世人生死事大」之大哉問，提出「本來無一物，何處惹塵埃」之覺醒。歷經逃亡的命運十多年，最後才在中國南方安頓下來，然後傳頌心法。觀照證嚴上人也一樣以生死之大事契入生命的無常，將不捨世間離苦的心轉為大愛之情。如他所說：

> 我也知道親情猶如一場舞臺劇，依業緣而聚。未來，我的人生要把愛放到哪裡？是要愛自己呢？還是愛我的家庭？或是愛我所偏愛的人？用心思考，這些都還不夠寬廣。同樣的一分愛，雖然當時環境不允許，但是我追求佛法的意志非常堅定。[3]

對世間無常、究竟空、畢竟空的情感及思維，轉化為對眾生之長情大愛，堅定了證嚴上人對佛法的追尋。

一九六三年證嚴上人不顧母親的反對，逕自離開家庭，到東臺灣修行。在行腳雲遊期間，他接觸到日文版的《法華經》[4]，熟識日文的證嚴上人被《法華經》深深地吸引。特別其中的《無

2 何日生，〈慈濟宗門的人文精神與思想略說〉，《慈濟實踐美學》上冊（臺北：立緒出版社，二〇〇八），頁八四。
3 釋證嚴，《慈濟月刊》第四〇二期（臺北：財團法人慈濟傳播人文志業基金會，二〇〇〇年五月二十日），頁八。

量義經》的義理，讓他決定了修行的法門，以淑世作為他修行的理想。

這是證嚴上人與佛教慈濟宗門經典《無量義經》的會遇。這個會遇不是來自佛教經院，不是來自某位資深長老的引導，而是在這偶然的機緣中，決定了一個宗門長遠的思想基石。

二、證嚴上人與近代漢傳佛教的因緣

(一) 自行剃度　緣遇恩師

一九六三年證嚴上人在許聰敏老居士家裡自行剃度為比丘尼，許老居士並賜給上人法號修參。在證嚴上人心中，許老居士的修行不亞於一位出家的比丘。這透露證嚴上人早年心中僧俗平等的理念，這理念使得慈濟宗門在很大程度上體現與建構一個當代居士佛教的內涵與特質。

以佛教體制，未經出家人剃度的僧眾都算自行剃度，都不能進戒場。證嚴上人一九六三年到臺北臨濟寺受戒，受戒需要皈依師，在戒場中許多法師熱心引薦受戒師給證嚴上人，但證嚴上人始終覺得未能遇到合適因緣的皈依師，因此他選擇離開戒場。在乘車回花蓮之前，他到附近的慧日講堂想請購《太虛大師全書》，而就在那裡他聖遇印順導師。證嚴上人隨即拜印順導師為師，印順導師在他臨受戒前匆忙地給他六個字「為佛教、為眾生」。證嚴上人曾說，這六字當時如閃電般地打在他心裡，讓他一輩子奉行不渝。[5]

證嚴上人皈依印順導師，但彼此的時空距離，證嚴上人並未在思想及作息上緊密師從印順導師。受戒完畢，證嚴上人獨自回到花蓮，在許聽敏老居士夫婦為他興建的小木屋中獨自修行。證嚴上人回憶說：

> 受戒以後，六個月的時間裡，在小木屋中靜思，我的師父要我「為佛教、為眾生」，我要如何做呢？佛教經藏這麼多，我要從哪一個方向走去？這六個月的時間裡，我很用心地深入《法華經》。《法華經》的道理很深奧，但是很契合菩薩入眾生的理念。也知道《法華經》共七卷，經文很長，而《無量義經》就是《法華經》的精髓，清楚說明佛教徒要以什麼樣的態度走入人群，所以《無量義經》是我終生奉行的經典。[6]

證嚴上人皈依印順導師，並奉持為佛教、為眾生的信念終生不渝。但是證嚴上人選擇以《法華經》之《無量義經》為慈濟宗門之宗經，這經典本身是他皈依印順導師之前就已經心儀甚深，他在臺東拿到的日文本《法華經》就詳讀並抄寫，甚至用鋼板刻印《無量義經》。這可以看出證

4 證嚴上人當時閱讀的版本為《法華經大講座》，應是日本學者小泉一郎所著。

5 潘煊，〈師徒因緣〉，《慈濟月刊》第四八一期（臺北：財團法人慈濟傳播人文志業基金會，二〇〇六年十二月二十五日。

6 釋德伋，《證嚴上人衲履足跡》二〇〇六年冬之卷（臺北：慈濟人文出版社，二〇〇六），頁四六四。

嚴上人在入世佛教的義理運用上有自己的修持與見解。

一九六六年在證嚴上人創立慈濟前後，印順導師在當時要證嚴上人到臺灣南部的「妙雲蘭若」當住持。當時佛教克難慈濟功德會剛剛成立，證嚴上人很掙扎，師父連搬家的錢都寄過來了。當時跟隨證嚴上人學佛的三十多位家庭主婦不願意上人離開，她們共同寫信要導師容許上人延後一年前往「妙雲蘭若」。證嚴上人考慮再三終於婉拒師父的邀約。印順導師在接受大愛電視訪問中，提及上人創立慈濟時他的想法，他說：「我一開始是不太贊成的，那工作很困難，他還是個孩子似的。」[7]導師雖說沒有很贊成弟子成立慈濟功德會，但是仍匯一筆款項支持慈濟功德會的成立。師徒兩人隔著中央山脈，見面機會不多，但是對於佛教入世、淑世的理想是共同的。「為佛教、為眾生」為證嚴上人的佛教理想立下一個永恆目標，但是路是必須由他自己走出來的。實踐的方式，詮釋人間佛教理念，都來自證嚴上人對《法華經》、《無量義經》的理解與體現。

（二）利他度己之精神

綜觀太虛大師的成佛之道是從佛之教，體其義理，由行生果。一切佛理都是由行而得悟果。行是關鍵，此行即「自利利他」。太虛大師言：「唯有佛法能自利利他，成就圓滿的人格而知佛法之自利，應化無邊的世界眾生而知佛法之利他。」

太虛大師主張是先通過自身的覺悟然後利益眾生。「先求自我解脫之利」，但此自利是為著眾生的「自利」，所以他說：「為利他故先求自利的佛法。」「利他即所以自利，自利亦所以利他。」自利利他不二，佛法無先後，自他等利者也。他者，指我之外，世間一切眾生皆可以他字概括之。[8]大體言之，太虛大師是先以自度為先，然後度他。因為要度他，先求自度，最終是「自他不二」的境界。

印順導師同樣強調自利利他的菩薩道精神。在《成佛之道》一書中，印順導師明白指出：「從利他行中去成佛。」；「大乘道，發願之後是重於行的。」菩薩行必須以布施為上，而布施要與菩提心相應，以慈悲為上首，以法空慧為方便。智慧、慈悲與性空同等重要。這三心是菩薩之道，是成佛之鑰。

印順導師也主張「菩薩以利他完成自利」，所謂「未能自度先度他，菩薩於此初發心」。[9]菩薩但從大悲生從餘善生。大悲是根本，智慧與空慧都是以悲心契入，才逐漸養成。然而印順導師仍然強調自度的重要性，菩薩要度他人必須淨化自己身心。他在《華雨集》所陳：

> 怎樣的先度他呢？如有福國利民的抱負，自己卻沒有學識，或生活糜爛，或一意孤行，他能達成偉大的抱負嗎？所以菩薩發心，當然以「利他為先」，這是崇高的理想；要達成利他目的，不能不淨化自己身心。這就是理想要高，而實行要從切近處做起。

7 印順導師，《法影一世紀：印順導師談人間佛教》（臺北：大愛電視，二〇〇五年）。

8 釋太虛，《佛法總論》（臺北：善導寺佛經流通處印行），頁一三六。

9《無量壽經會譯》，《卍新續藏》第一冊第〇〇〇五。

菩薩在堅定菩提，長養慈悲心，勝解緣起空性的正見中，淨化身心，日漸進步。這不是說要自己解脫了，成了大菩薩，成了佛再來利他，而是在自身的進修中，「隨分隨力」的從事利他，不斷進修，自身的福德、智慧漸大，利他的力量也越大，這是初學菩薩行者應有的認識。[10]

所以印順導師言：「淨心第一、利他為上。」菩薩在淨化自心時利益眾生，在利益眾生時不斷修持自身。因此，仍著重自利而利他。以利他完成佛道。

證嚴上人同樣強調「利他度己」之理念。靜思法脈、慈濟宗門是以內修「誠正信實」為本，外行「慈悲喜捨」四無量心為宗。利他實踐與自我修行並重。慈濟的核心思想就是「利他度己」。

證嚴上人說：「眾生就是成佛的養料，如同汙泥是蓮花的養料。」度盡眾生，自己方能成佛。如《無量義經》所言：「船夫身有病，船身堅固能度人。」船身就是佛法，依靠佛法能度人，儘管自己未究竟覺悟，但如證嚴上人所言：「船到了彼岸，乘客上了岸，船夫也上岸了。」[11]

利他通向佛道為太虛大師、印順導師與證嚴上人共同主張的入世佛教之特色。證嚴上人強調「利他度己」、「自度度人」，但在方法上似乎更著重「利他度己」。慈濟人在風災來臨，總是先安頓左鄰右舍，再安頓自己的家。災害發生，慈濟人同為受災戶，但總是先救助他人，再顧到自己。

此情懷如同證嚴上人講述《地藏經》時所言：「菩薩是先救他人，再救自己。」這理念與太虛大師與印順導師強調「自度而後度人」在精神與思想上相應，然修行之路徑或有不同之強調。

三位前後相續的大師對於「他者」與「自己」的修行關聯，有其精神的共同性，也有分殊性的強調。顯示時代更迭對入世佛教思想之演進。太虛大師時期身處戰亂，當時中國佛教禪淨思想仍濃厚，如弘一大師就是修持先往生西方，再回到人間度眾生。太虛大師直接強調佛教是強調「生」的佛教，非「死」的佛教；是「人」的佛教，非「鬼」的佛教。把佛教拉回現世人生。印順導師則強調人間佛教，強調「諸佛皆出人間」[12]的思想。

證嚴上人直接從實踐著手，他強調「行」的重要；他說：「經是道，道是路，路要用走的。」亦即「行中覺」。從利他中淨化自身，以菩薩十地言之，第一地就是「歡喜地」。先引導眾生歡喜布施，然後再進入第二地「離垢地」，漸次引導眾生信守佛教戒律，淨化自心。布施的最高境界就是無相布施，以證嚴上人的詮釋就是「付出無所求」。付出無求就必須去除自我的「貪、嗔、癡」與「愛、欲、見、著」。所以上人常告誡其弟子，要縮小自我，要「知足、感恩、善解、包容」。從利他的行中，漸次克服貪嗔癡，淨化己心。亦即以「行動改變思想」的法門，以「行善培養大悲心」實為慈濟宗門的一大特色。

「利他度己」，符合了慈濟發展的脈絡，從三十位家庭主婦跟隨上人去幫助窮困人開始，

10 釋印順，《華雨集》第四冊（臺北：正聞出版社，一九九三），頁六十。

11 何日生，〈無量義經與證嚴上人〉，《法印學報》第二期（臺北：法界出版社，二〇一二）頁一二三。

12《增壹阿含經》卷二十六，《大正新修大藏經》第二冊，第〇一二五。

同時學佛，早年靜思精舍辦「佛七」，上人每個月的藥師法會，以及講述《法華經》、《無量義經》、《三十七助道品》等，都是「從善門而入佛門」，「從行門契入空慧」的修行之法。

（三）人格成　佛格成

印順導師與太虛大師作為一個時代的偉大佛教思想家，他們開闢了入世佛教的理路，太虛大師主張，人格成，佛格即成。「仰止唯佛陀，完成在人格」[13]。證嚴上人一樣強調人格成，佛格才能成的見解，從利他之行中修持自身。因此推動「靜思勤行道，慈濟人間路。」靜思勤行，亦即勤修「德行」。證嚴上人說：「德行二字，德就是行，行中有德，才叫德行。」行證中體解佛道，人倫之道是佛道之根本。

牛津大學佛學研究中心創辦人龔布齊教授（Richard Gombrich）在他的〈原始佛教、當代儒家——從社會與歷史觀點看慈濟〉（*A Radical Buddhism and Modern Confucian*）一文中提到，佛陀是強調道德修行的重要性，這一點亦是證嚴上人所奉持的精神。龔布齊教授說：

> 佛陀和證嚴法師都為他們所處的時代中，那些經歷重大社會變遷的人，提供了一種新的秩序和穩定性。……佛陀與證嚴法師所提供給人們的安身立命之選項，是建立在尊重個人自由意識與個人責任的選項。……而兩位導師的教法，都以道德為基礎來規範人們的生活方式，這對於信徒而言比任何抽象的理論來得重要。確實，核心的秩序原則本身就符合道德的規

則：業律、道德因果規律。[14]

面對九十四種外道的佛陀是以三十七道品，要其弟子斷貪嗔癡，成就阿羅漢的清淨涅槃，其教法本身就是以道德的實踐為本。證嚴上人同樣通過道德實踐，體現入世佛教的理想，建立了當代佛教具體實踐的典範。其所創立的慈濟功德會，慈悲濟世之功德一樣回到道德的實踐。對於「功德」之意義，證嚴上人強調「內能自謙是功」，「外能禮讓是德」。將佛教功德以道德實踐詮釋之。

證嚴上人教導他的弟子要「拉長情、擴大愛」。以拉長情，轉化私情之牽絆；以擴大愛，轉化眾生對五蘊世間的執著；以不斷地為眾生付出，來擴大自我的長情大愛。這是「無緣大慈、同體大悲」的菩薩胸懷。通過徹底的利他，解決自身的無明煩惱，亦是利他度己的終極目標。

（四）僧團教產的改革

證嚴上人與常住弟子們奉行「自力更生、不受供養」的理念。不只不受供養，還要積極投入

13 釋太虛，《學法總學》（臺北：慈善寺佛經流通處，一九九三），頁七五八。

14 Gombrich, Richard,*A Radical Buddhism for Modern Confucian, Tzu Chi in Socio-Historical Perspectives*.UK: Equinox Publishing Ltd,2013.

人群，濟度眾生。這是建立佛法「自度度人」的身行典範。在佛制時代僧團信守金錢清淨戒，比丘、比丘尼不受金錢之供養，日行一缽飯食為足。直到佛滅度後一百年，第二次經藏結集之期，東方毘舍離等比丘累積財富，受金錢供養，西方耶舍等比丘反對，於是形成教團分裂。[15]東方比丘組成大眾部結集經典，後來形成大乘佛教之法脈。寺廟擁有十方信徒捐贈之財產於焉建立。

近代太虛大師致力於教產的改革。太虛大師反對將十方大眾的資產成為寺廟的資產，最終成為住持的財產。[16]印度佛教沒有寺廟經濟的問題，因為佛制時代僧侶托缽不積蓄財產。但是中國佛教的寺廟經濟的確存在著十方共有的廟產成為住持個人財產的疑慮。[17]樓宇烈先生闡述太虛大師的教產改革時說：

> 要使佛教的財產變成十方僧眾共有的財產。把這些財產供養有德長老，培育青年僧伽，以及興辦各式各樣的佛教事業上。這是太虛大師對於佛教教產改革的意見。[18]

證嚴上人和其出家弟子信守金錢清淨戒，不受供養，自力更生。做農、做手工養活自己，所得支持靜思精舍，僧侶個人無任何財產。靜思精舍的法師們不只不受供養，還護持慈濟功德會。慈濟基金會的員工在靜思精舍工作者近兩百位，舉凡他們的食、住（辦公地點）都是靜思精舍提供。全球慈濟人回到靜思精舍的食住，也都是精舍的師父們提供，這是靜思精舍對慈濟功德會的護持。慈濟志工一直以來都是自掏腰包，自付旅費去賑災，這精神典範的源頭就是精舍。證嚴上人是慈濟第一個志工，然後帶領精舍師父們投入救濟，然後引領社會的居士大德。在靜思精舍修行的師父們做農、做工、掃廁所；一向都是師父們在服務前來精舍的居士們。這是證嚴上人堅持的靜思法脈勤行道，勤行——即「自立自尊，服務他人」，是為自我修行的重要關鍵。

靜思精舍的自力更生、不受供養，還投入服務人群的理念與精神，體現了原始佛教僧團的制度，也呼應了太虛大師對於教產改革的理想。慈濟在各地的會所亦是十方會眾共同使用。慈濟會所無出家師父住持，以社區的慈善活動為主，是慈濟志工所共同管理，亦是教產改革的另一個進展。

太虛大師曾言，他的三項改革失敗了，但誠如樓宇烈先生所述，人生佛教成為日後的人間佛教。太虛大師的理想並未失敗，而是為時代指出一條佛教的新方向。

15 平川彰著，莊昆木譯，《印度佛教史》（臺北：商周出版社，二〇〇四），頁八八。
16 樓宇烈，〈繼承與批判〉，《宗教研究方法講記》（北京：北京大學出版社，二〇一三），頁一八二。
17 樓宇烈，〈繼承與批判〉，《宗教研究方法講記》（北京：北京大學出版社，二〇一三），頁一八三。
18 樓宇烈，〈繼承與批判〉，《宗教研究方法講記》（北京：北京大學出版社，二〇一三），頁一八二。

三、慈濟與儒家之淵源

（一）從「家天下」到「天下一家」

證嚴上人帶領會眾走入人群，這和傳統的佛教強調往生西方世界，強調內證自明之直觀宗教有明顯的不同。證嚴上人認為淨土在人間，淨土在當下之一念心。他不只要慈濟人走入人群，更要志工把家庭顧好才能做慈濟，有別於傳統佛教之修行境界強調「捨親割愛」。家，是證嚴上人所強調重視的，為社會中重要的核心價值，這是受儒家思想的影響所致。上人早年勤讀《法華經》及《無量義經》之同時，也熟讀《四書》，這對他的思想有深遠之作用。[19]

證嚴上人總是要志工們先把家照顧好才能做慈濟；慈濟世界雖重視家庭，但不同於中國封建社會「家天下」常隨著裙帶關係的觀念，只要有人得升進士，就能庇蔭家族，所謂「一人得道，雞犬升天」之譏。然而，一人體悟得道，庇蔭社會得大愛，則是證嚴上人所強調。

上人教導弟子以愛家人之心愛天下人，「拉長情、擴大愛」，這將儒家在歷史上被扭曲的負面發展提供了修正，也將中國傳統社會之裙帶主義做了智慧的提升。在慈濟世界裡，我們都是一家人，但這個家，不是營一己之私的家，而是擴大愛心，去愛更多人、一起去無私奉獻的「大家庭」。

慈濟人把道場營造成是一個家。在靜思精舍，常住師父看到全球慈濟人回來就會說：「歡迎回家！」「歡迎回到心靈的故鄉！」在慈濟工作的人感受與職場最不同的就是工作場所就是「家」。這個家有愛、有溫暖、有人情。人情，在慈濟裡是很重要的一個人際力量，同時慈濟也努力限制著這個力量，畢竟大愛、覺有情才是慈濟的核心價值；人情作為人與人的互敬互愛是有益的，但是過度強調人情的組織卻也是慈濟所不樂見。所以強調拉長情、擴大愛。體制與人情並重，倫理與事理必須兼備。而涵容這兩種價值的可能衝突就是慈悲等觀的思想。

證嚴上人的領導風格亦像是儒家大家庭裡的大家長。牛津大學龔布齊教授在他的〈原始佛教、當代儒家〉一文中，評論慈濟的證嚴上人與當年的佛陀有諸多相似之處。證嚴上人與佛陀都是用直接道德方式教化弟子，但是不同於佛陀傳道以創立僧團為主，而慈濟的證嚴上人更強調儒家人人皆可為聖賢的理想，而將居士某種程度地僧團化。居士的戒律、儀軌嚴謹，穿著制服。但是慈濟在體現團體一致性的過程中，並沒有獨裁的感覺。那是因為證嚴上人是儒家思想裡的大家長。[20]龔布齊說：

19 何日生，〈慈濟宗門的人文精神與思想略說〉，《慈濟實踐美學》上冊（臺北：立緒出版社，二〇〇八），頁八八。

20 Gombrich, Richard.*A Radical Buddhism for Modern Confucian, Tzu Chi in Socio-Historical Perspectives*.UK: Equinox Publishing Ltd.2013.

> 儒家思想對權威的服從被廣泛要求著。慈濟志工也至少要在職務內要穿著制服，並有相同的髮型。這對西方人來說幾乎是泛軍事化，但在儒家思想中卻沒有這樣的問題……同樣的道理，證嚴法師定下了十條規矩給慈濟人也顯現了他的威信，但不代表他獨裁，他的領袖風格像個大家長。對已普遍於華人的團體而言，慈濟在提倡一致性行為的同時，並沒有僵硬的獨裁現象。

對於有德者的敬愛及聽從他的教導，是儒家重要的思想。「在群體的愛中得自由。」證嚴上人的慈悲大愛給予每一個追隨他的慈濟人。慈濟就是如家裡的大家庭，還要把戒都當作一個大家庭，其凝聚的核心就是愛。這就是為什麼證嚴上人有極高的權威，而慈濟成員卻仍能保持個體自由與創造力。

儒家生命的終極理想「天人合一」似乎也貫注在證嚴上人的思想體系之中。證嚴上人強調以誠奉天，所以他說：「以虔誠一念心祈禱，上達諸佛天聽。」以誠待大地——「走路要輕，怕地會痛」；以誠對人——「普天之下沒有不愛的人」；以誠接物——「蠢動含靈皆有佛性，珍惜物命。」這是證嚴上人對於誠的體驗。人能以誠待萬事萬物，如儒家《中庸》所言：「唯天下之至誠，能參天地之化育。」慈濟人以誠感通天地、萬物、眾生、諸佛，期望在至誠的愛之付出中達到「天地交感、物我相忘、情意和鳴、境識會通」。

（二）儒家天人合一與佛教真如本性

佛教所謂的真如，證嚴上人詮釋說：「就是與宇宙萬物的真理合一」。與天地萬物真理合一，佛教的根本義理尋回人人自身的真如本性，在儒家的重要經典《易經》的思想裡有相應的說法：「與天地合其德，與日月合其明，與四時合其序，與鬼神合其吉凶，天且弗違也，況於人乎？」證嚴上人將空與真如詮釋為與天地萬物真理合一，其論述是合乎當代科學思維的，人不離一切萬物的原理，智者、覺者就是體現萬物的真理。如同蘇格拉底所陳，追尋真理是他生命唯一奉行的道路。與天地萬物真理合一又是符合儒家思想的終極理念。人與天地萬物合一是儒者追尋的最高境界。而在佛教言，這即是「空」：如慧能大師所言，「世界虛空含萬色萬物，世人性空亦復如是。」空即與萬物真理合一之空。空即真如本性，能涵容一切、造就一切、不執著於一切的不生不滅之空。證嚴上人將此稱之為「慧命」。智慧的生命即體現「空即妙有」，真如本性不滅長存的生命理想。而他詮釋的方式是涵蓋了儒家與西方科學理性的話語色彩，這使得證嚴上人的佛教生命理想之表達更具涵融力、攝受力與包容度。

儒家的另一個思維，是要知識分子或士大夫在一生中達成「三不朽」，即「立功、立德、立言」。然而，儒家又是不強調輪迴及來生的觀念，孔子總說：「未知生，焉知死。」似乎對於儒者而言，人就只有這一輩子；這一輩子總是要做到「三不朽」的任何一項，人生才沒有空過，生命才算有交代。對於現世的關懷及投入，成了儒者最重要的精神依歸。但是如果一個知識分子在僅有的一生最終未能立功、立德或立言，那他的良心及價值體系勢必產生巨大的傷痛。

在古代王朝中，士大夫之抱負、見解及貢獻的欲求，經常轉化為黨爭、政爭，此等因積極入世的趨力所產生人與人激烈爭執的人性劇碼，在歷代王朝中層出不窮。然而這樣的心理壓力，讓儒者充滿了胸懷治國平天下的道德勇氣，另一方面也給予自己巨大的成就動機之壓力，以致知識分子擠在朝廷裡，一生為君王、為國家奔忙，或挫折、或哀傷、或失勢、或憂鬱，沉沉浮浮的宦海生涯，折磨著每一個士大夫，這多半和淑世的強烈企圖心有關。

與儒家「三不朽」之嚴肅使命相比，佛教有一個觀點說「菩薩遊戲人間」，藉種種身形教化有情眾生，其實，人一生所經歷的一切功名成就，都是假象、都是短暫的，一切只為歷練一個更永恆的生命智慧。一個人不可以不擇手段地立功、立德或立言，因為今生造業，來生還要再報。佛教思想給予個人更高遠、更嚴謹的思維，也是更為徹底的道德境界。

善與惡，作為與不作為，都會在宇宙因果定律中兌現，都會在心念意識中永駐常存。不管世俗世界對你的作為知不知曉或如何評價，惡業或善業一切都有其因緣果報。我們的心念，生生世世回繞在永恆的意識及慧命中不斷鍛煉。

體悟這一點，一個人自然能夠以更超越、更自在，或者更悠久的方式為生命努力。並非求功名、求文采、求美名才是不朽；不朽來自內在自性的清淨無染，永恆的追尋和奮鬥，是不離內在自性。不管身處貧窮或富貴，仕途得志或不得志，都只是為歷練心無所執的過程。[21]

「應無所住而生其心」，自性原本就圓滿自足，何須外求。這種思維及境界，讓人們從世俗世界的捆綁中釋放開來，不致被世俗環境無止盡地牽扯，載沉或載浮。這種思維，為人們指出一條更加寬廣，更加超越的自省之法和究竟覺悟之道。原始佛教大乘之法，並沒有要我們脫離世俗世界，而是證嚴上人所說：「用出世的態度，做入世的事情。」這是不執有、不執空，既淑世又超凡的生命境界。

（三）儒家思想之現世永生

證嚴上人提出「此身非我有，用情在人間」的理念，並運用在醫學器官捐贈及大體捐贈。證嚴上人認為身體不過是載道器，人往生後，身體就是一個軀體，無用之物如果能有大用，是一項智慧的生命選擇。慈濟醫學院的大體捐贈者，被證嚴上人稱為「無語良師」。這些「無語良師」在往生後奉獻大體，教導醫學生以尊重與珍惜的態度對待人體。

這些大體捐贈者簽署了意願書，放棄積極的治療，捐出自己的身體，讓慈濟大學醫學院的學生在他們身上學習手術的技能。上解剖課之前，學生們必須探訪捐助者的家人並寫下捐贈者的生命故事。這讓他們體會到他們不只是在解剖一具屍體，而是在面對一個慈悲大捨的精神導師。學生在每次開始解剖之前必須對「無語良師」深深地鞠躬。當他們完成課程，學生必須一吋一吋地把大體縫好，以恢復他的外觀，然後為他著衣，並舉行一個紀念儀式。在儀式上，學生表達自己的感恩，並恭敬地道別。這樣的課程，結合了醫療知識與人文，是現代醫學教育的典範，甚且蘊

21 何日生，〈慈濟宗門的人文精神與思想略說〉，《慈濟實踐美學》上冊（臺北：立緒出版社，二〇〇八），頁九七。

含著更深層的生命意義。

慈濟醫學生對待大體的禮敬方式，不只是對死者遺體的尊敬，也是對生命的絕對肯定；死亡並不是結束，而是愛的延長及擴大。無形的存在，如今又化作有形。所以證嚴上人說：「藉假修真，以有形的軀體，修無形的慧命；以有限的身軀，培養永恆的慧命。」[22]

慈濟大體老師捨的精神常留在學生心中，這些高貴靈魂依然存在著，永遠存在每一個孩子的心裡，在學生的身上延續，在未來眾多的病人身上復活。大體老師的精神正是一種慧命永恆的體現。在慈濟這些感人的大體捐贈故事裡，老師、學生、家屬，志工看到這群「無語良師」之無形慧命依然存在。

慈濟大體捐贈所體現的有儒家現世間的永生意義——立德；亦是佛教所述，累生累世修持真如佛性——無形的永恆慧命更一步的增進。

（四）慈濟世界的佛儒相融

證嚴上人一生不崇尚神通，但是他強調虔誠祈禱的重要性。每當大災難發生，證嚴上人會呼籲慈濟人虔誠祈禱，上達諸佛天聽。上達諸佛聽是佛教式的禮敬諸佛，而「天聽」似帶有儒家思想的印記。

慈濟在救災過程中，經常看到各種大大小小的災難，靜思精舍地處臺灣東部花蓮，也是全球地震、颱風最頻繁的地區。大颱風來之前，上人都是要大家虔誠祈禱，做好防颱工作。證嚴上人常說，人不可以自大，要戒慎虔誠，要虔誠地「向天說不敢了！」在汶川地震以後，靜思精舍以及所有的志業體——基金會、醫院、大愛臺每天都有三次祈禱。早、中、晚，這種祈禱引領大家靜心、淨心，也要大家知曉人類的有限性。每年三、四次的大颱風掃過花蓮，基本上都是平安。所以上人又說，臺灣有福，要知福、惜福、再造福。

從一念虔誠祈禱上達諸佛天聽，證嚴上人明白告訴弟子人人必須一念虔誠，這虔誠通達諸佛，通達天。這有儒家天與人感應的思想成分。漢朝著重天人感應之理，每有天災，天子必須反省自己的德是否有缺失，天災頻仍被漢朝以降的王朝視為是君無德之相。在慈濟雖然沒有強調這樣的天意與人的道德之關聯性，但是某種因緣果報所形成的天與人的關係是證嚴上人所強調的思想。

證嚴上人言：「溫室效應是人的心室效應。」大地是人類的母親，天地萬物有情，人類必須珍惜天地萬物的對人類之情。[23]「天何言哉？四時行焉，百物生焉。」這是孔子之語，也是證嚴上人對天地造福萬物的感恩。人要學會大地母親的恩澤，所以每一年浴佛，證嚴上人要全球慈濟人感恩佛恩、父母恩、天地恩、眾生恩。

比起儒家的王朝時期，認為天災是上天對於人道無德的一種干預。[24]證嚴上人是務實地主張

22 Rey-Sheng Her（何日生）, *The Silent Mentor of Tzu Chi, Journal of Oxford Center for Buddhist Studies*. Vol, 4, 2014. ,47。

23 何日生，〈證嚴上人與慈濟的環境生命觀〉，《慈濟實踐美學》下冊（臺北：立緒出版社，二〇〇八），頁五二。

24 金觀濤、劉青峰，《中國現代思想的起源》（北京：法律出版社，二〇一一），頁六二。

人的無止盡之欲，辜負且破壞了天地對於人的養育之恩情。天，作為一種大生命，對於上人而言非為意志天，而是一種有情的大能量。人類面對這有情的大能量，要珍惜、要感恩、要回饋，要疼惜如自己的生命。所以他才說：「走路要輕，怕地會疼。」；「用寧靜的心傾聽大地的呼吸。」[25]用擬人化來看待天地，讓人對天地萬物能夠感同身受，非征服、非剝削，而是感恩知福，戒慎虔誠地對待天地。

天地之情在上人眼中如母親般的慈愛。慈濟的靜思堂亦有大地之母的塑像。「大地之母」的塑像來自北京的藝術家唐暉所繪製草圖，由北朝鮮藝術家製作，塑像中佛菩薩身軀與大地結合，菩薩之手正要種下種子到大地之中。這是人與地的結合。

（五）天人合一與宇宙十方諸佛

證嚴上人十分強調境教的重要性。讓環境塑造人內心的靜寂清澄。因此環境之設計不以誇張、絢爛為美，而以質樸的灰色與天地和。慈濟的建築強調貼近大地的原色，灰色質樸寬和。證嚴上人早年自己親自設計靜思精舍就以灰色的建築體，白色屋瓦，與大地應和。在慈濟各式學校的建築中，也預留寬敞穿透的長廊，讓人可以直接看到遠山，這種自由開闊的空間，讓心靈獲致無比的自由。靜思精舍的屋簷是採略微彎曲往上飛升之勢，這當然與中國之飛簷有近似之處，但中國之飛簷其曲線更大，彎曲朝天之意圖更強，這種設計諭示著天人合一之懷想。而靜思精舍屋簷之設計則較樸實，柔和蜿蜒，與天同而不較，與地和而無取。

九二一地震之後的希望工程學校一樣採灰色建築體，映在後面綠色高山之間，自有大地與青山無間之感。地上鋪著長長的灰色連鎖磚，讓大地的呼吸與人的氣息可以相呼應。人字形的入門，象徵著以人為本，天地人相融的胸懷，這是證嚴上人的境教所散發出的情境美學。這美學是「天與人涵融，地與人相攝，人能悠然其間而不害於物」，這是中國傳統天人合一思想的現代化轉型。

花蓮慈濟靜思堂的講經堂正中的佛像，諸佛菩薩從宇宙十方來，膚慰地球。講經堂天空是一個浩瀚的天際之造型，當燈光驟開，繁星布滿天際，星光耀明，象徵人處在這天地宇宙之間，是一個絕然的存在。這是證嚴上人的宇宙觀表現在建築美學上，不是如傳統中國之無限平面之開展，強調悠遊驚歎的人間趣味，也不是引領眺望緲遠的天際，企盼上帝的福音。而是宇宙上下四方互為連結成一整體，無上無下，無邊無際，形成一個互動、融合、感通的圓形的宇宙觀。這種把人放在宇宙之中的畫面，相較中國山水畫把人與房舍縮小進天地山水之間亦有共通之處。

儒與佛的巧妙融合是慈濟靜思堂的美學特徵。靜思堂的空間感呈現佛教的宇宙觀。如佛陀所陳；眾生的依存也不僅僅局限於地球，宇宙四方廣大無邊都是我們身處的世界。講經堂正面的「佛陀灑淨圖」，諸佛從宇宙四面八方接續來到地球，要膚慰地球，脫度眾生，象徵這個世紀的佛教思維，宇宙穹蒼遍計諸佛，地球作為宇宙的一部分，必須不斷地進化自己，最終達成諸佛所盼望之淨土。然後諸佛菩薩還在不斷地回到娑婆世界，繼續度化一切眾生，終至成佛。這種建

25　釋證嚴，《與地球共生息》（臺北：天下遠見文化出版社，二〇〇六），頁二三。

築觀非東、非西，非上、非下，非來、非去，無始無終，周而復始，生生不息。正如證嚴上人所說的是一個立體透明的琉璃同心圓。同心圓無始以來，純淨剔透，是人心的初始，亦是最後的歸向。這是慈濟以建築美學具體詮釋展現佛教之宇宙生命觀。

四、慈濟面向當代社會的思想與實踐模式

（一）佛教思想的當代建構與表述

證嚴上人在引領佛法適應當代社會的歷程中，將佛教的語言生活化、通俗化。他的語彙有很強的情感性與實踐性。加上證嚴上人說故事的能力，使得慈濟的佛法詮釋方式能打動現代人的心靈。在面對科學主義與資本主義的雙重力量底下，證嚴上人強調佛法對現世間貧與病的救助之際，也希望改善社會的風俗，並將佛法引進專業主義之中。

1. 緣起性空與付出無求

證嚴上人的思想是契入原始佛教的教義。他常說，他不是創新而是復古。證嚴上人強調的利他實踐其核心理念就是「付出無所求」。「付出無所求」的思想源自佛陀「緣起性空」的思

想。「付出」是緣起，「無所求」故性空。付出那一刻無所求，就是在緣起處性空。付出無所求這樣的一個現代語彙，他背後的精神就是佛教的緣起性空。每個付出就是緣起，我們不執著那個緣起，心無所求，那即是性空。證嚴上人以創造性的語言——「付出無所求」，讓「空」、「有」兩觀超越它表面的對立，並賦予它實踐的內涵。慈濟宗門，正是把佛陀的離欲、性空等教義，賦予真正的現實生命與實踐意義。

證嚴上人強調「以出世的心，做入世的事」，詮釋一種既入因緣又超越因緣的心境。慈濟宗門以「無所求的付出」為宗，以「利他度己」為門，這和資本主義「先利己、再利他」的觀點截然不同。[26]「無所求的付出」活化了佛教三輪體空的意義，讓佛教走進現代化，並豐富它被理解的程度及實踐內涵。

2. 力行中道的社會實踐者

慈濟證嚴上人的社會改革觀強調淨土在人間，淨土在眼前。涅槃在當下，覺悟在當下的一念心，清淨在當下之善行。與其花時間打擊惡，不如即時擴大善與愛。

證嚴上人所處的時代比起太虛大師、弘一大師與印順導師都相對安定得多。面對極大的惡，面對家國的興亡苦難，佛陀的非暴力能否給予佛弟子超拔家國苦難的方法。一九六六年在臺灣偏遠的東部花蓮創立佛教克難慈濟功德會的證嚴上人，強調以平和、正向、良善為要求的社會改革

---

26 何日生，〈無量義經與證嚴上人〉，《法印學報》第二期（臺北：法界出版社，二〇一三），頁九一。

與社會實踐，似乎為佛陀所堅信的和平與愛的信念，提供了另一條實踐的途徑。

二十世紀初年，提倡「人生佛教」的太虛大師，正值日本侵略中國，中國各地烽火瀰漫，百姓慘遭列強蹂躪，太虛大師主張佛教徒也應思索存亡救圖之道。太虛大師認為正如佛教有韋陀菩薩，韋陀菩薩是佩戴武器的，象徵佛陀護法者必須保護佛陀安全，因此一種自衛性的武力是必需的。太虛大師因此主張佛教學院的學生也必須學習軍訓課程，有助於強身保護自己及鄉里。[27]

太虛大師的見解相應於那個動盪的大時代自有其歷史因緣及背景。然而於佛陀時代觀之，佛陀故國之滅亡，他仍未以「必要的防禦性武力」作為其保護家園的手段，因為武力會招致更多的武力，一個錯誤無法糾正另一個錯誤。弘揚更寬廣的大愛，或許來不及救治一個即將滅亡的國度，但是為世人的和平及大愛做出典範和示現，對人類長期的和平進化更具意義及影響力。

面對非正義，證嚴上人提出了一個超越非暴力的社會改革之道。在一次與學者的對話中，學者問了證嚴上人一個非常不容易回答的問題，他說：「如何才能阻止一個暴君的誕生？」證嚴上人回答他說：「古代有昏君暴君出現，就會有許多志士能人起而興兵反抗，戰爭經常連續數十年，結果犧牲更多百姓。為什麼每一個人不能好好立志，做好真正對社會有意義的事情呢？」[28]這句話貫穿了慈濟最基本的核心價值及理念；這理念不是出世的，而是更勇敢也更為根本的入世精神。以不對抗的方式，以愛的方式積極地改變社會人心，救助社會貧困之人。只要社會中充滿了愛，世界就會和平。

超越對抗的方式，以愛積極地改變社會人心，救助社會貧困之人。「消滅惡，不是打擊惡，而是擴大善；消滅貧，不是打擊富，而是擴大愛。」[29]

3. 圓滿身、心、境的現世理想

一千九百多年來，漢傳佛教承襲印度佛教衍生出不同的宗派。「慈濟宗」的成立，給予佛教一項新的探索。佛教逐漸從心性的昇華與追求，轉向以世俗社會的改造著手，達成自我生命與內在心靈永恆極致的成就與圓滿。這種通過社會實踐達成自我圓滿修行的法門，在佛教歷史上並不常見。牛津大學龔布齊教授說：

> 原始佛教的佛陀是以他的教法度化眾生。佛陀不是耶穌，我們在佛經上很少記載佛陀去救助一個在現實中受貧苦所困的人。如果有的話也寫得非常神奇。[30]

佛陀卻在《藥師經》裡提出他人間淨土的理想，亦即身體健全、心靈健康、物質豐厚。藥師如來十二大願就是人間淨土的理想藍圖之一。這在佛陀時代是理想，在現今佛教，慈濟所代表的是實現這種人間淨土的理想之努力。

---

27 釋太虛，《太虛大師全書》（臺北：善導寺佛經流通處印行，一九九三）。

28 靜思書齋，《有朋自遠方來：與證嚴法師對話》（臺北：天下文化，二〇〇〇）。

29 何日生，〈慈濟扶貧濟困之實踐與理念〉，《慈濟實踐美學》上冊（臺北：立緒出版社，二〇〇八），頁一五五。

30 Gombrich, Richard, *A Radical Buddhism for Modern Confucian, Tzu Chi in Socio-Historical Perspectives*. UK: Equinox Publishing Ltd, 2013.

在過去兩千多年的佛教歷史中，即便出現過佛國的景象，這個佛國景像多半全國信奉佛教，僧侶居於至高的地位，如歷史上出現的南傳佛教之緬甸、斯里蘭卡及藏傳曾經之藏地等。佛教在其國度大行，但是其佛國是意謂人們對於佛教的信奉，而不見得是一個理想人間淨土的完成與確立。佛土的境界不是讓人民都信奉佛法，但是生活仍然艱困，戰亂頻仍。理想的佛土應是物質豐饒，人民身心健康，社會一片祥和。

人間淨土的理想意味著，佛弟子不只是領受佛法，而是佛教本身參與創造一個身、心、境都豐足健康的淨土世界。慈濟所帶領的正是「通過社會參與，改善社會貧苦與弱勢」，並經由「社會實踐完成自我修行」，這在佛教歷史上確為一大突破。

因此立基於建構人間淨土理想的慈濟宗，其核心理念及實踐是通過「改善社會以改善自我」；「通過社會實踐以完成自我修行」的法門。

證嚴上人早年身處的世界，佛教逐漸被道教及民間信仰混淆，甚至淪為往生者的一套空虛的超度儀式。人往生了就找法師來念個經，一般人竟以為佛教是死後的超生儀式，而非生命的依歸。文人於仕途也深信，進於儒，退於道，止於佛，佛教是一切繁華落盡之後最後的慰藉，是一切生命的熱情消融殆盡之後，僅存的餘溫……

證嚴上人從自行剃度以來，從不趕經懺，他不願意佛教經典淪為腳尾經（人往生了，法師在腳邊誦經之意）。佛教必須更積極入世利益眾生，佛教徒的一生追尋，並不是要往生西方極樂世界。從證嚴上人的觀點，極樂世界在當下。他說：「涅槃即滅度，滅除種種煩惱，將法度入己心，也度化他人。」[31]易言之，涅槃寂靜不一定在死後，當下欲念不生、愛心不滅，就是涅槃寂靜。

證嚴上人將佛教帶回原始精神之入世情懷。只有透過利益眾生，才能證得無上菩提。證嚴上人盼望復古佛在世時的教義與精神，其創立之四大志業，更是期望以適應現代社會生活的方式來教化大眾。

4. 轉迷信為信仰

證嚴上人一方面努力去除佛弟子在形上思維方面落入斷滅空的陷阱，亦即將一生的努力沉吟在直觀內證自明的神祕開悟經驗之中；另一方面也避免把佛陀當作造物主或主宰神一樣地膜拜。

臺灣佛教徒或許多民間信仰者常常燒香拜佛，以求得平安發財。這種作法是把佛陀當作一位神祇，而不是一位生命的大覺悟者。其實禮敬諸佛是為了清淨自心，將佛陀當作一生修行的典範，所以證嚴上人更希望大家：「不要求佛，而是學習佛陀的人格，做一個能幫助別人的人。」

這不僅體現利益眾生的教義，也肯定了眾生皆有佛性、人人都有本自具足的自性力。上人期許慈濟人實踐付出利他之心，不要依賴神明神力，不要貪著欲求，終不得解脫；他鼓勵慈濟人從利他入門，並且從利他中淨化自心。

早期許多喜歡算命的弟子，後來皈依上人，從此不再算命、問命運。上人告誡弟子，人要「運」命，不要被「命運」支配。他說命運是有的，人的一生的確有劇本，但是憑著願力我們可以改變它。這思維既不是命定論，也不否認命定之存在。「萬般帶不去，只有業隨身」，是證嚴

31 釋德仉，《證嚴上人衲履足跡》二〇一五年冬之卷（臺北：靜思人文出版社，二〇〇六），頁四五三。

上人常常強調的。[32]

一個人學佛之後，並不是從此平安快樂，不會再有無常、不會再有逆境。學佛是要學會用正確的態度，面對生命無常的到來，然後更要融入共善匯聚的眾多因緣中，超越命定之業力，多多造福，積累福德，如此即使有重業也才可能輕受。做慈濟、行善並不是買保險，從此事事順遂，而是要能深刻體會「利他」是證悟菩提必經之道。

證嚴上人的生命哲學，是希望把人的能動性啟發出來，讓人以更積極的態度面對自我的生命，改造自我的命運。非透過名利的追求，而是以人格修持與利他付出，來改變自我與他人的命運。

許多佛教國度裡充滿了貧窮及不平等。信佛難道不能改變人的處境嗎？證嚴上人不只要弟子行善積德，他更要大家以團體之力行善，創造共善之環境去改變貧窮及不幸。

慈濟人曾經到中國大陸貴州賑災，志工回來告訴上人，貴州太窮了，土地貧瘠、多山多石頭，無法耕作。他們說貴州只能用三句話來形容，「開門見山，出門爬山，吃飯靠山」。貴州的窮是歷史性的，難以改變。但是證嚴上人卻說，歷史也是人造的，只要發願，有願就有力，就能改變歷史。慈濟於是在貴州進行遷村，將住在貧瘠山區的農民搬遷，找優質土地，蓋新房，重建他們的生活，改變他們的命運。這是證嚴上人引領弟子們「運」命，而非「命運」的具體例證。[33]

證嚴上人認為覺悟在當下、行善在當下、淨土在當下，以務實之心，經由實踐改變人為造作所產生之不幸、貧窮或業力，因為一切都是人心之造作。證嚴上人不崇尚神通，一切以科學事實作基礎，不管是治病，或人生的規劃、逆境之超越，都是以正向務實之思維為念，取代中國社會求神問卜，企望出家人展現神通廣大之神祕力量為眾生脫困離苦的想法。

證嚴上人啟發弟子「福人居福地，非福地福人居」。這種正向、自信的思維，鼓勵許多志工放棄迷信風水的習俗；而「逆境增上緣……不求事事順利，只求毅力勇氣、精神敏睿……精進不懈。」這些都給予那些面臨逆境的人，不經由求神問卜，而是憑著一己之信心及智慧化解橫逆，展現自信豐沛之人生。

證嚴上人強調，真空亦是妙有，無常中正可以表現人性中永不歇止的覺有情。透過一切法門，讓眾生了解世間的一切終究無從把握，終究過往煙雲，只有大愛和慧命長存不朽。慈濟四大志業：慈善、醫療、教育及人文，都是為了認識一個永恆的生命之存在；體悟諸法究竟空、畢竟空，但又妙有真實之境界。

這種體悟並不是教導弟子去漠視人間、冷淡對待人生的苦。證嚴上人積極地要慈濟人搶救生命，不論是地震、風災、水災或戰禍，慈濟人以無畏施的心情，在搶救生命中，看見生命的無常，終至體會「萬般帶不去，只有業隨身」的道理；並發願追求一個更為根本和清淨的心靈歸宿。不捨眾生，在搶救眾生之際，能復為說法，使人人最終都成為能樂於幫助人的菩薩。

---

32 何日生，〈慈濟宗門的人文精神與思想略說〉，《慈濟實踐美學》上冊（臺北：立緒出版社，二〇〇八），頁九四。

33 何日生，〈慈濟宗門的人文精神與思想略說〉，《慈濟實踐美學》上冊（臺北：立緒出版社，二〇〇八），頁九五。

（二）西方科學思想的吸納與運用

1. 慈濟世界的科學理性精神

務實解決自己及社會的命運，是證嚴上人非常重要的理念。也因為如此，證嚴上人對於科學的努力及投入不遺餘力。經由科學的方法改善人的生理及環境之災害，慈濟創設慈濟醫院及許多分院、成立骨髓幹細胞研究中心、創辦理性研究方法的大學、建立高科技的大愛電視臺。

而在慈善方面，國際賑災的工程研發持續在慈濟世界裡發展。例如支持賑災的臨時帳篷，若遇到炎熱天氣，篷內溫度可能高於篷外十五到二十度左右。當時慈濟在伊朗賑災，就發現帳篷外是三十幾度，但是帳篷內已經五十多度了。因此日後證嚴上人特別請志工設計能通風、有雨水回收設備，又能以太陽能發電的簡易屋，並且利用回收紙製作，所以很環保。屋裡和屋外溫差在五度上下，屋底也墊高以解決帳篷容易進水的問題。[34]

在環保方面，慈濟志工在證嚴上人啟發下，將每年回收的數億個寶特瓶進行處理，抽成細絲狀，然後製成衣服、毛毯以進行賑災。這些都是證嚴上人對於科技運用及獨特之創發。

科學主義表現在慈濟世界的另一面是不尚神通。佛教過去被詬病是因為強調許多神通，神通並非不存在，但是太強調就會執迷。其實若能以智慧了解各種邏輯觀念，並且依正道而行，自然能處處通達。

科學主義在上人身上的另一個體現和思維，就是不尚神通。證嚴上人不言神通，即使在他早年於花蓮新城鄉康樂村山下小木屋修行的過程，曾經有小木屋數日放光的奇特事件發生，但上人絕少言及。他曾回答來訪的《亞洲週刊》記者說：「那不是修行的目的。」

證嚴上人不尚神通，但並不是說慈濟世界裡否認神通的存在，只不過是不追求神通之境界。[35]

佛教將人類視覺生理分為肉眼、天眼、慧眼、法眼、佛眼，這如何詮釋呢？肉眼人人有之，但肉眼所能見之事物有限，所以肉眼不及天眼。天眼能預見肉眼未能見或常人未覺之事物，天眼能預知某些事物，但不見得透澈宇宙萬物的運行規律，所以天眼不如法眼。法眼是指能洞察一切因緣果報之宇宙萬物內在運行之軌跡，但能夠洞見因果軌跡，卻未必有智慧能去避免或化解無常，因此法眼不如慧眼。慧眼不只洞悉因果規律，還能有智慧知道如何避免問題或化解災厄。但是慧眼仍不如佛眼，因為佛眼就是慈眼，就是大慈悲，就是無私的大愛，愛才能真正引領眾生解脫知見解脫。證嚴上人直接教導弟子佛陀愛的智慧，跳過容易使人沉迷的超經驗境界，直接指出究竟終極的覺悟之道，就是佛陀無私的平等大愛。

美國《探索頻道》（Discovery Channel）二〇〇五年採訪慈濟的紀錄片中，得知證嚴上人每天上網看資料，用PDA（掌上型電腦）記事，以網路視訊和海外志工開會，經常收看由衛星聯

34　何日生，〈慈濟宗門的人文精神與思想略說〉，《慈濟實踐美學》上冊（臺北：立緒出版社，二〇〇八），頁九六。
35　何日生，〈慈濟宗門的人文精神與思想略說〉，《慈濟實踐美學》上冊（臺北：立緒出版社，二〇〇八），頁九七。

繫的各地大型活動現場實況，證嚴上人對於科學的力行實踐及大量運用，令他們印象深刻。一九九八年上人創辦大愛電視臺，進一步以現代傳播科技傳達人性之真美善，這也是佛教運用科學利益眾生的一大突破。

科學理性主義表現在慈善志業部分，慈濟慈善的救災採取的各種縝密理性的規劃。從早年證嚴上人訪視一定將照顧戶（即受助戶）寫家庭歷史，以作為長期補助關懷的依據。為照顧戶製作衣服，必須記錄、丈量好身體各部分，包括臂長、肩寬等等的尺寸。如今慈濟成立「慈濟國際人道援助會」，幾百位企業家志工分為食、衣、住、行、通訊各組，積極研發緊急救難及賑災所需的各項食品、衣物、簡易屋、急難運輸等高科技產品。

慈濟已研發出香積飯，在災區沒水沒電，香積飯只要用礦泉水泡四十分鐘就像炒飯，可以立即食用。大愛感恩科技公益企業研發用寶特瓶回收製作成的毛毯，已經在世界各地發放超過五十萬條。慈濟緊急救難的簡易屋防水、防火、還有衛浴設備，從二〇一〇年海地地震到二〇一三年菲律賓海燕風災，志工立即搭建簡易屋幫助災民。慈濟設計緊急救難所需的折疊床，讓災區的災民及救援志工不用睡在濕漉漉的地上。多功能折疊床還獲得德國紅點設計大獎。

科學理性主義表現在慈濟研發慈善高科技，在國際賑災方面，證嚴上人從未離開臺灣，卻以視訊會議每天連線，了解災情及指導救災方式。慈濟積極發展醫療技術，包括成立慈濟骨髓庫。在人文方面，大愛電視是臺灣第　家全面數位化的電視臺。重要的是科學理性主義作為一種做事的態度，落實在一切行事的準則。一切志業發展仍必須研究、取證、計畫，並評估其成果。

2. 以因緣觀開展慈善工作

雖然慈濟力行科學理性精神，但是其核心理念仍然是以佛教人本精神為主。慈濟的志業發展遵循佛教因緣觀的思維，並非如資本主義所採取的一切業務推展都訂定短、中、長期的策略性規劃。慈濟不採取這種策略模式，而是以主觀的人之因緣與客觀的因緣為主要思考原則。西方學者常問，慈濟救災的規劃與標準，慈濟的回答都是因緣觀。然而因緣觀對西方人而言很抽象、很不容易理解。

筆者在哈佛大學管理學院演講時，仍可以將這因緣觀列舉一些思考方向。慈濟救災原則會審視「在災難當地有無慈濟志工」；「有無當地援助，包括政府或有無熟悉的愛心人士。」；「志工安全有無保障」；「能否直接發放」。這些都是慈濟救災審視的標準與原則。[36]慈濟選擇人才不是以才能或財富，而是看他是不是「有心人」。「有心人」指的是有愛心的人，有誠心的人。證嚴上人常說，慈善不是有錢人的專利，是有心人的權利。

3. 慈濟與基督教的會遇

慈濟與基督教的淵源回溯到一九六六年，證嚴上人因探視弟子德融師父的父親住院，證嚴上人從診所探視出來，卻在診所門口地板上看到一灘血，上人詢問一灘血從何而來？旁邊一位準

---

36 何日生，〈慈濟慈善理念與模式——哈佛大學管理學院專題演講〉（美國：哈佛大學管理學院，二〇一一年二月九日）。

備拿藥的李滿妹女士告訴證嚴上人是一位豐濱的原住民婦女，因為難產三天，家人抬了八小時來就醫，因為繳不起八千元只好抬回去，在診所門口留下這一灘血。證嚴上人當時聽了十分悲痛，沒有錢的人在東部就是這種際遇。回到普明寺（他當時的住處）內心想著他作為一位修行者應該要為這些苦難人做些事情。證嚴上人隔日召集他的五位弟子，告訴他們，我們每天多縫一雙嬰兒鞋，一雙四塊錢，我們六雙一天二十四元，一個月七百多元，一年就有八千多元，可以幫助那一位繳不起錢的難產原住民。證嚴上人就這樣開啟創立了佛教克難慈濟功德會。

幾乎同一日，花蓮海星中學的三位修女來見證嚴上人。修女們看著這位年輕的比丘尼生活這麼辛苦，來與他談談。他們分享了彼此的教義，修女們告訴證嚴上人，她們修女都有薪水，法師過得這麼辛苦。當時證嚴上人與他的弟子縫嬰兒鞋過生活，撿野菜，撿花生榨油來吃。修女們聽證嚴上人說佛法也很有道理，修女們就問證嚴上人，佛法既然那麼好，那麼有慈悲，為什麼沒有看過佛教徒做布施行善的工作？上人當時回答她們，佛教徒布施可能都用無名氏。修女們走了後，上人再度思考他能為苦難人做些什麼？

嗣後，功德會已經成立，靜思精舍也蓋好了，幾位花蓮的天主教修女偶爾會來靜思精舍與證嚴上人一起共修。修女們讀《玫瑰經》，證嚴上人讀佛經。這種友誼淡然而真誠。

從十七世紀到二十世紀，基督教在臺灣從事慈善、醫療應該超過一百多年。馬偕博士到臺灣，以醫療為媒介，從事傳教，在臺灣深受愛戴。以西方支持為主的基督教慈善團體基督教家扶基金會，光復後在臺灣從事兒童福利工作。紅十字會在蔣宋美齡的支持下成立。西方基督教對於臺灣慈善貢獻頗多。一九四〇年代之後生長在臺灣社會的民眾，對於基督教從事慈善醫療應該都是很普遍的認知與生活經驗。基督教對於證嚴上人而言應該是一種對佛教的反省與惕勵。

慈濟是臺灣本土出發的佛教慈善團體。它的發軔於臺灣東部，不是當時主流地區臺北或如紅十字會受到政府的重視支持。它自身發展過程的艱辛，其實造就他日後更為長遠的韌性。證嚴上人的慈善發展有其歷史的獨特性。

（三）慈濟面向當代社會的實踐模式

1. 居士佛教的典範確立

在人間佛教的體現中，證嚴上人另一個重要的創建就是樹立居士佛教的機制與典範。基督教的成功是非僧侶的信眾之組織性較強，而佛教過去注重的是出家人的修行方法及儀軌，對居士管理這一塊領域著墨甚少，這是佛教未能走入社會的關鍵。慈濟居士管理上是十分關注以及展現出顯著的成果。[37]

證嚴上人以慈悲等觀期許慈濟志工必須以自性佛投入人群。「菩薩入人群不為眾生煩惱所困」，也不為自我凡夫身所限。行菩薩道的居士們不會因為自身的凡夫之身而失去成菩薩、成佛的契機。只要依靠佛法這艘法船，就能達到利他度己的覺悟彼岸。牛津大學佛學研究中心

37 何日生，〈慈濟與人間佛教的實踐〉，《慈濟實踐美學》上冊（臺北：立緒出版社，二〇〇八），頁一二三。

（OCBS）的創辦人龔布齊教授就說，慈濟的居士在一定程度上，有僧團化的精神注入其間，龔布齊教授說：

> 慈濟是一個佛教在家居士的運動？慈濟是否真的越過佛教傳統並廢止出家眾及在家眾的區別？在中國歷史中，佛教和儒家思想是相互牴觸的。因為後者主張一個人的責任是維護原生家庭，而佛教的僧團輕視這種思潮，因此那些決定參加慈濟但又留在原生家庭中的人，他們的良心至少可以保持儒家原則。一個人越想要學佛，就會越想要剃度，但慈濟允許這些人兼顧著家庭生活。
>
> 更創新的是，上人最近創立了一個特殊的身分叫做清修士，女眾跟男眾都可以報名。他們如同出家眾一樣立誓並遵循幾乎所有傳統規範，但不剃度，並避免處理錢財。這些清修士都受過高等教育並被期盼授予為帶領慈濟腳步。這說明了慈濟以創新結合並繼承了古代佛教。乍看之下，這個運動和佛陀所追求的有明顯反差。佛陀的團體可以被分類為剃度的出家生活和沒有剃度的居士生活。居士們提供出家眾物質生活所需，出家眾提供居士佛陀的教法作為回饋，這是一個更大的恩惠。儘管一位居士有可能可以獲得任何修行的地位，包括是最高的地位（阿羅漢），這通常被設想為只有出家眾才能夠達到的目標。出家眾脫離經濟與家庭生活，但卻被組織納入社群團體（僧伽是社群的意思），且被自己的律條所束縛。僧伽是一個完整的制度，僧伽的成員們可以被解釋為全職的佛教徒，他們的信奉程度和一位居士所被期待的程度是非常不同的。經由剃度進入僧伽承諾了唯一的忠誠，然而居士的佛教修行卻不

用如此。

從歷史背景中我們了解到，慈濟是個在家居士的運動。慈濟把在家居士變成某種類型的僧團。[38]

過去幾十年來，在以靜思精舍出家師父為法脈的底蘊下，慈濟世界裡的在家居士的確扮演著不可或缺的支柱角色。居士們，亦即志工，深入社會各個角落，拔苦予樂，菩薩所緣，緣苦眾生，真正體現佛教入世之精義。過去名山古剎以寺廟為主的佛教，強調僧侶修行覺悟之道。在慈濟，居士志工的濟世修行，成為淨化人間、淨化自身必要的途徑和目標。

2. 慈濟將佛法帶進專業領域

二〇〇九年第二屆世界佛教論壇，其中慈善分論壇在臺北板橋慈濟園區舉行。在專題演講中，人民大學哲學院副院長魏德東教授說：「慈濟是人間佛教的典範，如果不了解何謂人間佛教，來慈濟看就是了。」[39]魏教授的演講引起數次熱烈的掌聲，慈濟人在現場都覺得榮幸與受鼓舞。魏德東接受這個觀點主要來自慈濟將佛法注入當代的專業主義當中。慈濟的四大志業，慈

---

38 Gombrich, Richard,*A Radical Buddhism for Modern Confucian, Tzu Chi in Socio-Historical Perspectives*.UK: Equinox Publishing Ltd,2013.

39 魏德東，第二屆世界佛教論壇——慈善分論壇（臺北：板橋慈濟板橋園區，二〇〇九年四月）。

善、醫療、教育、人文，環保、骨髓庫等，都是將佛法與當代專業主義融合後，稱為志業；具宗教理念與情懷的專業為志業。

證嚴上人於一九六六年在臺灣東部花蓮開啟慈善志業。在全臺的訪貧過程中，他意識到貧與病是分不開的兩大貧窮之因素。貧而無法就醫，病者全家致貧。要根本解決貧困，慈善與醫療必須並重，因此他在一九七二年開始辦義診。到了一九八六年，證嚴上人在臺灣花蓮東部興建臺灣第一所佛教醫院，二十年後慈濟陸續在全臺灣成立六家醫院，將以病人為中心的醫療理念觸及全臺灣。慈濟所成立的國際慈濟人醫會，足跡更遍及四十個國家地區，義診人數超過二百萬人。

證嚴上人所做的不只是幫助偏遠的貧困人民，或將偏遠醫療的品質做整體的提升，他其實是將佛教的教義帶入專業的領域。證嚴上人重新界定醫生的醫療倫理及價值，他崇尚良醫非名醫；他希望醫生能成為佛陀揭示的拔苦予樂的大醫王，要醫生以病人為師，不只醫病，更要醫心，真正做到佛陀所言，「苦既拔已，復為說法」的大醫王典範。

慈濟醫療志業不只對於醫師是一個拔苦予樂的好因緣，更是所有慈濟人體會生命無常的道場。醫院即道場，在這裡可以體解生死之必然，了悟一切有為終歸幻滅，只有修持智慧之生命才是人生的究竟之法。這當中法的傳承及延續之關鍵力量是慈濟志工。這些志工長年追隨證嚴上人做慈善濟貧，長途跋涉從北部、中部、南部到花蓮來，出錢出力蓋醫院，醫院蓋好還要來關懷付出。照顧病人、照顧醫師，他們傳承著佛陀的精神，將這種地藏菩薩精神注入專業醫療的領域之中。

臺灣東部貧困，醫院需要護理與醫師人才，為了招募更多的醫師及護理人員，於是興建慈濟護理專科學校（現改制為慈濟科技大學）、慈濟醫學院（現改制為慈濟大學），將佛陀人格完全化的理念灌注當代的教育體系中。教育志業成立後，證嚴上人感覺社會人心的教化更為根本，於是成立人文志業。人文志業的發展，從早年創立《慈濟月刊》，到一九九八年成立大愛電視臺，證嚴上人將佛陀慈悲大愛情懷經由現代傳播科技，傳遞到世界各地。

證嚴上人發展「真實戲劇」的理念，以真人真事為戲劇故事題材，一開始被臺灣的戲劇團隊抗拒，後來卻得到傳播界的肯定，被認定為戲劇界的成功創舉。許多真實的慈濟人生命轉變的故事，搬上螢幕，感動許多人加入菩薩的行列，也為當前的電視生態注入一股清新的氣息。這是將佛陀教義及佛教思維逐漸影響專業領域的開始。

慈濟在九〇年代開始啟動環保志業。一九九一年，當時的國際媒體將臺灣稱為最昂貴的垃圾島。慈濟基金會的創辦人證嚴上人在一場公益講座中，呼籲與會大眾們用鼓掌的雙手做環保。慈濟志工們便開始在各社區設立環保站，目的在教育周遭的鄰居一同加入環保回收的行列。時至今日，慈濟在全臺灣總共有超過二十萬名環保志工，分別在六千多個社區環保站，投入時間和精力以維護社區清潔，促進環境保護。受到環保志工的啟發，成千上萬的家庭也開始在自家做起資源分類回收。資源回收的收入則捐給慈濟的慈善志業。環保資源回收就是一項公益社會企業。

慈濟環保站吸引了來自不同年齡層和社會地位的志工，從三歲到一百零四歲都有，當中包括博士生、企業家、員警、家庭主婦和外交官等等。全臺灣每年回收兩億多支寶特瓶，據估計，慈濟人回收的量曾經占其中的三分之一。慈濟的環保志業也已經散播到菲律賓、馬來西亞、海地、印尼、中國大陸西南省分，以及南美洲國家。

環保站同時就是修行的道場。它是許多人心靈療癒和提供相互勉勵的地方。藉由參與環保回收，慢性疾病和心理疾病的患者發現可以因此得到心靈撫慰，進而改善自我狀態。研究顯示，資源回收和重建自信之間有一種心理的暗示性關聯（Psychological Implication）。當一位老人家拾起一個寶特瓶，他心裡會想，這被遺棄的寶特瓶還有用，還可以再製成急難救助用的毛毯，他老邁的身體也依然可用。從回收物看到「物命」的可貴，從珍惜「物命」看到自我生命的價值。佛陀所言「蠢動含靈皆有佛性」。凡物皆有命，透過環保資源回收，讓志工體會到疼惜一切眾生的涵義。

環保資源回收保護了地球與環境，也回收了、重拾了志工生命的自尊與價值。有許多憂鬱症、心理障礙、吸毒、賭博、酗酒傾向的受訪者，以自身經驗證明，藉由參與慈濟的環保回收志工活動，他們得以戒除所有不好的惡習。慈濟環保志業推動改變人與地球、人與社區、人與人、人與自己的關係。這是社會企業的力量之一。[40]

二〇〇八年所開創的大愛感恩科技公司，將慈濟的環保志業推展到另一個嶄新的階段。大愛感恩科技公司是一個社會公益企業，由五位公益實業家捐資成立。這五位大愛感恩科技公司的創辦人，不僅是慈濟的志工，也是這項社會企業的志工；大愛感恩科技公司成為全臺灣第一家環保社會公益企業。社會企業的概念也興起慈濟善經濟的思維。

慈濟在全世界數以千計的社會企業家致力於社會問題的解決，他們以善性動機（亦即非追逐個人私利），以道德目標（亦即非追逐個人或組織的擴張），以解決社會問題為依歸。他們所體現的和傳統追逐個人或企業利益極大化的資本主義企業有顯著不同。社會企業只是「善經濟」與「道德經濟」的開端，而非結束。更多的商業企業、營利企業如果能以善性與道德作為企業資本營運的理念，對於社會經濟的公平正義應該有歷史性深遠的影響。[41]

3. 向世界各宗教開敞的佛教慈濟宗

慈濟將佛教精神經由慈善及醫療從臺灣一路發展到非華人的國度。在九十多個國家地區從事慈善、醫療、教育等志業，將佛陀的平等愛在許多落後的貧窮區域得到落實及體現。

慈濟志工於非洲大陸已經在七個國家從事慈善救濟。在南非，祖魯族的黑人長期處在貧困之中，慈濟人在村落間發放物資，為他們開設縫紉班，協助他們改善經濟生活。多年後，南非的祖魯族人自己也組織起來，撥出他們縫紉所得的一部分，集合眾人之力，在鄰近的村落開設更多的縫紉班，幫助其他的黑人社區脫離貧困。他們也利用週末加入志工行列，進入南非社會最黑暗的角落關懷愛滋病患，這批慈濟黑人志工目前已經超過七千人。南非志工甚至將關懷足跡擴展到莫三比克、辛巴威、史瓦濟蘭、賴索托等七個非洲貧困國家。

這群南非志工都是基督徒，他們說：「我們是做上帝的工，通過慈濟我們更接近上帝。」佛陀平等觀，在非洲大陸這一批基督徒身上得到另一個層次的實踐。[42]

這是慈濟人力行佛教眾生平等之精義。慈濟人也以行動體現不對立、用愛化礙的佛教智慧。

---

40 Rey-Sheng Her（何日生）,Dharma Master Cheng Yen's Environmental View of Life and the Development of Tzu Chi's The Environmental Mission,Humankind and Nature,110.UK: Cambridge Scholar Publishing Company,2014.

41 何日生，〈善經濟：試論資本市場的善性與道德〉，《國際慈善組織：理念與管理學術研討會》（花蓮：慈濟大學，二〇一四）。

42 Rey-Sheng Her（何日生）,*How the Buddhist Tzu Chihing Company, UK, 2014 e World* ——*Dharma Magazine*, Japan. 2014.

面對印尼長期的排華運動，印尼慈濟人在證嚴上人的啟發下，以善回饋社會，以愛回應仇恨。印尼慈濟人在雅加達最髒的紅溪河開始進行慈善及醫療之工作，將整條長達十多公里布滿垃圾的紅溪河整理乾淨，辦義診，然後興建大愛村。用愛回應部分印尼人的排華情結，紅溪河的整治計畫讓印華關係有實質關鍵性的改善。[43]

印尼慈濟人也幫印尼伊斯蘭教的習經院興建校舍，習經院的學生一邊讀《可蘭經》，一邊讀證嚴上人的《靜思語》。習經院長老哈比比讓學校四十多間教室都掛著證嚴上人的法照，他要每一個學生上課前都要向上人行禮致意，並讓習經院學生加入慈濟做志工，這是不可思議的宗教互愛及疼惜。哈比比長老說證嚴上人的愛正如陽光，照耀著每一個人。

哈比比的習經院有將近一萬名失怙或貧苦的學生，除了接受慈濟的協助，哈比比長老比照慈濟靜思精舍出家師父們自力更生的模式，要學生耕種、做麵包、做廚餘回收等，希望能讓學生養成獨立生活、自力更生的宗教修行方式。這是慈濟對伊斯蘭教習經院所產生的深遠之影響。[44]

英國宗教學家凱倫・阿姆斯壯（Karen Armstrong）曾說，在這個充滿宗教衝突及戰爭的時代，她期待一種新宗教產生。在這種新宗教思維下，各個宗教形態都能得到和諧的了解及互助。

慈濟功德會正走在這樣的大道上。慈濟的志工及志業體的主管包括佛教徒、伊斯蘭教徒、基督徒及天主教徒。菲律賓人醫會的副執行長是天主教徒。花蓮慈濟醫院的前院長、現為名譽院長的陳英和是基督徒，過去二十多年持續服務於慈濟醫院，擔任重要的國際合作研究案。慈濟大學前校長為基督教長老教會成員。土耳其負責人胡光中先生仍為伊斯蘭教徒。

所有偉大宗教家把傳統的部落神向世界開敞，把原本屬於某族群的教義，適應當代性之後，帶給更寬廣的族群。證嚴上人創立的慈濟正是把傳統漢傳佛教的精神，幾經時代的淘洗、淬鍊及深思熟慮後，以創造性實踐模式將它帶向全世界。

4. 漢傳佛教的文藝復興

美國加州大學聖地牙哥分校社會系主任，理查德・麥迪森教授（Richard Madsen）於二〇〇七年發表《民主的佛法》（*Democracy Dharma*）一書中，闡述慈濟對當代佛教的意義時說：「慈濟是臺灣宗教文藝復興最重要的力量之一。」[45]

同一時期，筆者在二〇〇七年的日本庭野和平獎頒獎會中，代表證嚴上人領獎時，也發表論文闡述「慈濟將是佛教文藝復興的發軔」。[46]正如西方文藝復興的佩托拉克所言：「感謝蘇格拉底把哲學從天上帶到人間。」文藝復興之前的基督教修道士潛心於修道院中，自修禱告，追尋他們和上帝的合一，對於人間苦難並不特別關注。一直到文藝復興之後，才把宗教之實踐從追尋人與上帝之合一，轉向到對社會疾苦及人群福祉之關懷。

這一點和慈濟之於佛教發展有相同之脈絡。慈濟或許正是漢傳佛教的復興，然而不同於傳統漢傳佛教思想以建廟誦經拜佛為主，證嚴上人著眼於對現實世界苦難之救贖及改革。對慈濟來

43 許木柱、盧蕙馨、何縕琪主編，〈邊緣的典範〉，《曙光初現》（花蓮：慈濟大學，二〇一二），頁二〇九。
44 何日生，《一念間》（臺北：圓神出版社，二〇〇七），頁二〇六。
45 Richard Madsen, *Democracy Dharma*, US: University of California Press, 2007.
46 何日生，《慈濟宗門的理念與實踐》（日本：日本庭野和平獎，二〇〇七年）。

說，道場不必然存在於廟宇之間，而是深植在人心之中。災難現場是道場，只要勇猛無畏地展現慈悲，當下之心即佛心；煉獄即莊嚴佛國。一如醫院是苦的總彙集，但慈濟人要將醫院轉為天堂，這正是地藏王菩薩所言「我不入地獄，誰入地獄」的真實寫照。

慈濟將佛教精神轉化及昇華，賦予現代化的實踐方式及價值。慈濟的環保回收及大體捐贈，把無用之物轉為大用，從這類活動之間，體會生死究竟有何差異？這相印佛教思維裡所謂「生又何嘗生，死又何曾死」，生死來去之間，只是印證生命之永恆價值在於個人對於慧命之體悟及把握。

歷史上佛教對於個人的修身提出重大的創建及實踐之道。但是過度強調他方淨土，使得佛教在印度逐漸被婆羅門教所取代。在南傳佛教的國度，由於上座部的思想，比較傾向自修與出離，因此即便建立佛國，但是對於百姓社會生活的改善與創進並無太多的著墨。這如同密教在藏地，佛教是世俗權力的掌握者或擔任平衡者，是人民生命的依託，但是對於社會改革卻未有積極的作為。直到晚近入世佛教興起，才開始提倡佛教對社會改革的角色。在中國，禪宗盛行，甚至當今全世界的心理學與靈性的追求都以禪宗為依歸，但是禪宗對於社會的問題之改善與建造仍未著墨。這就是近代學者對於佛教的批判與反省之處。

慈濟宗的成立為佛教的社會改善與創建提供一條屬於佛教的道路。這道路非經由對抗、非經由政治，而是通過善的途徑，逐步從悲門到行門，從行門到信門。慈濟四大志業、八大法印的推動，讓人們從行善到善行，讓佛教的理念與當代社會的專業精神直接連接並產生實質的影響。一部分原因是因為佛教基底的慈濟，適當地吸納了儒家思想與西方科學理性的精神，所以能在推展佛教社會化之際適應社會，並一定程度上改造現代社會的面貌。

5. 第三次中國文化大融合的開展之一

中國五千年文化的發展，經歷過若干融合與變革的階段。在春秋戰國之後，原本的道統崩解，諸子百家爭鳴，最後漢朝獨尊儒術。到了魏晉南北朝時期，儒道融合，大學者如王弼、何晏等人透過註釋《老子》、《莊子》，將儒學裡的善意志，融進道家無為的思想之中，成為「情意我」和諧的新道德。[47]這段時期的文化變革，普遍被稱為中國文化的第一次大融合。

第二次中國文化的大融合是吸納來自印度及西域的佛教思想。在東漢末年佛教已經傳入中國。佛教對於心性修持的深刻理解，以及豐富的思想典籍，讓中國學者大為欽羨，因此知識分子學佛者眾。[48]佛教的無我與道家的無為思想之某種內在契合，讓佛教在中國逐漸深化、生根。到了唐宋年間，儒家學者再一次吸收佛教思想。尤其北宋期間王陽明、朱熹等人從拒佛，到吸收佛學思想，讓儒道佛融合一起，成為理學，支配中國文化近七百年，也導致佛教在中國的衰落。[49]這是中國文化第二次大融合。

中國文化第三次面臨巨大的衝擊是清末民初時期，西方的船堅炮利入侵中國。其背後思想體

47 金觀濤、劉青峰，《中國現代思想的起源》，《超穩定結構與中國政治文化的演變》第一卷（北京：法律出版社，二〇〇一），頁八三—八四。
48 樓宇烈，《人文立本》（北京：北京大學出版社，二〇一三），頁二〇九。
49 樓宇烈，《人文立本》（北京：北京大學出版社，二〇一三年），頁二一〇。

系是科學理性與資本文明。科學理性與資本文明橫掃全世界，中國作為東方大國首當其衝，影響百年以上。中國儒釋道文化如何吸納融合西方科學理性，是中國文化第三階段的大變革。

慈濟發軔於中國文明邊陲的臺灣小島，如前所述，臺灣小島已經歷近兩百年西方文明之影響。西方諸國荷蘭、西班牙、英國、日本（明治維新後吸納西方）等統治。在思想與社會體系上已經習慣西方模式，所以臺灣沒有發生類似抗拒西方，或打倒中國傳統文化的五四運動。慈濟在這片土壤上，結合佛教、儒家及西方科學理性，將佛教思想導入現代各功能專業領域，並在九十多個國家地區逐漸拓展。從華人到非洲人，從印尼到菲律賓，它的影響跨越國界、族群及宗教。它的普世性代表著佛、儒與西方科技理性結合後的新文明。這新文明應該是中國文化思想體系第三次融合與變革的方向。而慈濟在這中國文化思想體系第三次大融合中，應已取得了初步的成果。

慈濟將佛教思想當代化，包括它的語言表述及精神內涵的當代性體現。當然慈濟的佛教當代性思想之建構，已然吸納涵容儒家思想與西方科學理性。在此全球化的時代，普遍認為全球化是從西方到東方。但是一如牛津大學教授彼得克拉克（Peter Clarke）所言：全球化已經在逆轉（Reverse Globalization）：「全球化不再是從西方到東方，而是從東方到西方。」[50]隨著慈濟的佛教當代性之表現逐步擴展到全世界，從傳統中國文化脈絡中創造出的新文明思想與實踐體系，逐漸在世界各文化場域中展現力量。

---

50 Peter Clarke, Speech at The First Tzu Chi Forum, Anthropological Studies of Religion,UK: Oxford University, 2009,12.

第三章

證嚴上人立慈濟宗門之思想體系

本章探討證嚴上人所創的靜思法脈如何在回復原始佛教的精神當中，又創新以適應當代社會，引導當代世人對於佛法的攝受與理解。

證嚴上人強調行，於行中覺。他說：「經是道，道是路，路要用走的。」因此推動靜思勤行道，自己與出家弟子自力更生不受供養，還投入人群，濟度眾生。這是一種佛法的自度度人的身行典範。

慈濟宗門強調依著法華大義力行精進菩薩道，以一切智起萬行，才能度化無量眾生。靜思法脈以勤行體現真如圓融的佛道，這佛道從證嚴上人的體悟是與萬有和合為一；覺悟的心既與萬有合一，就能不捨眾生，度化一切有情。證嚴上人說：

> 慈悲平等觀。隨眾生根機，雖說妙施權，終說一實法。佛陀應眾生之根機不同，以一切智起萬行。以六度萬行，度化不同根機的人。行萬行成就萬德。得即德。眾生得法，就是我們的德。我們也有充分的智慧才能度千差萬別之眾。所以修德能引眾生得正法。[1]

《法華經》及《無量義經》為靜思法脈與慈濟宗門的核心經典。《無量義經》強調利益群生，無相布施。「付出無所求，付出還要感恩」，藉此體會三輪體空之妙。《無量義經》既有入世、淑世的理想與願景，亦有內在修習人格的方法與路徑，亦復提供宗教信仰不可或缺的覺悟的法門，亦即性相本空，非有非無，非自非他，本不生滅，涅槃於當下靜定於動中，從利他到最終的覺醒。

一、從緣起契無我　與萬有真理合一

（一）宗門核心理念：付出無所求

證嚴上人對於佛教思想的體解是掌握原始阿含思想「緣起性空」之理，以「付出無所求」為核心思想。「付出」是「緣起」，「無所求」是「性空」。這使得慈濟宗門的核心思想契合緣起論，又具實踐之意義。

證嚴上人以「行」作為修行覺悟的根本，「在做中學，在行中覺」。一切的境界，一切的眾生都是覺悟的契機。主張「依一切緣起修持自心」，在一切境界中轉內心之「一切種識」為「一切種智」。每一境界都是修行的淬鍊，每一個世間的染著都是覺悟的契機。證嚴上人說：「眾生的染著就是我們成佛的養料。」啟發修行者於五濁入世間，利他度己。不只是轉染為淨，而是以染作為清淨的利器。將自我的主動性、能動性激發出來，不畏世間之汙濁，不畏眾生之剛強，世間與眾生就是成佛之地。這體現「涅槃即世間」、「染汙即清淨」的實踐義。

1　釋證嚴，《靜思晨語・法華經譬喻品第三》（臺北：大愛電視臺，二〇一五）。

（二）宗門思想與佛教經典之淵源

以主體思想言，證嚴上人對於浩瀚的佛典是以法華三部經為主體。其思想開展之次第以原始阿含思想四無量心、八正道著手，以道德實踐修持自身著手，而行於《法華經》所示之菩薩道，強調三乘歸於佛乘，菩薩道為諸佛、菩薩生生世世之願力。修行關切的不只人間，一切六道眾生都是諸佛菩薩救度的對象。一如地藏菩薩之願力恆遠深廣，以「先救他人、再救自己」的大慈悲心度化一切有情，最終臻至涅槃思想之常樂我淨之證悟。

在宗門實踐上，證嚴上人以《無量義經》與《藥師經》為志業開展之方法與路徑。《無量義經》強調「性相空寂、濟助群生」，為宗門之宗經。利他度己，眾生的染汙是自性清淨的養料，在利益一切眾生中求得無上智慧。《藥師經》所示之理想境界為人間之淨土。藥師如來十二大願悉欲眾生皆能「身體健康、心靈富足、物質豐厚」，體現出現世淨土的理想。

在個人修行上，證嚴上人以《四十二章經》開示弟子「斷愛欲以識自心，忍辱行以奉正道，清淨心以覺佛性」。以《三十七助道品》教導弟子從日常的生活中勤行正道，漸次契入清淨自性。並輔以《水懺》之義理，啟發弟子發露懺悔，不只自己懺悔，還要群體共同懺悔，以經藏演繹數萬人共同入經懺，洗滌塵垢。證嚴上人強調行孝之重要，以《父母恩重難報經》引領弟子家庭和睦始於孝道。從家庭到社會團體，以《人有二十難》勉勵對人之信心，圓融人與人愛的關係。最後以勤行精進不懈之願力，臻於《菩薩十地》之境界。

表三之一：證嚴上人之思想與經典淵源運用表列：

	經典依據	經典依據	經典依據	證嚴上人詮述
主體思想	《法華經》	《無量義經》	《阿含經》	付出無所求 行菩薩道成就佛道
實踐法門淑世理想	《無量義經》	《藥師經》	《地藏經》	利他度己 人心淨化、祥和社會、天下無災
實踐法門個人修行	《四十二章經》、《三十七助道品》	《慈悲三昧水懺》、《父母恩重難報經》	《人有二十難》、《菩薩十地》	六度萬行 真如與萬有合一

（三）證嚴上人講述佛法之次第因緣

在佛法的演說上，證嚴上人講述的第一部經典即為《法華經》。一九六九年開始演說《法華經》，兩年後，未宣講完即中斷。一九七二年宣講《無量義經》至一九七三年，然後接著講《藥師經》至一九七四年。

其實一九六六年當慈濟功德會一創立，證嚴上人每月農曆二十四日在大型慈善發放之後，都會宣講《藥師經》，為信眾及貧苦的「感恩戶」[2]祈福。很多志工家裡有人生病，做完藥師法會，病就好了，也因此更加堅信布施與《藥師經》之功德。由此觀之，證嚴上人是從眾生的實際病苦著手，解決他們的生活所需，然後將佛教思想引入信眾的生活之中。藥師如來大願，悉與眾生身心健康，生活無憂。

證嚴上人傳法的第一部經典即是《法華經》，然後《法華經》系的《無量義經》、《藥師經》。一九七五年到一九八八年十三年中，證嚴上人第二次宣講法華精神。於法華佛七會上講法華大義，其間同時講述《四十二章經》、《地藏經》、《佛遺教經》、《慈悲三昧水懺》等。第三次宣講《法華經》是二〇〇九年，證嚴上人說這是他最後一部經。

對於個人修行的經典，證嚴上人先以《四十二章經》引弟子從斷欲、忍辱、體道入門，然後才是《慈悲三昧水懺》、《三十七助道品》、《父母恩重難報經》等。這期間應該在一九七九年到一九八九年之間，當時慈濟在臺灣已經逐漸家喻戶曉，但還沒有全球化的規模。

菩薩道修行的最高境界，《菩薩十地》、《人有二十難》等，證嚴上人於一九八七年至一九九〇年之間宣講完畢。在慈濟全球化之前，證嚴上人已經將主體思想、實踐法門——包括淑世理想與個人修行之主要經典都已講授完畢。其中不斷宣說的（宣講三次）包括《法華經》、《無量義經》、《藥師經》，這三部經典是證嚴上人主體思想與淑世的理想。而《四十二章經》與《三十七助道品》則宣講兩次，可見這兩部經作為慈濟內修法門之重要性。

表三之二：證嚴上人講述佛教經典之次第因緣表列：

宣講年代	宣講經典	講經因緣
一九六九—一九七一年	《法華經》	靜思精舍落成，舉辦佛七宣講《法華經》
一九七二—一九七三年	《無量義經》	於靜思精舍宣講《無量義經》
一九七三—一九七四年	《藥師經》	於靜思精舍宣講《藥師經》
一九七五—一九八八年	《法華經》	法華佛七，於靜思精舍宣講《法華經》
一九七九年	《四十二章經》	每日清晨開講《四十二章經》
一九八〇年	《慈悲三昧水懺》	於靜思精舍講述《水懺》，講至具九斷智。
一九八一年	《地藏經》	發願籌建醫院，於靜思精舍講《地藏經》
一九八四年	《八大人覺經》	於靜思精舍講述《八大人覺經》

2「感恩戶」一詞為證嚴上人所創。慈濟稱接受幫助的貧苦人為「感恩戶」，慈濟志工必須以感恩心付出，亦即幫助人的人要向接受幫助者說感恩，因此稱受助戶為「感恩戶」。

一九八五年	《藥師佛十二大願》	籌建醫院募心募款於臺北分會講述《藥師經》
一九八六年	《佛遺教經》	靜思精舍講述《佛遺教經》於委員聯誼會
一九八六年	《楞嚴經》	冬令發放，早課後向委員宣講《楞嚴經》
一九八六—一九八七年	《淨因三要》	於靜思精舍講述《淨因三要》
一九八七年	《三十七助道品》	於靜思精舍講述《三十七助道品》
一九八九年	《降伏十魔軍》	於靜思精舍講述《降伏十魔軍》
一九八九—一九九〇年	《父母恩重難報經》	於靜思精舍講述《父母恩重難報經》
一九九〇年	《人有二十難》	於靜思精舍講述《人有二十難》
一九九〇年	《菩薩十地》	於靜思精舍講述《菩薩十地》
一九九六年	《九結》	於靜思精舍講述《阿含經・九結》未出版
一九九八年	《二十一結》	於靜思精舍講《阿含經・二十一結》未出版
二〇〇〇年	《三十七道品偈誦》	慈濟已全球化，於靜思精舍講述《三十七助道品》

二〇〇〇年	《調伏人心二十難》	於靜思精舍講述《調伏人心二十難》
二〇〇一—二〇〇二年	《藥師經》	於靜思精舍講述《藥師經》，慈濟會員近千萬
二〇〇二—二〇〇三年	《八大人覺經》	於靜思精舍講述《八大人覺經》
二〇〇三—二〇〇八年	《慈悲三昧水懺》	於靜思精舍講述《慈悲三昧水懺》；美伊戰爭爆發
二〇〇八年	《無量義經偈頌》	於靜思精舍講述《無量義經偈頌》
二〇〇九—至今	《法華經》	於靜思精舍講述《妙法蓮華經》

證嚴上人講述經典的因緣可以分為三種類型。一為依佛陀教化眾生的次第，由權而實，由小而大。第二根據當時的社會環境宣講經典之教義，以啟發世人。三是以當時慈濟發展之所需開講經典之涵義，以提示慈濟人遵循之法。

1. 依循佛陀說法次第

證嚴上人雖然沒有宣說完整的四《阿含經》，只有在一九九六年和一九九八年宣講《雜阿含經》的〈九結〉，及《增壹阿含經》的〈二十一結〉，但是在他宣講的每一部經典中，都循著佛陀說法的次第，經常性地以「四聖諦」——苦集滅道，三理四相入門，告示弟子世間之無常、無我。復以「十二因緣」說明世間之生滅循環，然後體解「因緣生法，緣起性空」之真理。世間為無常但要借假修真，以短暫的身修持永恆的慧命。這是生命的雙重反轉。先認識無常、無我之苦，然後趣入世間的染汙苦趣，再以此淬鍊恆常真如之本性。

2. 依當時環境說法度眾

二〇〇二年美國發生九一一恐攻事件，證嚴上人在宣講《八大人覺經》，對於國土危脆，人類貪嗔提出警語。二〇〇三年美伊戰爭爆發，世界的局勢充滿了不安與詭譎之氛圍。美伊戰爭是繼阿富汗戰爭、九一一恐怖攻擊行動之後發起的戰事。這時候證嚴上人開講《慈悲三昧水懺》，希望人人大懺悔，經由懺悔化解人與人因驕傲、貪欲而起的怨懟。他不斷地呼籲：「大時代需明大是非、大時代需要大懺悔。」[3]「這個世界的穩定維繫在兩大國家，一是美國，二是中國。美國要反省，中國要安定。世界才會和平。」[4]

一九八九年與一九九〇年臺灣經濟快速起飛，人民生活十分富裕，但奢華之風漸起，人情之溫暖漸失。證嚴上人此時開講《降伏十魔軍》以及《父母恩重難報經》。一九九〇年慈濟海外分會紛紛成立，美國分會於一九九一年發起援助孟加拉水患。一九九一年大陸華東水患，慈濟人展開破冰之旅，抵達重災區，不間斷地提供災民物資、藥品、房舍、學校等。這些海外賑災，難行能行。證嚴上人於一九九〇年開始宣講《菩薩十地》、《人有二十難》，都是在勉勵慈濟人面對災難艱巨挑戰之信願力。

3. 依慈濟志業發展宣講教義

一九八一年證嚴上人發願蓋醫院，宣講《地藏經》。地藏菩薩悲願：眾生度不盡，誓不成佛。轉地獄為天堂，正是慈濟醫院的理想與目標。醫院籌備期間，證嚴上人宣講《藥師經》，以藥師如來大願醫治一切眾生，令諸根毀壞者具足，如經云：

> 願我來世得菩提時，若諸有情，眾病逼切，無救無歸，無醫無藥，無親無家，貧窮多苦；我之名號一經其耳，眾病悉除，身心安樂，家屬資具悉皆豐足，乃至證得無上菩提。[5]

慈濟醫療體現「苦既拔已，復為說法」，即是體現藥師如來的大願力。證嚴上人於慈濟靜思精舍落成，就開始宣講《法華經》與《無量義經》，當時慈濟宗門雖然未立，但是已經觀出宗門經典之思想依歸與實踐法門之建立。現今估計慈濟的會員超過一千萬人，培訓受證的委員與慈誠約十萬之眾，證嚴上人更強調內修之重要性，這時再次宣講《三十七助道品》、《人有二十難》，乃至《阿含經》的〈九結〉、〈二十一結〉等，無不是強調修心及道德實踐之必要。慈濟強調內

3 釋證嚴，〈來自證嚴上人的一封信〉（臺北：慈濟全球資訊網，二〇一一年五月十七日）。

4 釋證嚴，〈靜思精舍與筆者談話〉（花蓮：靜思精舍，二〇一三年）。

5 《佛說藥師如來本願經》，《大正新修大藏經》第十四冊，第〇四四九。

修外行，淑世的志業與內心的清淨行為為宗門之鑰。

二、靜思法脈：以勤行禪定、以眾生為師

（一）靜思——思惟修、靜慮法

「靜思」，是證嚴上人自取的一個法號；證嚴上人皈依印順導師，導師賜法名「證嚴」，法號「慧璋」。而證嚴上人皈依印順導師前，於一九六三年在花蓮許聰敏老居士家自行剃度，當時法號「修參」。而「靜思」則是證嚴上人出家前自取的法號。「『靜思』為思惟靜慮，即禪定之意；禪也稱為思惟修，定就是靜慮法。」證嚴上人及其出家弟子們共居之寺稱為「靜思精舍」，是以靜思精舍也被認為是全球慈濟人心靈的故鄉；慈濟在全世界的志業道場都稱為「靜思堂」；靜思法脈是慈濟宗門的法源，是證嚴上人入世修行的思想體系。

1. 勤行能靜思　利他即度己

證嚴上人創立「靜思法脈、慈濟宗門」，其所依止的理想為「自度度人」、「利他度己」。在淑世的理想中，契入佛教究竟覺悟的理想。「行」，是淑世的理想與個人覺悟的關鍵。在慈悲

與智慧的力行中改善社會物質與心靈的苦。在悲智行中，淬鍊自我的心靈，臻於永恆的慧命。所以證嚴上人說：

靜思法脈勤行道、慈濟宗門人間路。靜思法脈的精神就是「靜思清澄妙蓮華」。我們在靜思精舍，從一開始即「內修誠正信實，外行慈悲喜捨」。回歸心靈靜寂清澄的境界，不只要自修自利、獨善其身，還要利及他人、兼善天下。[6]

「靜思法脈勤行道」為「靜思」與「勤行」並重；內修外行兼具；自利利他不悖；靜思在勤行中，勤行才能靜思。證嚴上人言：

靜思法脈就是要「勤」，勤就是精進，心無掛礙，沒有雜念，很精、很純，走入靜思法脈這個道場就要殷勤精進。

我們的法脈不只是信佛、皈依三寶、念佛、求生西方極樂世界。《阿彌陀經》：「不可以少善根福德因緣，得生彼國。」慈濟人那分付出無所求，不求自己往生西方，只求自心能清淨、無私、無執著，還要走入人群，因為無量法門都在人群中，每個人包括自己都是一部大藏經。[7]

6 釋證嚴，《靜思妙蓮華・序品第一》上卷（臺北：靜思人文出版社，二〇一五），頁六七。

在無私的付出中得清淨，在濟助眾生中得智慧。無私才能清淨，無私才能靜慮禪定。如儒家所言：「定而能安。安而後能慮，慮而後能得。」無私才能定。欲望多，心神渙散飄忽是無法定心。證嚴上人強調無私才能得定力，入人群才能得智慧。

> 我們學佛不只是念佛，還要學佛心。佛陀說：「心、佛、眾生三無差別。」你心、我心都是佛心，只要「知道」、「行道」，人人都是佛。人人都有一顆佛心，慈濟人還要有師志。我在年輕的時候，一念不忍之心，開啟克難慈濟功德會這扇門，也是一念清淨無私的心，樹立靜思法脈。這要保持內心寧靜無汙染，沒有起心動念，才能到達。[8]
>
> 禪定在人群內，智慧於勤行中。「思惟靜慮」即禪定之境界，於一切境、一切人、一切事都圓融無礙，都能慎思明辨，寂靜無染，動靜無礙。禪定，以靜思法脈而言是強調在生活中去煩惱，專心一意地度化眾生，是真禪定。所以佛陀語舍利弗：「思惟修，所對之境，思惟而研習之義，即一心考物為禪，或曰：靜慮，心體寂靜，能審慮之義，一境靜念為定。」[9]

證嚴上人說身口意都能適中，慎思維，能以身口意之誠與正度化眾生，是為真禪定。真正的禪定解脫，是與萬物和合的靜定之境。佛乘的戒定慧解脫法是與天地萬物合一的解脫法，證嚴上人說：

> 有人以為，要好好打坐才叫做禪，其實打雜、運水無不都是禪，生活中不離開禪的方法，

平時我們要思惟修，開口動念要好好思維，我們舉手動足、一切身口意業，日常生活中要好好思維修行的方法，這叫做「禪」。

禪也叫做思惟修，定就是靜慮法。我們的心不能跟著外面的境界，心志要安定，靜寂清澄，志玄虛漠，這就是定，就是靜慮法。思惟修，我們要常常好好思惟，接觸一切境界，要好好思惟。還要靜慮，我們的心要很穩定，這禪定就是靜慮思惟修，就是「止觀」，我們平時的觀念，有時心靜下來，把所有的境界回歸一處，也叫做止觀，我們要學一個心，學佛一定要用心去探討，名詞不同，禪定或是止觀，無不都是要我們的心集一處，不要把心散亂。我們必定要時時顧好我們的心境，這是佛陀用各種的方法，要讓我們修，應我們的根機接近修行，這就是止觀不二，我們的思維會合起來，戒定慧不二的境界都叫禪定，禪定就是這麼簡單，思惟修與靜慮的境界叫做禪定。

求證佛乘是為定慧解脫法，既然要修佛，希望成佛，心接近佛的心，與宇宙天體會合而為一，這一分覺悟的境界就是定慧解脫的法，我們要時時用心在這分靜與定，要用心修習。[10]

7 釋證嚴，〈靜思法脈勤行道　慈濟宗門人間路〉，《慈濟年鑑》（花蓮：佛教慈濟基金會，二〇〇八），頁二五。

8 釋證嚴，〈靜思法脈勤行道　慈濟宗門人間路〉，《慈濟年鑑》（花蓮：佛教慈濟基金會，二〇〇八），頁二五。

9 釋證嚴，《靜思妙蓮華》第六一〇集講述，《法華經・譬喻品第三》（臺北：大愛電視，二〇一五）。

10 二〇一四年二月二十日證嚴上人於靜思精舍早課開示，筆記。

證嚴上人創立的靜思法脈之終極理想就是要修行者不斷地在利益眾生中，去除自我的貪欲、執著，以利他行動去除自我，直到五欲煩惱盡除。並在眾生及一切境界中都能思惟靜慮，修得智慧。乃至與一切境界、一切眾生、一切萬有都圓融無礙。亦即證嚴上人指出：「我們心接近佛的心，佛心與宇宙天體會合而為一，這一分覺悟的境界就是佛乘的定慧解脫法。」真如是必須在現實生活中內修外行，才得此清淨圓融妙樂的功德。證嚴上人說：

三界皆是一相，聖所稱歎，能生淨妙第一之樂。一相，二眾生之心體，皆具一實之真如。如來之教法，一實之理相，即等同真如，非有雜染。皆是一相一種，聖所稱歎，能生淨妙第一之樂，我們的心思能思惟修，靜慮，這種的禪定止觀，看這些東西，包括人事物，我們的心不要再雜亂，這叫一相一種，一相是眾生的身體，就是真如本性。我們人人本具的真如，就是一實。如來的教法示眾生一實之理相。佛陀教育我們回歸真如的本性，即等真如，非有雜染。

真如，就是一種圓融常樂，時時很圓融，我們的心常樂淨，這就是最清淨、最微妙的快樂，皆是一相功德。內修外行的功德就是眾德本，所有功德的根本，就是一種一相的功德，就能生無上法樂。這就是我們心要定，不管人家怎麼障礙我們，既然決定要救人就是救人，不管外面有什麼障礙，也是一相一種功德，是眾德根本，就是我們的禪定智慧。解脫才能得到常樂我淨的快樂，我們學佛必定要用很真誠的心來修習。[11]

2. 恆持為眾生付出、通達無量法門

靜思法脈就是於勤行中修習靜定法，在不斷地為人群付出中去除五欲。在恆持的精進中，慈悲等觀一切因緣、一切事物。以此，體現眾生平等、萬物和合相連，以契入真如本性與萬法合一的大智慧。

證嚴上人用《無量義經》的一段經文詮釋靜思法脈的真義：

> 慈濟人做中學、學中覺，都不離《無量義經》法髓。《無量義經》經文「靜寂清澄，志玄虛漠，守之不動，億百千劫。無量法門，悉現在前，得大智慧，通達諸法」，就是「靜思法脈」。[12]

證嚴上人在一次開示中曾論及他自己修行的經歷，體會到《無量義經》的「靜寂清澄，志玄虛漠，守之不動，億百千劫」的絕妙境界。當時他獨自在小屋修行，禮拜《法華經》，一句一拜，當他念到這句《無量義經》經文，頓時覺得完全相應他的心境。「靜寂清澄」，心到達絕對的靜，欲望就止寂了；欲望止寂，心就能清澈無比，就像水中無

---

11 二〇一四年二月二十日證嚴上人於靜思精舍早課開示，筆記。

12 釋證嚴，《慈濟月刊》（臺北：財團法人慈濟傳播人文志業基金會，二〇〇六年十二月二十五日），頁一三六。

雜質，才能澄照萬物。「靜寂清澄」，就是離欲之後內心的寂靜狀態。

但人如何做到離欲呢？誦經？打坐？從對證嚴上人思想的理解，立志為眾生付出，心心念念為眾生，無私，大愛，所以常保內心的寂靜。之所以能「靜寂清澄」，就是因為「志玄虛漠」的緣故；「志玄」是要我們立志高遠，「虛漠」，是指此高遠的志，要有虛懷若谷的心，同時胸懷廣漠無邊。慈濟宗門強調只要能全心全力利益眾生，就能離欲。

對於慈濟的法門經常有人問證嚴上人，為眾生奔忙心就能寂靜嗎？為眾生煩惱稱得上寂靜嗎？證嚴上人說菩薩的心像鏡子，眾生拿著苦、樂、惱、淨的各種境界來映照，都能清澈地反映他們的心境。但是鏡子沒有汙染，境界一離開，鏡子依然明亮。這就是不斷煩惱，而入涅槃。這契合《維摩詰經》所主張：「諸佛不斷煩惱，而入涅槃。」

離欲是寂靜的前提，寂靜是離欲的狀態。證嚴上人更常使用「清淨」一語，而非「寂靜」一詞。「清淨」是一種無染，是一種蓮花不著水，入塵世不染著的境界。「寂靜」比較讓人感受到身心停留在靜止狀態，而非在行動中、在入世中保持不染著的心。證嚴上人的思維總是「以行動的、入世行的」為基礎。在入世利他的行動中，心永遠保持無所求、無汙染的清淨。

離欲，在慈濟的宗門是進入欲望世界，卻保持出離欲望的精神狀態。這狀態是「不即，亦不離」。這契合佛陀「原本不生，今亦不滅」，能動又超然的生命狀態。在現實的利他行動中離欲，而不是在靜止的狀態下止欲。越能付出，心越無私。無私付出之際，即離欲。心，只有在全然付出的那一刻，才見證它的無私狀態。

欲，在心中，不是用消除法，而是以行動去超越，特別是利他的行動。證嚴上人強調「以出世的心，做入世的事」，即既入因緣又超越的一種心境。而具體實踐的方法就是他所不斷強調的「無所求的付出」。在無所求的付出中修持靜定，亦即「靜寂清澄」的境界。「靜寂清澄」仍須「志玄虛漠」，更因為「志玄虛漠」之故，才能「靜寂清澄」。這種「內修靜定」與「外行悲智」是互為因緣。能恆持這種內修外行兼備，「守之不動，億百千劫」，在不斷地為眾生付出中，才能得「無量法門」、「悉現在前」。正因為眾生無量，法無量，眾生是最好的經典，眾生的剛強習氣是修持智慧最好的契機。如此億百千劫地精進努力，臻至「得大智慧，通達諸法」。

（二）多用心法門——無師智、自然智

眾生無量，法無量。通常指的是對治眾生的法無量。證嚴上人則是眾生都具備法，向無量眾生學習無量法。眾生是道場，用心於眾生的心，用心向每一個眾生學習就是覺悟的契機。證嚴上人向靜思精舍的常住二眾說：

> 我給你們的法門只有一個，多用心。多用心法門，能一門深入，才能得到慧命的皈依處。[13]
>
> 志工的心得就是經。你們應該多去聽他們的分享。師父常常告訴你們，經不是在口頭上，

---

13 一九九五年九月二十四日證嚴上人於靜思精舍開示，筆記。

不是在耳朵裡，經是放在腳上，應該用心體會過來人的道路。所以經就是道，就是道理。[14]

如果大家問我是怎麼成就，老實說，我不是從法師的說法體悟的，也不是從你們師公的法語體悟的，我皈依師父後，就離開師父。我雖然到臺中時都會去看你們的師公，報告慈濟現在的狀況，但是我並沒有時間受教於他老人家的法。但是他老人家的德在我心中深深受用。這不是要無師自通嗎？對，就是要有無師智，自然智。每一個人都有無師智，自然智，這要看自己如何啟發及受用。[15]

證嚴上人這段話說明他是以眾生為師，所謂聖人無常師，以眾生的心為道場。所以要弟子們常常聆聽慈濟志工的心得，這些心得都是「用腳」實踐出來的智慧。證嚴上人說：

所以我把每一位志工看成真正的菩薩，他們走過的路就是「經」。真的很感恩。我是把他們當作菩薩現身在我面前說法，而不是把他們當成是我的弟子。當他們在心得分享時，他們所說的每一句話我都很受用。諸位為什麼活生生的「經」在我們面前，我們輕易放過呢？所以你們要多用心。[16]

值此歸結，證嚴上人期待建立的靜思法脈之法門，就是用心向諸眾生的實踐心得學習。建造自我心靈道場的路徑，就是以眾生為道場，向眾生學習，為眾生付出，與眾生結善緣。這應是慈濟宗門「內修與外行」互為一體的特色。證嚴上人說：「修行要修德。得人疼就是功德。」「德者，得也，得人疼，得人緣即德。」「內能自謙是功，外能禮讓是德。有這種功德，就能得人疼。」[17]

三、於群體中修行、以無所求覺悟

（一）慈濟宗門人間路

「慈濟」二字之意，依證嚴上人言：「慈，是予樂；濟，是拔苦。慈濟二字就是予一切眾生樂、拔一切眾生苦，也就是慈悲法門。」[18]證嚴上人在創立慈濟五十年之中，以行善度化困苦的眾生。「教富濟貧、濟貧教富」，實踐苦既拔已、復為說法的佛教精神。也能啟發貧者心靈富足，去幫助更貧困的人。這體現三輪體空之理，沒有施者、沒有受者、連布施都超越。這是「利

14 一九九五年九月二十四日證嚴上人於靜思精舍開示，筆記。
15 一九九五年九月二十四日證嚴上人於靜思精舍開示，筆記。
16 一九九五年九月二十四日證嚴上人於靜思精舍開示，筆記。
17 一九九五年九月二十四日證嚴上人於靜思精舍開示，筆記。
18 釋證嚴，〈隨師行記〉，《慈濟月刊》第四四八期（臺北：財團法人慈濟傳播人文志業基金會，二〇〇四年三月二十五日）。

他度己」的法門。

在過去這幾十年中不斷地有人向證嚴上人問起，慈濟是屬於什麼宗？證嚴上人的回答就是「慈濟宗」[19]。二〇〇六年一次回答美國慈濟人的詢問時，證嚴上人這麼說：

> 曾經有人問我，慈濟既不是禪宗，也不是淨土宗，屬於佛教何種宗派？現在我告訴大家，我們是「慈濟宗」。慈濟人要以人與人之間為道場，修行無量法門。[20]

而在二〇〇六年的十二月，慈濟基金會創辦人證嚴上人，在花蓮靜思堂面對將近千位慈濟志業體的同仁及幹部，於精進二日共修活動結業典禮中，以一個半小時的時間開示「慈濟宗門、靜思法脈」的涵義與其因緣。證嚴上人說：

> 慈濟宗門，「宗」即宗旨，大家依其出家入慈濟宗門，入此門來就要守住慈濟之宗旨。慈濟宗旨，就是人間菩薩道。[21]
>
> 我們的宗旨就是走入人群，去知苦、惜福、造福，這就是靜思法脈，慈濟宗門……作為佛陀的弟子，要能體會佛陀在人間出生、在人間覺悟、傳法於人間，就是要開啟能夠在人間運用、度化世人的人間佛法。既知世間沒有「永住」的事物，也了解人生無常之理，知苦就要堪忍，修得忍而無忍的功夫，輕安灑脫，即能脫離「三苦」。
>
> 其實「靜思法脈」不是現在開始，「慈濟宗門」也不是現在才說。早在四十多年前，我在

> 皈依時從師父得到「為佛教、為眾生」這六個字的那一剎那，就深植在我心中，直到現在。靜思法脈「為佛教」，是智慧；慈濟宗門「為眾生」，是大愛。我的師父告訴我為佛教為眾生，我則告訴慈濟人「以佛心為己心，以師志為己志」，一脈相傳。希望立體琉璃同心圓如水漣一般，一滴水，圈圈擴散，漸至全球，達成佛法生活化，菩薩人間化。慈濟人沒有專事念佛，也沒有參禪打坐，就是入人群行菩薩道，為天下苦難付出，有別於各宗派，但確實依循佛陀教育，走過四十年，普獲肯定，所以如今立宗，大家也要堅定前行。[22]

證嚴上人以「教、行、證」三法引導慈濟人體解佛道。亦即慈濟法門的修行者，必須接受「教」法，同時身體力「行」教法，最終印「證」教法。[23]證嚴上人以《法華經》經文：「以慈修身，善入佛慧，通達大智，到於彼岸。」說明在慈濟法門中，世間法和佛法相互融通，實為一體，互為印證：

19 釋證嚴，慈濟全省合心組隊精進三日，在靜思精舍進行雙向互動座談。證嚴上人以「慈濟宗門一家親，志同道合是法親，法髓相傳長慧命，如同身受感恩心。」此偈說明慈濟宗門的重要涵義。

20 釋德佩，〈隨師行記〉，《慈濟月刊》第四八一期（臺北：財團法人慈濟傳播人文志業基金會，二〇〇六年十二月二十五日）

21 釋德佩，《證嚴上人思想體系探究叢書第一輯》（臺北：靜思人文出版社，二〇〇八），頁八〇—八一。

22 釋德佩，《證嚴上人思想體系探究叢書第一輯》（臺北：靜思人文出版社，二〇〇八），頁七三—七四。

23 釋德佩，〈隨師行記〉，《慈濟月刊》第四四八期（臺北：財團法人慈濟傳播人文志業基金會，二〇〇四年三月二十五日）。

「以慈修身」是說，慈濟人付出無私大愛，希望天下眾生能得歡喜、幸福、安穩、自在的人生。「善入佛慧」是說，慈濟人以清淨心走入眾生苦難中，設法解除眾生苦難，當下開啟的智慧就是貼近佛智的大智慧。深入世間疾苦，開啟人人本具與佛同等的慈悲與智慧，這分「通達大智慧」，能度過各種困境。若能以對方為師、相互學習，便能延續彼此慧命，度過煩惱河「到於彼岸」。[24]

證嚴上人強調力行「以慈修身，善入佛慧，通達大智，到於彼岸。」就能在菩薩道上安穩前進。

(二) 從對治悉壇探討慈濟立宗

古代中國佛教之立宗是印度佛教在中國深根開展的關鍵。中國文化對佛教吸納之契理契機，亦是彼地、彼時、彼人對佛教之體解。第一個立宗的天臺宗以龍樹《大智度論》為思想指導，以《法華經》為宗經。立宗的智顗大師將思想溯源至印度龍樹菩薩為其第一代祖師，而其師父慧思為三祖、慧文為二祖，自己則是第四代宗師。這個時期對於佛教思想的判別與理解是立宗的核心。天臺宗的成立是佛教中國化的重要關鍵。吉藏的三論宗以《中觀論》、《百門論》、《十二門論》為思想基礎。法藏的華嚴宗以修習《華嚴經》為最高思想依據。法相唯識宗以唯識學開展佛教的萬法唯識的唯心思想體系。禪宗以《金剛經》、《楞嚴經》為法要，強調即身成佛、當下頓悟。淨土宗以《無量壽經》、《阿彌陀經》、《觀無量壽佛經》及世親的《往生論》為思想及修行依止。道宣的律宗以《四分律》，依從戒律為修行旨趣。密宗以《大日經》、《金剛頂經》建立三密瑜珈、事理觀行、修本尊法。[25]

綜觀古代中國佛教之立宗，多以思想之判別為其宗派發展與修行之依止。相較於以思想的判別為主的古代中國宗派，當代漢傳佛教的立宗更多強調對現世時代需要的對治與呼應。佛教為解決現世間眾生之難題，所提出的因應作法，為當代佛教立宗之因緣。一如人民大學何建明教授所云：

> 可以這麼說，以佛光山、慈濟功德會、法鼓山和中臺山為代表的現代臺灣佛教宗派，已經完全超越了中國古代佛教的傳統宗派特點，而具有了積極適應現代憲政社會的科學化和全球化的時代發展要求的鮮明特徵。它們不再以教義的判教（如三論宗、法相唯識宗、華嚴宗和天臺宗等）或堅守某種獨特的修行方式（如天臺宗的止觀、禪宗的坐禪、淨土宗的念佛和密宗的密法等）為教團的宗派特徵，而是在太虛大師以來的契理契機的現代佛教所主張的八宗平等、並行不二的基礎之上，追求正知、正見、正信、正行和正覺為目標，以文化、教育和慈善為中心，自覺適應現代社會人生的需要和積極調適現代社會文化思潮而建立起來的各種

24 釋德仉，〈隨師行記〉，《慈濟月刊》第四四八期（臺北：財團法人慈濟傳播人文志業基金會，二〇〇四年三月二十五日）。

25 方立天，《中國佛教與傳統文化》（北京：中國人民大學出版社，二〇一〇），頁四三。

不同的新型僧團制度、弘法理念及其實踐方式。[26]

筆者從四悉檀中之「對治悉檀」為立論點，主張從當代佛教諸宗派以對治「此時、此地、此人」的貪、嗔、癡為目標，因而提出諸種實踐法門，以作為佛陀教法當代性的體現與開展。這是當代佛教各宗派立宗的共同旨趣。當代佛教各宗派以對治悉檀為核心，能為應機說法即「各各為人悉檀」；並以無量佛法引領性欲無量之眾生逐漸契入「世界悉檀」，亦即雖恆順眾生但終究引其體會因緣生滅法；直到悟入「第一義悉檀」之一乘真實法。

對治悉檀的諸法門之提出與開展，是當代佛教諸宗門立宗之根據，亦是佛弟子對佛法領悟後的創造力。

何建明教授認為，從太虛大師建立人生佛教的概念之後，太虛大師所期望的佛教必須是世界的、人生的、科學的、實證的。臺灣佛教的各大宗派恰恰實踐了太虛的願力。何建明說：

> 太虛大師提出現代佛教（佛學）必須是：人生的、科學的、實證的和世界的，而當今臺灣佛教的發展，在這四個方面都取得了典型示範：
>
> 著眼於現世人間關懷，盡心盡力拯救人生苦難生態災難，要數證嚴及其慈濟功德會；著眼於適應現代科學發展需要，建立中國現代佛教學術，要數聖嚴及其法鼓山教團；著眼於中國佛教的現時代之弘傳，適應世界化和全球化發展，要數星雲及其佛光山教團；著眼於中國佛教的禪修傳統，適應當代社會人生的實證，要數惟覺及其中臺山教團。[27]

慈濟宗以行善為修行的法門，從行善到體現一切善行，斷一切惡。從利他度己體現大乘菩薩道精神，亦即「菩薩度化有情，常在生死利益眾生」；「未能自度先度他，菩薩於此初發心」，[28]如印順導師所陳「從利他中去成佛」。亦如《無量義經》所述，「船師身嬰重病……而有堅牢此大乘經無量義辨，能度眾生」。[29]證嚴上人所述，「船夫身有病，船身堅固能度人。」菩薩雖無明未盡除，如有病的船夫，但依靠佛法，能度化眾生到彼岸，等乘客上岸了，船夫也登上彼岸。[30]

（三）以《無量義經》開展宗門、安忍度有情終成佛道

慈濟宗門以《法華經》之《無量義經》為宗經，人人為大眾作大導師。如《無量義經》云：「無上大乘，潤漬眾生，諸有善根。」「船師、大船師，運載群生，度生死河，置涅槃岸。」[31]《無量義經》的主要精神內涵就是「性相空寂、濟度群生」。因此「靜思法脈」與「慈濟宗門」

---

26 何建明，〈佛光宗與中國現代佛教的宗派特徵 提綱〉（二〇一五年三月）。

27 何建明，〈佛光宗與中國現代佛教的宗派特徵 提綱〉（二〇一五年三月）。

28 釋印順，《菩薩心行要略》（臺北：正聞出版社，二〇一〇），頁一二〇、一二六。

29 三藏曇摩伽陀耶舍譯，《無量義經．十功德品第三》，《大正新修大藏經》第九冊。

30 何日生，〈無量義經與證嚴上人——論慈濟宗門之開展與修行〉，《法印學報》第二期（桃園：財團法人弘誓文教基金會，二〇一二年十月）。

31 三藏曇摩伽陀耶舍譯，《無量義經．十功德品第三》，《大正新修大藏經》第九冊，第〇二七六。

是內修清淨，外行慈悲；不只度他，還要清淨自性。因此證嚴上人詮釋說：

> 四十多年來，從臺灣到國際，慈濟人做中學，學中覺，都不離《無量義經》的法髓。《無量義經》中的偈句：「靜寂清澄，志玄虛漠，守之不動，億百千劫」，就是「靜思法脈」；「無量法門，悉現在前，得大智慧，通達諸法」，就是「慈濟宗門」。
>
> 靜思法脈，內修清淨心；慈濟宗門，外行菩薩道。靜思精舍為慈濟的精神起源，是「靜寂清澄，志玄虛漠，守之不動，億百千劫」，恆守初發心的清淨；慈濟宗門則要入世，以智慧應眾生的需要。以無量法門精神往外推行，所以是「無量法門，悉現在前，得大智慧，通達諸法」。[32]
>
> 每個人都是一部經典，深入人人的心靈世界，即是深入人間大藏經，則「無量法門，悉現在前」。而走入苦難人世界的同時，也要深入自我的心靈世界；如此不但對人有善的影響，也能改革自我心靈。人與人之間為修行道場。不經一事，不長一智，在慈濟宗門中見證無量法門。[33]

「慈濟人間路」，慈濟宗門以度化人間，改善世間的種種苦為其理想。與傳統佛教所偏向的、度化眾生就是給予佛法，慈濟強調「苦既拔已，復為說法」。佛教為解決世間現實的苦難，物質的、心靈的、個人的、社會的，都是其關注的目標。慈濟宗門體現佛教利他的精神，視萬物為一體，利他的行動是共善的，是群體的，每一個人都必須投入，每一個都得度，世間才是淨土。因此地獄不空，誓不成佛。

慈濟宗門力行菩薩道，證嚴上人勉勵慈濟人在此生竭盡心力擁抱蒼生，為眾生付出，往生時體現「此身非我有，用情在人間」，捐大體教導醫師去幫助更多需要救助的人。而後乘願再來人間，直到眾生度盡，方證菩提。證嚴上人強調，涅槃在當下。「心不受欲念引誘，能以智慧轉境界，才能安住涅槃寂靜，身心輕安。」[34]亦即「當下一念愛心不滅，欲念不生，就是涅槃寂靜。」在「無所求的付出中」淬鍊自心，回歸清淨的如來本性。

慈濟宗門的創立其特質正是以「行」——「入世利他行」作為修行的法要。人間的汙濁才是成佛的養料。不只轉自身的汙濁為清淨，世間的汙濁就是自心清淨的利器。「如蓮花藉由汙泥而清淨，蓮花的生長也同時清淨了池中的汙泥。」[35]

慈濟宗門將「淑世的理想」與「個人修行」結合一體。利他與度己平等不二。無先後，無差別，利他之際就是度己；度己就是通過利他獲致。慈濟宗門強調群體修行，在無私的共善中，打造人間淨土；在群體的大愛中，個人情感臻於究竟的清淨。慈濟人「在付出中得歡喜，在戒律中得自在，在群體中得自由，在利他中覺智慧。」以徹底的「利他」行，體現佛陀慈悲等觀的智

32 釋德伻，《證嚴上人思想體系探究叢書第一輯》（臺北：靜思人文出版社，二〇〇八），頁七〇—七一。
33 釋德伻，〈隨師行記〉，《慈濟月刊》第四八一期（臺北：財團法人慈濟傳播人文志業基金會，二〇〇六年十二月二十五日）。
34 釋證嚴，《無量義經講義》（臺北：靜思人文出版社，二〇〇二），頁九四。
35 二〇一三年十二月十五日證嚴上人於靜思精舍早課開示，筆記。

慧，最終臻於「眾生平等，萬法為一，萬物一體」的究竟覺悟。

慈濟宗門強調依著法華大義力行精進菩薩道。行菩薩道必須依著法華經義，以一切智起萬行，才能度化無量眾生。靜思法脈以勤行體現真如圓融的佛道，這佛道從證嚴上人的體悟是與萬有和合為一。覺悟的心既與萬有合一，就能不捨眾生，度化一切有情。證嚴上人說：

慈悲平等觀。隨眾生根機，雖說妙施權，終說一實法。佛陀應眾生之根機不同，以一切智起萬行。以六度萬行，度化不同根機的人。行萬行成就萬德。得即德。眾生得法，就是我們的德。我們也有充分的智慧才能度千差萬別之眾。所以修德能引眾生得正法。

佛陀的真實法讓眾生遮住外惡不侵入，外境煩惱不入心。於內能持善法才是修行。惡不入，內持善，也要行於眾生中，度化眾生。我們說法度眾生，法必須存於心，才能說法。[36]

（四）內修誠正信實、外行慈悲喜捨

證嚴上人強調慈濟宗修菩薩道的行者一定要內修「誠、正、信、實」、外行「慈、悲、喜、捨」，面對一切眾生都能以誠以正，面對一切事，信實無礙，其生命理想就是透過「誠、正、信、實」的踐履。證嚴上人言：

「誠」是專精不雜；凡事出自內心的真誠，並且無所求地付出；「正」是無偏差；從凡夫到聖人的境界很長，須正大光明，無有絲毫偏差；「信」能長養一切諸善根，信念堅定才不會受外境影響；「實」是平平實實待人處事，所做一切都自認為本分事。

我們要誠、正、信、實入人群中。我們的心如果還有欲，要幫助人，那就是有條件。我們必定要心無欲念，要很清淨，沒有名利等等的煩惱，這樣付出才能真的很輕安自在。[37]

證嚴上人期許與教導慈濟人要「以佛心為己心，以師志為己志」。「佛心師志」即行菩薩道，利益眾生，期望自己與眾生都能得清淨解脫智慧。證嚴上人強調菩薩行要從去除五欲、去除煩惱著手。而去除煩惱則是「以誠待天下，以正為生命，以信行世間，以實待萬物」。證嚴上人認為求佛乘就是要從「誠、正、信、實」入手，誠正信實是相應於戒定慧解脫。證嚴上人：

誠正信實是我們的本分事，我們依此才能求證佛乘，這即是戒定慧解脫的方法。成佛不離開這些事情。第一要發大乘心，菩薩行就是大乘法，大乘法第一個條件就是要遠離五欲。菩薩行者，遠離五欲諸煩惱，思惟修靜慮法，勤精誠修習，求證佛乘，是為定慧解脫法。

36 二〇一五年五月十八日證嚴上人於靜思精舍早課開示，筆記。
37 釋證嚴，《慈濟月刊》第四〇二期（臺北：財團法人慈濟傳播人文志業基金會，二〇〇〇年五月二十五日）。

煩惱都是從五欲開始。外面的境界，內心的動念，無不都是因為五欲，五欲會惹來很多煩惱、無明，用心戒除五欲才能夠遠離煩惱，所以我們要思惟修、靜慮法。「思惟修」就是「禪」，「靜慮法」就是「定」。我們要很認真、很專心來修習這個菩薩法，菩薩法除了去除五欲、遠離煩惱，同樣在修禪定。[38]

慈濟宗門的內修外行，內修是智慧，外行是造福。智慧者造福，造福中得智慧。四無量心「慈、悲、喜、捨」是慈濟宗門四大志業的源頭。慈是慈善志業的精神，悲是醫療志業的骨髓，喜是人文的真諦，捨是教育的目標，慈濟的四大志業之拓展都是依循「慈悲喜捨」四無量心而建立。證嚴上人認為佛陀千經萬論對人們的教育，不離慈、悲、喜、捨。他說：

慈悲喜捨，不是用嘴說的，一定要身體力行，走入人群付出。無論哪一個地方有苦難，都要盡己所能、伸出雙手去扶助，讓苦難人能夠站穩、再向前走。這必定要有無私的大愛；無私，就是誠正信實。人不能離開土地，能腳踏實地，每一步方向都正確、穩穩實實踏好，就是誠正信實。

慈濟人必定要內修「誠正信實」。日常生活中時時自我反省——心有沒有照顧好？對人是否虔誠？做事能否守信用？走的是正道、說的是正語、行的是正法、從事的是正業嗎？有些人看到「慈濟做得很好，我好感動」，一時發心而投入；但過程中覺得太辛苦或遇到困難就退轉，無法長久守「志」不動。若能內修誠正信實，達到「靜寂清澄」，就能「志玄虛漠」，進而「守之不動、億百千劫」。

佛教藏經中的法，其實不離人間法；人間，就是人與人之間。藏經既然在人與人之間，所以慈濟人要以人群為道場。每個人都是一部經，若能用心解讀，則「無量法門，悉現在前」，就能在人群中成長智慧。

心能誠正信實，就是智慧；慈悲喜捨付出，就是造福。內修誠正信實、外行慈悲喜捨，就是福慧雙修。[39]

證嚴上人勉勵慈濟人行菩薩道，要當眾生的不請之師。慈濟宗門以自主的發願為本，以愛為導，以戒為師。難行能行，人間一切人事物的挑戰都是成就佛道的契機與因緣。證嚴上人以佛陀行將入滅告誡弟子的話闡述大慈悲的意義：

佛陀行將入滅，阿難在外痛哭。有比丘就告訴阿難，怎麼在這時候哭泣？應該把握最後因緣請問佛陀——佛滅度後以何為師？佛滅度後不肖弟子怎麼處理？於是阿難就請問佛陀，佛滅度後以何為師？佛陀回答「以戒為師」。那不肖的弟子如何處理？佛陀說：「默擯。」我常說以戒制度，以愛管理。出家守戒，在家守規，以愛管理，才是佛弟子。惡因、惡緣引誘

38 二〇一四年二月二十日證嚴上人於靜思精舍早課開示，筆記。
39 釋證嚴，《慈濟月刊》第五一七期（臺北：財團法人慈濟傳播人文志業基金會，二〇〇九年十二月二十五日）。

> 就跟隨之，則永遠無法修行。佛視眾生為稚子，無差別的教化，令其開悟，體解正道。佛陀所體解之法，包含宇宙之一切，弟子要勤學習。不肖弟子，默擯。來世佛陀乘願再來，還要再教化他。連提婆達多，不斷迫害僧團，佛陀仍於《法華經》中授記提婆達多未來成佛。因為提婆達多的迫害，增加佛陀的意志與智慧，因為提婆達多的迫害，增加佛陀的毅力，度化更多的眾生。[40]

對一切眾生都慈悲等觀，不憎、不怨、不悔、不棄，生生世世都要救度成就一切有情。連提婆達多佛陀都諭示將來作佛，可見佛陀的慈悲是將萬有視為一己，一己即為萬有。「以平等心，教眾生無差別。又於諸法平等，修行之心。具出世無漏種子，同聞佛法，平等為佛子。」[41]眾生無量法無量。佛陀教法具無量數，皆可教化眾生出離色界、欲界，成就大乘菩薩法。所以證嚴上人期許眾弟子要趕快接受，不要遲疑，不要以煩惱障礙自己的修行。

證嚴上人強調，菩薩入人群中最重要的就是必須以「忍」。芸芸眾生煩惱垢重，常常以怨報恩，如果不能忍，就無法入人群度眾生。證嚴上人說：

> 眾生本來就是有如此的無明煩惱。而菩薩都知道，所以不會因此影響他的道心，所以堪得承受如此糟蹋與考驗。如佛陀告訴諸子，佛子原本該得大車，不必執著於小乘之緣覺、聲聞。所以諸子要能棄小向大，行菩薩道。「若回小向大之大乘眾，亦得稱為菩薩。」所以我們不要怕被眾生煩惱所困，要堅定的走入人群，度化眾生。[42]

菩薩道難行，忍得，忍德，為最要。為眾生的諸佛菩薩累劫以來就是如此在娑婆世間為度化眾生而付出。在付出中修行。一切的境界與眾生都是菩薩增長慈悲與智慧的契機。眾生即道場，世間即道場；眾生即經典，入眾生，就是入經藏；在人人心中取經、得智慧。在煩惱的人間長養慈悲，是《法華經》所示的菩薩道。法華之喻如蓮花，在淤泥中成就究竟佛道。

（五）慈濟宗門四門四法四合一

證嚴上人以四法四門四合一來建構宗門之運作。「知足、感恩、善解、包容」為慈濟人內修之四法；「合心、和氣、互愛、協力」則是外行四法；其中「合心、和氣、互愛、協力」被稱為慈濟組織運作的「四法、四門、四合一」。

證嚴上人對於慈濟之架構的理念是採取佛教圓形觀作為組織的概念。一切慈濟人皆為平等。資深志工為合心，負責法脈傳承，在第一線負責社區的志工為協力。中間有和氣負責規劃，互愛負責跨社區的執行工作。合心志工回到社區接受第一線協力志工的調度。和氣與互愛志工回到社區一樣接受協力志工的工作分配。證嚴上人說：

40　二〇一三年十二月十一日證嚴上人於靜思精舍早課開示，筆記。
41　二〇一三年十二月十一日證嚴上人於靜思精舍早課開示，筆記。
42　二〇一三年十一月六日證嚴上人於靜思精舍早課開示，筆記。

> 合心隊組跟隨師父有很長一段時間，了解師父的作法，能傳承「舊法新知」而無阻礙。過去的，我不用解釋很多，未來我要做的，我一說，他們就能了解入心。而傳達師父的訊息後，合心隊組要回歸鄰里，幫忙協力隊組，或者接受任務分配。所以合心隊組的資深委員其實也在協力隊組中。[43]

因此，這種圓形的組織，無上無下，非上非下，一切平等無礙。就理念部分言之，「四門四法」——合心、和氣、互愛、協力，意指慈濟人「志要合心」、「相待和氣」、「人人互愛」、「付出協力」。證嚴上人說：「諸法合心最善念，團隊和氣覺有情，人間互愛度眾生，從事協力緣覺行。」[44]

慈濟宗門即為「四門四法四合一」；「四門」之思想涵義為：

「合心」是「總持門」。即總一切法，持一切善。修行是為了回歸本具的清淨心。即具足慈悲之「福」，喜捨之「慧」。

「和氣」是「和合門」。即和聖賢心，合菩薩道。當橋與船，度凡夫到聖人之境界，人人和氣，才能從此岸到彼岸。

「互愛」是「觀懷門」。內觀自在心，環抱眾生苦。互愛是大道，人與人互愛才能通達大道。心要寬、要自在，才能通往佛菩薩大道。

「協力」是「力行門」；力持諸善法，行遍人間道。協字是由三個力組合，三是眾的意思結合眾人之力，就是力行門。[45]

「四法」——立體琉璃同心圓，菩提林立同根生，隊組合心耕福田，慧根深植菩薩道。[46]

證嚴上人強調，利他實踐是團隊的，非為個人所及。「行入人群度眾生必定要有團隊。」[47]他要慈濟的出家人與在家弟子彼此合作，互相尊重，互相依仗，才能走入人群度眾生，將佛法傳於社會之中。

「四法四門」是指慈濟人都是圍繞著一同心圓，行菩薩道，師志為己志，期圓滿佛智。同根生於靜思法脈與慈濟宗門；男眾為隊，女眾為組，隊組合心耕福田，智慧的根深植於為眾生無求付出的菩薩道。證嚴上人言：

慈濟人付出無染的大愛，心淨如琉璃。四合一的立體像地球，地球在宇宙間有公轉、自轉；每一社區以師父為中心作公轉，各社區會務之推動則為自轉。[48]

43 釋證嚴，《無量義經偈頌》（臺北：靜思人文出版社，二〇一一），頁五一六。
44 釋證嚴，《無量義經偈頌》（臺北：靜思人文出版社，二〇一一），頁五一六。
45 釋證嚴，《無量義經偈頌》（臺北：靜思人文出版社，二〇一一），頁五一八—五一九。
46 釋德仉，〈隨師行記〉，《慈濟月刊》第四八一期（臺北：財團法人慈濟傳播人文志業基金會，二〇〇六年十一月）。
47 釋證嚴，《無量義經偈頌》（臺北：靜思人文出版社，二〇一一），頁五一七。
48 釋德仉，〈隨師行記〉，《慈濟月刊》第四八一期（臺北：財團法人慈濟傳播人文志業基金會，二〇〇六年十一月）。

四門、四法不只是慈濟宗門的理念，更是慈濟宗門的組織架構。組織架構及實踐部分在下一章節再進行探討。

證嚴上人對於慈濟宗門強調「內修誠正信實」、「外行慈悲喜捨」；在組織上建立「四門四法四合一」。其宗門目標就是建立在佛陀利他精神的基礎上度化自心，最終達到「自他不二」，眾生都得脫度，與萬物、萬法相合的覺性圓滿之境地。這當然是累生累世的修持才能獲得。

表三之三：靜思法脈的內修與外行

法脈	理念	修持	路徑	願行	願果
內修	靜寂清澄	勤中靜	眾生即經典	守之不動 億百千劫	得大智慧
外行	志玄虛漠	作中覺	淤泥成佛道	無量法門 悉現在前	通達諸法

表三之四：慈濟宗門的內修與外行

宗門	理念	修持	路徑	願行	願果
內修	誠正信實	智慧	四法	無私付出	菩薩十地

外行	慈悲喜捨	造福	四門	慈悲等觀	萬法合一
組織	四法	四門	四合一	師志	佛心

四、本體思想：契一真實法、度無量眾生

（一）付出無求與緣起性空

貫穿整個慈濟最重要的思想核心，就是證嚴上人所強調的「無所求付出」。而這核心思想來自佛教原始阿含「緣起性空」之理。佛教之「緣起性空」，指一切萬法皆為緣起，沒有本質，一切萬物都是相對關係，我們珍惜這個因緣，珍惜這個相對關係，故為「大愛」。證嚴上人講「拉長情、擴大愛」。以拉長情，轉化私情之牽絆；以擴大愛，轉化眾生對五蘊世間的執著。

印順導師將「緣起與性空」視為一體。性空是針對緣起談的。人的覺悟應該在緣起處體會性空。導師認為「性空」，是在緣起處把握的；在每一個因緣中，入因緣，又同時保持著超越的心境，這即是「在緣起處性空」。

證嚴上人將之轉化為「付出無所求」。付出是緣起，無所求就是性空的根本。證嚴上人以無所求付出的理念，啟發慈濟志工付出同時還要感恩，感恩我們有機會、有能力能當一個手心向下的人。「付出無所求」，付出的人還向接受幫助的人表達感恩，這是體現佛教的三輪體空之法：無受者，無給予者，連施予都超越。

證嚴上人認為，付出之後要能沒有煩惱掛礙，就必須無所求。無私的愛才是菩薩的大愛，才是清淨無染的佛性。證嚴上人用創造性的現代語言，讓眾生能從生活中，從付出中重拾自身清淨的本性。所謂做中學、做中覺，實踐是學佛最好的法門。以利他行，達到靜定。印證「緣起性空，性空緣起」之理。

證嚴上人用「以出世的心，做入世的事」一語，來描述這種既「進入因緣、又超越它」的心境。而具體實踐的方法就是「付出無所求」。「付出無所求」也具體實踐「性空與緣起」之深義。「付出」是一種緣起，「無所求」就是性空。付出的那一刻心無所求，就是在緣起處性空。證嚴上人以創造性的語言「付出無所求」，讓「空」、「有」兩觀超越它表面的對立，而賦予它實踐的內涵。他所建立的慈濟宗門，試圖把佛陀的離欲、性空等教義，融入現實的生命，並淬鍊它的實踐意義。

證嚴上人以法華三部經作為靜思法脈、慈濟宗門依止的經典。其中《無量義經》更是慈濟宗門的宗經。《無量義經》的核心理念是「性相空寂」與「濟度群生」；以證嚴上人的話語就是「無私、大愛」。「無私」，是邁入「性相空寂」的必要狀態。「大愛」，是「濟度眾生」的心靈源頭。以無私的心廣澤大愛於人間，是證嚴上人實踐《無量義經》的入世法門。[49]無量義者，從一法生。其一法者，即「無相」也。無相不相，不相無相，名為實相。要真實地理解《無量義經》所述的「無相」要從何開始？從感恩之心開始。證嚴上人強調，付出不只無所求，付出的同時還要感恩。以感恩心付出就能逐漸去除我相與分別心，而做到歡喜付出、無相付出，是真正的付出無所求的境界，以證嚴上人的理念就是無私平等的大愛。

（二）慈濟宗門法華思想之詮釋

證嚴上人以《法華經》作為靜思法脈、慈濟宗門的最重要經典。《法華經》開權顯實，講述佛陀心中的理想，行菩薩道入佛乘。佛陀雖以三乘教化弟子，實為三乘歸一乘，一乘即佛乘。

證嚴上人過去四十九年中講過三次《法華經》，第一次是在慈濟功德會成立後的第三年，一九六九年到一九七一年之間，但是沒講完就中止。第二次講《法華經》是在一九七五年到一九八八年之間，藉著靜思精舍的「法華佛七」的機緣宣講《法華經》。這個時期是慈濟醫院剛剛蓋好，慈濟的教育志業正在起步的階段，這時期的《法華經》講述都只是摘要地講。真正系統性宣講《法華經》是二〇〇九年起，每日四點半靜思晨會證嚴上人宣講《法華經》。從慈濟功德會一開始，到證嚴上人預計中的此生最後講述的一部經典都是以《法華經》為主，可見證嚴上人創立慈濟的初衷與最終理想都是皈依於《法華經》大義。

49 何日生，〈無量義經與證嚴上人〉，《法印學報》第二期（桃園：財團法人弘誓文教基金會，二〇一二年十月），頁一一三。

證嚴上人宣講的《法華經》是以鳩摩羅什的譯本，參酌太虛大師的《法華經教釋》一書。證嚴上人在法華序品釋經題中說：

> 在諸賢古德中，提倡人間佛教的太虛大師（一八九〇—一九四七），離現今的世代並不遠，感覺很親。他在世時，正當中國處於戰亂時代，所以他宣講《法華經》，有應當時而說的意義。現今我們參酌太虛大師的版本，但是不會字字依照，因為世代變遷，只是遵循他的方向，適應現代的時機而講。[50]

證嚴上人法華要義的詮釋，每每都舉當代慈濟人在全球之付出為例，將法華精神應用到今日佛教徒所致力的實際事相。特別是他大量舉現世間的人與事，對照法華精神，是為彰顯《法華經》的當代適應與表現。亦有將慈濟慈善事理相應於法華經義之意。

證嚴上人的講述涵藏著深厚而清朗的情感；這種情感的透入，對於過度理性思維的人，可以讓他們的心更形柔軟，更能貼近佛陀要啟發眾生情感覺悟的慈悲本懷。證嚴上人的闡述佛典很像是智慧的農夫播種前必須先鬆軟土地，再播種。情懷是水，法是種子。慈悲，才是信仰的真正力量；當一個凡夫的智慧未必理解佛法的深義，但經由情感的透入，卻能感受佛陀不忍眾生苦的胸懷；這對引領人們接近佛法的喜悅，是非常契機的始點。本書分析證嚴上人講經教導弟子修行的過程，「情的感化」是論述的重點之一。

以證嚴上人已出版的《法華經．序品》中，可以歸納出證嚴上人對《法華經》的詮釋分為五個次第。第一，體解《妙法蓮華經》即是圓滿中道的真實法。[51]第二，這個真實法是諸佛所共具，佛佛道同。且此一真實法是人人本具，是與佛同等之清淨真如本性。第三：聲聞、緣覺、菩薩三乘歸一乘。第四：一乘即阿耨多羅三藐三菩提，諸佛菩薩無不自覺覺他，以無量法門度化眾生，去除無明，回歸真如本性。第五，凡夫依靠法華無量義之舟帆，可以度化眾生到彼岸。如《無量義經》所述：「船夫身有病，船身堅固能度人。」利他能度己，終能到達覺悟的彼岸。

（三）一真法相與佛乘境界

佛陀覺悟的當下照見萬法為一，本無分別。一切眾生皆具佛性，惟無明緣起不識此根本大法。證嚴上人詮釋佛陀覺悟的境界為「華嚴海會」；即「靜寂清澄」，與宇宙天地萬法合一的境界。這一刻，心、法、覺性同一。而這清明開闊的慧海境界，一切眾生同等本具，平等無二。[52]

佛陀覺悟的心靈世界是一個永恆的世界，「佛心恆住華嚴，屬圓頓大乘」是其本懷。佛陀雖然入群眾度眾生，他的身形在群眾中，他的內心始終保持著華嚴世界。覺悟後之佛陀，為了慈悲，不忍心眾生受苦難，所以再入人群，隨眾生根機，教化有情。佛陀在「十法界」之中（十法

50　釋證嚴，《靜思妙蓮華・序品第一》上卷（臺北：靜思人文出版有限公司，二〇一五），頁八三。

51　釋證嚴，《靜思妙蓮華・序品第一》上卷（臺北：靜思人文出版有限公司，二〇一五），頁一二〇。

52　二〇一四年十一月二十五日證嚴上人於靜思精舍早課開示，筆記。

界：有四聖六凡，就是聲聞、緣覺、菩薩、佛；「六凡」，就是六道眾生。）覺悟的佛陀「度菩薩、度緣覺、度聲聞、度六道四生」，這十法界的眾生，都需要佛陀以法來度化，這是佛的大慈悲。[53]

世尊在《法華經．方便品》語舍利弗：

舍利弗！云何名諸佛世尊，唯以一大事因緣故，出現於世？諸佛世尊欲令眾生開佛知見，使得清淨故，出現於世。欲示眾生佛之知見故，出現於世。欲令眾生悟佛知見故，出現於世。欲令眾生入佛知見道故，出現於世。舍利弗！是為諸佛唯以一大事因緣故，出現於世。[54]

佛道在人間，度眾生在人間。不脫度眾生，如何成佛？而聲聞與阿羅漢既然生死已了，就不可能常在生死中，不可能到世間，怎麼能成佛呢？佛陀入世間，不為世間眾生無明煩惱所擾，是佛陀已經斷除無染汙的煩惱。阿羅漢修持四禪、八定之境界，最後證入涅槃，已經斷生死煩惱。但是阿羅漢斷生死煩惱，未斷無染汙的煩惱。[55]亦即阿羅漢修得清淨，而非修得一切圓滿的大圓鏡智。只有佛陀修得大圓鏡智，斷除染汙煩惱，也斷除不染汙煩惱。

佛陀是自覺覺他，才能修得覺性圓滿。佛陀於世間、離世間都於一切法無礙。如《中阿含經》所述：

如來知一切世間，出一切世間，說一切世間，一切世如真。彼最上尊雄，能解一切縛，得盡一切業，生死悉解脫。是天亦是人，若有歸命佛，稽首禮如來，甚深極大海。[56]

佛陀通過自覺、覺他而覺性圓滿。佛陀最初為阿羅漢，意味著佛陀自覺之修行已達清淨之涅槃。而當初佛陀覺悟的那一刻與入滅的那一刻，在修行的覺性與境界上究竟有何不同？佛陀傳法四十九年之後，他心境的體會與當初剛覺悟之時刻有無增減？有無不同？

若說佛陀有增減，就不是佛。但是四十九年的說法卻是佛陀與阿羅漢不同之處。可見佛之所以佛者，正是他能自覺、覺他，所以覺性圓滿。並非佛陀四十九年的傳法在對於真理的體會有何不同，但是四十九年的傳法更彰顯佛德。證嚴上人詮釋佛的覺悟為「頓止」。佛陀覺悟後的境界如華嚴般的清淨、智慧、永恆，但是為度化十法界一切眾生，入於世間，其覺悟的心與法永恆不變。證嚴上人云：

> 「頓止」，就是「佛心恆住華嚴屬圓頓大乘」。佛陀既然覺悟了，那個覺悟的心靈世界已經是永恆，他雖然入群眾度眾生，他的身形是在群眾中，其實他的內心是華嚴世界，還是保持著，但是隨眾生根機，所以佛陀他「頓止」。就是覺悟之後，佛的心恆住華嚴屬圓頓大乘，

53 二〇一四年十一月十五日證嚴上人於靜思精舍早課開示，筆記。
54《妙法蓮華經卷》第二，《大正新修大藏經》第九冊，第〇二六二。
55 木村泰賢，《小乘佛教之思想》（臺北：天華出版社，一九九〇）。
56《中阿含經》卷三十四，《大正新修大藏經》第一冊，第〇〇二六。

但稱本懷。為了慈悲，不忍心眾生受苦難，所以他再入人群，他要度菩薩、度緣覺、度聲聞，還要度六道四生，度法界的眾生，這是佛的大慈悲，他「頓止」。[57]

佛陀這種度化眾生的悲心願力在《中阿含經》中亦有充分闡明：

爾時，世尊告諸比丘：「如來自覺世間，亦為他說，如來知世間。如來自覺世間習，亦為他說，如來斷世間習。如來自覺世間滅，亦為他說，如來世間滅作證。如來自覺世間道跡，亦為他說，如來修世間道跡。若有一切盡普正，有彼一切如來知見覺得。所以者何？如來從昔夜覺無上正盡之覺，至於今日夜，於無餘涅槃界，當取滅訖。」[58]

如來於世間自覺，知世間習、斷世間習，為世間無盡眾生無盡宣說。如來取無餘涅槃，是法的完全顯明。透過於世間自身的灰滅，顯名佛陀要教示的大法之真義，一切世間物生滅不已。但法不生不滅。佛證悟的涅槃為無分別萬有的無住涅槃。如呂瀓先生所指出龍樹菩薩對無餘涅槃的看法。龍樹講無餘涅槃不是身體的滅盡，而是法的實相完全的顯現，完全顯示法的極限，才是無餘涅槃。

龍樹更主張無住涅槃來形容佛智，從緣起的視角看萬物都是相互依存，沒有一個個體能獨立存在。所以呂瀓先生說：

在趨向涅槃的過程中，不是要一個人單獨行動，而是要全體動起來，單獨趨向是自利，在緣起的條件下單獨自利是不可能的，要自利利他，甚至要以他為自利。這要把自己融合在眾生的汪洋大海中，利他就是自利。[59]

世間是無盡的，因此在趨向涅槃的過程中，法亦無盡，所以不能停下來。因此才說無住涅槃。究竟修行的境界不是自修自得，更要度化他人。修行者通過度化他人也淨化自己。究竟覺悟的聖者以利他通達覺性圓滿之境界。所以《中阿含經》又云：

> 於其中間，若如來口有所言說，有所應對者，彼一切是真諦，不虛不離於如，亦非顛倒，真諦審實，若說師子者，當如說如來。所以者何？如來在眾有所講說，謂師子吼，一切世間，天及魔、梵、沙門、梵志，從人至天，如來是梵有，如來至冷有，無煩亦無熱，真諦不虛有。[60]

57 二〇一四年十一月十五日證嚴上人於靜思精舍早課開示，筆記。
58《中阿含經》卷三十四，《大正新修大藏經》第一冊，第〇〇二六。
59 呂澂，《印度佛學源流略論》（臺北：大千出版社，二〇〇〇），頁一八二。
60《中阿含經》卷三十四，《大正新修大藏經》第一冊，第〇〇二六。

佛契入一切種智，與一切萬有合一。萬有的真理是他，他是萬有的真理。這當然不是說佛是上帝，從基督教的理念上看，上帝是萬有的創造者。佛陀並不主張有一創造者，但是覺悟者能與萬有的真理合一，即悟入真如的境界。所以佛陀出生，一手指天上、一手指地下說：「天上天下，唯我獨尊。」一出生就能走七步講話，似乎有神祕傳說的成分。但理解天上天下唯我獨尊，證嚴上人闡述說：「佛與真理合一，唯我獨尊，即唯真理是尊。」[61]

覺悟的佛既然與萬有真理合一，一切萬有都是他的一部分，有一眾生苦，就是他的苦。他自比法王，如同國王理應對子民關愛，法王對孩子的疼愛亦復如是。有一人未覺悟，都是他的覺性未圓滿。

所以佛陀當初覺悟與最後入滅，對宇宙天地之一切有為法與無為法的真理之體悟不增不減。但是佛的四十九年傳法是佛成為佛的關鍵過程。這是覺性圓滿必經之道。以自覺而言，佛同為「緣覺」修行者，是辟支佛之修行果實。但是覺他的佛，畢竟通達覺性圓滿了。自覺、覺他、覺性圓滿來描述佛德與聖者阿羅漢的福德因緣之畢竟不同。

（四）佛佛道同

佛陀不是第一個覺悟的佛，也不是最後一個。佛陀經過累生累世修習菩薩道，而終至於人間成佛。在佛陀之前仍有無數億萬佛，在無數恆河沙數的世間，度化眾生。《法華經》裡就有日月明燈佛。諸佛一棒一棒接續下去，為眾生的度化努力。雖然佛佛道同，但是每一佛出於世間有其特殊因緣，其他諸佛則為協助之功。如文殊室利菩薩已是七佛之師，仍到娑婆世界幫助釋迦牟尼佛度化眾生。

呂澂先生曾引法雲的看法，認為三乘是先歸向大乘，再歸向佛乘。[62]這是有一定的思想根據。佛陀說《法華經》就是希望大家行菩薩道，最終才能趣向佛道。換言之，聲聞、辟支佛的修持最終是無法趣向佛乘。慈濟證嚴上人似乎也抱持相同的見解。證嚴上人說：

> 成佛一定要行菩薩道，菩薩在人群中度化眾生。佛陀於菩薩地生生世世，結眾生緣，一大事因緣，為開示眾生，悟入佛知見。回入娑婆，堪得入忍耐。釋迦佛成佛到現在，以眾生苦為苦，同體大悲。有眾生的地方，就是菩薩要去修行的淨土。所以從初發心立弘誓願，行菩薩道不退心，隨所化眾生而取淨土。[63]

以法華的精神，在日月燈明佛時期有妙光菩薩，就是釋迦牟尼佛的文殊師利菩薩。彌勒菩薩當時也是日月燈明佛的弟子。諸佛互為授記，來日將成佛。成佛的關鍵仍是力行菩薩道。佛是取大涅槃，這裡所說取大涅槃，是與六道眾生同涅槃。為眾生的付出，一切無所求。地

---

61 二〇一四年四月四日證嚴上人於靜思精舍結集中心開示，筆記。

62 呂澂，《佛學選集五》（山東：齊魯書社，一九九一），頁六五四。

63 二〇一四年五月十日證嚴上人於靜思精舍早課開示，筆記。

藏菩薩說，「地獄不空，誓不成佛！」地藏王菩薩守在地獄；地獄眾生未空，他誓不成佛。佛陀是六道的眾生不淨化，他不入涅槃。所以佛陀的涅槃是「大涅槃」，與一切眾生「同一涅槃」。[64]這是佛乘最終的境界。

（五）三乘歸一乘

佛陀在人間傳法的最大願望就是人人成佛。而佛陀在說法四十一年之後，講授《法華經》就是強調三乘歸一乘；三乘歸佛乘，必須行菩薩道，包括須菩提等都覺得已經老邁，一時無法契入法華大法。舍利弗終究是佛陀弟子的典範，在舍利弗幡然體悟後，體解菩薩大道是成佛之道，佛陀將著授記舍利弗將來作佛，號華光如來。

> 舍利弗，汝於未來世，過無量無邊不可思議劫，供養若干千萬億佛，奉持正法，具足菩薩所行之道，當得作佛，號曰華光如來、應供、正遍知、明行足、善逝、世間解、無上士、調御丈夫、天人師、佛、世尊。國名離垢，其土平正，清淨嚴飾，安隱豐樂，天人熾盛。琉璃為地，有八交道，黃金為繩以界其側。其傍各有七寶行樹。[65]

以大乘《法華經》的精神觀之，可見聲聞、緣覺不行菩薩道未能成佛。聲聞、緣覺雖然已證入涅槃，但是未證得「阿耨多羅三藐三菩提」，即「無上正等正覺」。圓滿無分別之智性，就是阿耨多羅三藐三菩提——無上正等正覺。聲聞、獨覺、佛的菩提，都是依真如、法性而建立的，[66]所以《金剛經》說：「一切賢聖，皆以無為法而有差別。」只有菩薩道能最終證入阿耨多羅三藐三菩提——無上正等正覺。

（六）阿羅漢與凡夫皆得度彼岸

法華三部經第一部的《無量義經》之淑世理想，給予眾生成佛到彼岸的契機。《無量義經》的開經，諸大菩薩聚集聆聽佛陀對於菩薩道的理想，不只聲聞、緣覺都必須契入菩薩道，也說明利他之前必須自淨其心。聲聞、緣覺修持之後才能行菩薩道，因為自度而後度人。但是《無量義經》也給予凡夫度人的機會，身猶有病的船夫，依靠堅固船身能度人。似乎說明未覺悟，未清淨的眾生，經由不斷地幫助他人，最終也將到達覺悟的彼岸。所以《無量義經》不只主張「已自度者須度人」，「未自度者經由度人而得度」。這是《無量義經》的博大慈悲胸懷，也是證嚴上人以《無量義經》為本，廣開慈濟菩薩道，讓眾生都在付出中度化自心的法益。

同樣在《法華經》本經的二十七品之中，強調人人皆可成佛的理趣。如〈方便品〉中佛陀

---

64 二〇一四年八月二十一日證嚴上人於靜思精舍早課開示，筆記。
65《妙法蓮華經》卷二，《大正新修大藏經》第九冊，第〇二六二。
66 釋印順，《華雨集》第一冊（臺北：正聞出版社，一九九三），頁三五〇。

說：

我以智慧力，知眾生性、欲，方便說諸法，皆令得歡喜。知諸眾生有種種欲，深心所著，隨其本性，以種種因緣譬喻，言詞方便，而為說法……如此皆得一佛乘，一切種智故。[67]

佛陀面對的是一個價值混亂的時代，當時有九十幾種外道，佛陀要度化眾生深信佛道，必須以種種方便力來說法。佛陀出於世間的一大事因緣，就是為著眾生的「開示悟入」。證嚴上人作為宣導「佛法生活化，菩薩人間化」的宗教導師，《法華經》度化一切有情的理念契合他淑世的理想。證嚴上人說：

釋迦牟尼佛覺悟之後，體會人人真如本性，倘若能與本性相會，就是圓滿的覺悟。圓滿自他的佛性，即清淨的本性。[68]

清淨的本性不是斷滅世間一切言清淨，而是「圓滿自他」才是清淨。這是證嚴上人的利他思想之表述。在上人看來，佛陀入世間就是為利益眾生而來。在五濁之世間，依法華教義，人人皆可成菩薩。他說：

《法華經》教導人人都成為菩薩，如此世界才能平靜。因此《法華經》是應世的靈方妙藥，但願我們說此法髓，能適時應機，讓人人受用且身體力行，戒慎虔誠的奉行妙法華的道理，讓世間平安。[69]

《法華經》的目的是為著世間的平安幸福而宣說。佛陀看到世間的病灶，才倒駕慈航來回人間。佛為大醫王，法是妙藥，菩薩為良護慈母，守護、治療大地眾生的病態。佛為此一大事因緣出現於世。不忍眾生，是諸佛與菩薩的本懷。證嚴上人認為，許多諸佛化身菩薩再來人間，協助護持佛陀教化人間。如觀世音菩薩、文殊師利菩薩都已成佛，還回人間行菩薩道。菩薩願行是為眾生，而不是為成佛，是終不忍沉淪五濁惡世的眾生。

證嚴上人體解法華經義之「利他」，不是為著成佛，而是不忍眾生受苦難之大慈悲心。「為眾生而成佛，非為成佛而眾生」。

67《妙法蓮華經》卷一，《大正新修大藏經》第九冊，第〇二六二。
68 釋證嚴，《靜思妙蓮華．序品第一》（臺北：靜思人文出版社，二〇一四），頁一四九。
69 釋證嚴，《靜思妙蓮華．序品第一》（臺北：靜思人文出版社，二〇一四），頁八一。

五、拔苦予樂　無相為本

（一）《無量義經》：性相空寂、濟度群生

空，是佛教的基本教導。正如《無量義經》所述：「應當觀察一切諸法，本自來今，性相空寂；無大無小，無生無滅；非住非動，不進不退，猶如虛空，無有二法，而諸眾生，虛妄橫計；是此是彼，是得是失；起不善念，造眾惡業。」性相空寂，無有二法，空與妙有本是一體。空，是無所執；妙有，是創造與實踐。

這亦如慧能大師所言：「世界虛空，能含萬色萬物，世人性空，亦復如是。」在創造實踐一切因緣之際，又能超越、點化一切因緣，而常保心的寂靜與清淨，這即是真空妙有。「性相空寂」與「無相不相」這兩個概念緊密相連。空寂之相不是一無所有，不是斷滅空。佛陀之教義是「不住生死，不住涅槃」。空寂是無所不包的一種覺然的心態。證嚴上人常言：「心包太虛，量周沙界。」修行的心必須如太虛一般，能包容一切；愛的能量，連一粒沙都能遍及。這種絕對的包容之境，是無相不相，性相空寂之意。包容天下，利益眾生，即性空妙有。

利益眾生才是菩提大道。然而，為眾生奔忙，心能清淨嗎？為眾生煩惱，還稱得上寂靜嗎？

佛教不是說斷煩惱嗎？亦如上一節所言，《維摩詰經》之教法：「諸佛不斷煩惱，而入涅槃。」菩薩的心像鏡子，眾生拿著苦、樂、惱、淨的各種境界來映照，都能清澈地反映他們的心境。

但是鏡子沒有汙染，境界一離開，鏡子依然明亮。這就是不斷煩惱，而入涅槃。證嚴上人倡議眾生能在入世利他的行動中，心永遠保持無所求、無汙染的狀態，這就是清淨。「猶如蓮花不著水，亦如日月不住空。」進入五濁世間，而不被習染。體悟性空，卻不離世間。這境界是證嚴上人創立慈濟宗門接引眾生修持佛法的第一義。《無量義經》所言「性相空寂，無為無欲」，無為，不是不作為，而是超越作為；無欲，不是去欲，而是超越自我的欲望，以眾生之所需為念，「以出世的心，作入世的事」就是性相空寂的真義。於世間中，出世間，「出世入世不二」，是禪宗慧能大師所強調的精神，也是證嚴上人對性空的實踐。

大乘佛教倡議行菩薩道，行菩薩道的前提是從內心自我清淨的修行開始。證嚴上人講述《無量義經》一開始，就以阿難尊者在佛陀滅度後，被大迦葉尊者逐出門，因為阿難的心還未開悟。開悟的心才能結集經典，覺悟的心才能有資格傳佛陀的教法。佛陀一切的教法莫不是希望眾生能修得清淨性。因此《無量義經》開經就說：

> 是諸菩薩，莫不皆是法身大士，戒、定、慧、解脫、解脫知見之所成就。其心禪寂，常在三昧；恬安澹泊，無為無欲；顛倒亂想，不復得入。[70]

70　三藏曇摩伽陀耶舍譯，《無量義經．德行品》，《大正新修大藏經》第九冊，第〇二七六。

佛陀說法四十一年之後，開始講真實義的《無量義經》，開權顯實，來聆聽的都是已經覺悟的法身大士修得恬安澹泊，無為無欲。這種心靈的狀態是大乘菩薩道的精髓。這似乎說明，濟助眾生的菩薩，自己必須覺悟清淨，才能引度眾生體悟生命的大道。

證嚴上人敘述自己早年修行的經歷，在禮拜《無量義經》時，深悟經文裡「靜寂清澄，志玄虛漠，守之不動，億百千劫」的絕妙心靈境界。「靜寂清澄」心到達絕對的靜，欲望就止寂了；欲望止寂，心就能清澈無比，就像水中無雜質，才能澄照萬物。「靜寂清澄」的同時，還必須「志玄虛漠」。「志玄」是要立志高遠，「虛漠」，謙虛又廣漠。有高遠的志向，也要有虛懷若谷的心，同時胸懷廣漠無邊。立志為眾生，悲憫眾生，但也謙卑地、全心全意地為眾生付出。這是清淨心亦復有菩薩行的修行證果。

這種淨化己心同時利益眾生的生命境界，在《無量義經．說法品》中已明白指述：佛陀在預知自己即將涅槃，要弟子「欲何所問？便可說也。」大莊嚴菩薩於是恭請佛陀闡示菩薩之修行如何方能證成「無上菩提」？無上菩提就是最終的覺悟之道。佛陀告訴大莊嚴菩薩：

> 善哉！大善男子，能問如來如是甚深無上大乘微妙之義，當知汝能多所利益，安樂人天，拔苦眾生；真大慈悲，信實不虛，以是因緣，必得疾成無上菩提。[71]

在場聆聽佛陀遺教的雖說都是法身大士，都已經漏盡諸煩惱的覺者，但是成就無上菩提的境地，仍必須深入世間苦難，以大慈悲心拔眾生苦，用自身清淨無染的智慧，度化一切被無明煩惱所困的眾生。

自身清淨是度化眾生的前提，但是究竟如何才能清淨自性？佛陀教法是必須「戒、定、慧、解脫、解脫知見」。以戒，去除欲望；去除欲望，心才能定。佛教的自由觀不是西方式的強調選擇的自由，而是去除欲望的捆綁。放下自我欲望，心才能自由，這即是定。心定，才能生智慧。老想著自己的人，不會有大智慧；老想著利益的人，老是被欲望捆綁的人，不會有大智慧，心不被欲望與愚昧捆綁，就解脫。但是連借助來解脫的各種法，都必須放下。「法法何曾法」、「如筏喻者，法尚須捨，何況非法」。放下一切妄想，也要放下一切執著，包括對法的執著，才是漏盡諸煩惱的覺悟者。

（二）船夫身有病　船身堅固能度人

《無量義經》濟世度己的精神，未嘗只是覺悟的法身大士的使命，即便自己未完全覺悟，自己是未完全清淨之凡夫，憑藉《無量義經》的法，仍然能夠度化他人。因此，人不必要完美才能行菩薩道，乃是因為行菩薩道而更臻完美。未能度己，已能度他人，這一如船夫身有病，船身堅固能度人。如《無量義經》所述：

71　三藏曇摩伽陀耶舍譯，《無量義經・說法品》，《大正新修大藏經》第九冊，第〇二七六。

> 是持經者亦復如是，雖嬰五道諸有之身，百八重病常恆相纏，安止無明老死此岸，而有堅牢此大乘經無量義辦，能度眾生，能如說行者得度生死。72

臺南一位邱師姊雖然眼盲，卻開啟了臺南的環保志業。不久後她的兄弟姊妹都加入回收工作，鄰居們觀察她好幾個月的付出和用心後，最後也決定加入，總共有超過四百位志工加入她的環保站。雖然眼盲，但是邱師姊從不覺得自己力量薄弱；相反地，參與慈濟環保志業讓她實現人生的目的，並啟發他人一同來做環保。

基隆環保志工陳簡茶老阿嬤，已經九十多歲高齡了，她每天四點鐘就起床，綁好尿袋，出門開始在社區做資源回收的工作。幾年下來，老阿嬤過得比以前更快樂，更受到鄰里的愛戴。大家紛紛把自家的資源做分類，準備給每天到家裡門口回收資源的老菩薩。當她行經7-Eleven商店，年輕的店職員會泡咖啡給阿嬤喝，她走到全家便利商店，店職員經常會送八寶粥給阿嬤，她是社區裡的天使。

左鄰右舍看到阿嬤每天拿著那麼多的回收物，心裡很不捨，許多人開始一有空就幫她拿回收物，一位鄰居甚至將他門口前的小廣場供阿嬤放置回收物。漸漸地，這個小廣場聚集越來越多的志工，小廣場成了社區的環保回收站。這種實踐所傳遞出來的力量，就是《無量義經》的教法之實踐「猶如船夫身有病，船身堅固能度人。」

《無量義經》之於當代社會，它有「入世、淑世」的理想與願景。之於個人，它有內在修習人格的方法與思路。之於終極關懷，它提供宗教信仰不可或缺的最終覺醒，亦即「性相本空，非有非無，非自非他，自本具足；本不生滅，以及最終涅槃寂靜之境」。此涅槃之境以證嚴上人的詮釋是當下「一念不生，一念不滅」；當下「惡念不生，善念不斷」；當下「欲念不生，愛心不斷」，即是涅槃寂靜。它是人間意義的涅槃寂靜之境，修行為眾生，開悟為眾生，成道為眾生，或者說：「為眾生才是修行，為眾生才能開悟，為眾生才能成就無上菩提大道。」這是慈濟宗門的思想體系與實踐之本。

（三）《藥師經》：理想的現世淨土

1. 身心境的富足

慈濟宗門是以利益眾生為宗，行菩薩道為門。藥師佛也是以菩薩道利益眾生為本。慈濟的入世行，是以慈善的力量改善生命的苦境，再從改善生命的苦境中，淨化自我與他人之心靈。從這種逐步改善身心的努力中，進而使得社會富足，人心調和。慈濟宗門的理想是使一切有情眾生，脫離苦惡，達到「身體康安，心靈潔淨，物質豐足」的境地。這三個目標，總結了藥師如來佛十二大願之本懷。因此慈濟宗門正是以《藥師經》作為接引眾生領悟清淨智的法源之一，也是慈濟實踐入世行的理想與願景。

72 三藏曇摩伽陀耶舍譯，《無量義經・十功德品》，《大正新修大藏經》第九冊，第〇二七六。

證嚴上人創立慈濟功德會開始的第一天是農曆三月二十四日，證嚴上人就在這一天講述《藥師經》並辦藥師經法會。證嚴上人於慈濟成立二十七周年的紀念會上就曾回憶說：

慈濟功德會成立時，地點在精舍後面的普明寺，那是一個小小的地藏廟，範圍不過十餘尺見方；二十七年前的這一天，我們開始了第一次的藥師法會，由最初的三十個人，開展了慈濟的里程。[73]

為什麼證嚴上人選擇《藥師經》作為慈濟功德會成立後講述的初期經典？根據證嚴上人在一九九六年於臺北的一場開示中，他回述：

當初在普明寺啟建慈濟功德會，一日於案前翻閱《藥師經》，發現其中經義都是慈濟的遠景與目標，貧病的眾生，只要起一善念，接納藥師如來十二大願，為末法眾生生活形態的良藥。而在慈濟團體中，人人見面心心相繫，在藥師佛的德相之下，如玻璃光之清淨心念。藥師佛行菩薩道時發十二大願，已說明藥師佛於發心修行時，即開始實行菩薩道。[74]

《藥師經》對現世安樂的理想，描述得如此簡單清晰，國土中人們「相好莊嚴、身體健康、物質豐富、心靈潔淨、入世濟人」。這些都是當時臺灣社會人心的盼望，也是慈濟慈善志業的藍圖與願景，更符合菩薩道的入世濟眾的情懷。另外，證嚴上人的父親（養父）驟然往生，對於他成道之路也有深遠的影響。《藥師經》的講授是每月二十四日，農曆三月二十四日是上人的出生日，他以這一天誦《藥師經》對生父生母之回報，也是對其養父的無限追念。證嚴上人曾說：

要回溯為什麼以二十四日這一天為「藥師法會日」？可能就要回首當年，從我父親突然病故開始說起。有一句話說「悲極無淚」，人在最悲痛的時候，根本流不出淚。那段時間一直在探討魂歸何處？父親本來是很健康的人，為什麼會這麼無常呢？一口氣吞下去，就再也沒有呼吸了！我對生命起了很大的疑惑。死，到底是什麼？死後去哪裡？我不斷地尋找這個答案。[75]

在幾番思索與追尋之後，當時的證嚴上人終於體會世間一切無常，成、住、壞、空是生命的本質，親情不過是業緣而聚在一起。證嚴上人明白這個道理之後決定拉長情，擴大愛，因此成就他走入如來大家庭的大因緣。在上人的思想中，並不是以往生西方淨土作為生命的終極關懷，而是在現世實現藥師佛的人間理想。這理想，是引領眾生身心安康，社會祥和富足。

從證嚴上人個人的陳述可以了解到，《藥師經》是與證嚴上人個人生命歷程關聯甚深的一本

73 釋證嚴，《慈濟月刊》第三〇六期（臺北：財團法人慈濟傳播人文志業基金會，一九九二年五月二十五日）。
74 釋德宣，《一九八五年隨師行記》（臺北：慈濟文化出版社，一九九六）。
75 釋證嚴，《慈濟月刊》第四〇二期（臺北：財團法人慈濟傳播人文志業基金會，二〇〇〇年五月二十五日）。

經。父親的離世才沒幾年，孝順的上人應該也以這部經作為對父親的永恆的敬愛與祝福。此外，在社會情境上，《藥師經》也符合當時臺灣貧困的社會環境之淨土盼望。

民國五十年代（西元一九六〇年），臺灣社會經濟發展仍在起步階段，生活尚苦，一般人對於拜佛總是有所求。求什麼？無非是身心安樂，物質豐厚，而這正是藥師佛的大願之一。證嚴上人隨著眾生當時的根器，以《藥師經》來接引世人，度化他們得一己的安樂之後，還要幫助他人得安樂，這是所謂的教富濟貧，引領眾生，從慈善行，而入佛門。

然而證嚴上人在講說《藥師經》與舉辦藥師法會的過程中，內心其實十分掙扎。一九六三年，證嚴上人皈依印順導師，受戒為比丘尼，就發願，一不當住持，二不趕經懺，三不收弟子。如今為了慈善工作，為了引領正信佛教根機尚不深的信眾加入行善的願行，他必須為他們誦《藥師經》祈福。證嚴上人在一九九六年於花蓮靜思堂對海外慈濟人的一場演說中，幾乎哽咽地說：

> 想想三十年前的今天，我心裡好掙扎，因為隔天就要在普明寺的大殿裡，舉行藥師法會。我出家時曾發三個願：不為人師、不當住持、不做經懺。但功德會要成立，就要投入人群中，必須有方便法門來接引眾生；為了慈濟，為了開此善門，不得不調整這三個願。為了做慈濟救助窮困的人，我需要許多人的力量，只好開方便門，每個月一次法會，誦《藥師經》迴向，同時也讀疏文。將疏文寫好時，心裡掙扎不已——明天就要開始誦經了，明天就要開始讀疏文了；我不想做的事，卻不得不去做，所以，三十年前的這一天，就是我內心很掙扎的一天。[76]

證嚴上人所發之大悲願，其因緣不可思議。如今慈濟人在全世界為眾生之苦難奉獻付出。慈濟成立後，每個月農曆的二十四日，靜思精舍都會舉辦發放，並為窮苦的感恩戶、志工與會眾們講誦《藥師經》。證嚴上人曾回憶，當年很多慈濟志工參加藥師法會，結果他們的家人身體好了，家庭也平安了，人與事就是這麼湊巧，因緣就是這麼好。或許如同證嚴上人常說：「心開，福就來。」[77]因為藥師法會讓信眾與志工更堅信佛法的妙處，也更投入行善的願行，克難慈濟功德會就逐漸在花蓮及全省各地逐步得到開展。證嚴上人的目的其實不是強調法會之功德，而是藉此引領會眾體會藥師佛之大願，希望人人發心立願，為苦難眾生付出之際，也強化佛教的信仰。

證嚴上人創立慈濟醫院，正是力行實現藥師佛大願最具體、最直接的行動力。當時上人宣揚的佛法，正是經由「行」，具體實踐藥師佛之大願。為東部偏遠窮苦的民眾，拔除苦業，身心得安樂。證嚴上人回憶說：

一九八五年春天，李清波居士提供臺北市吉林路的一處空間，作為建院籌備處及慈濟臺北聯絡處，我就在那裡講《藥師經》；愈講對建院愈有信心——藥師佛的世界在東方，花蓮也位在臺灣東方，是日出先照到的地方；《藥師經》強調尊重生命，慈濟要在東部蓋醫院，也是為了尊重生命。因為宣講《藥師經》，度化了不少人發心，大家用心、用愛付出，發揮了

76 釋證嚴，《慈悲的心路》（臺北：慈濟文化出版社，二〇一〇），頁二二一。
77 釋證嚴，《慈濟月刊》第五二八期（臺北：財團法人慈濟傳播人文志業基金會，二〇一〇年十一月二十五日），頁一一五。

「一眼觀時、千眼同觀」的大力量；慈濟四大志業、八大法印的基礎，也因此鞏固。[78]

在慈濟開展慈善志業之際，證嚴上人就已經立定在現世實現人間淨土的理想，而不是求得來世的安樂與淨土。在證嚴上人的早期的思想裡，已闡述了「西方淨土」與「東方琉璃世界」之價值。他在一九七六年一場演講中說：

> 佛陀不能久住世間，而眾生又執迷不悟，因此慈悲殷切的釋迦佛不忍視我們沉迷於生死中受苦，所以把眾生的生死二大事委託於東方琉璃世界的藥師佛，及西方極樂世界的阿彌陀佛來為眾生生死的依靠！
>
> 藥師佛受我們的教主釋迦佛之所委託，在人間專為度生事業，應眾生的要求而充滿眾生的欲願，只要我們的行為能適合於《藥師經》中所教導的去實行，即使是要求長壽、求富饒、求官位、求發財、求世界和平，求天下大同等現生快樂，解脫現生中一切不如意的苦惱、於一生中逢凶化吉，這就是釋迦佛教導我們應學修持的藥師法門。
>
> 但是佛門中卻有許多人不求現生，只望死後得永恆解脫，釋迦佛即將這類的眾生交託於西方極樂世界教主阿彌陀佛接引往生彼國。但是要求生西方極樂，也必須要依照《彌陀經》中所教示的持名念佛，得一心不亂，乃至不可缺少大善根、大福德因緣哪！總而言之，不論是求現生福祿的藥師法門，或是求死後得生極樂的阿彌陀佛淨土的法門，無不都是從做好人、行好事開始。[79]

早期的上人開示已明確標舉，藥師佛的世界是在現世社會實踐，利益眾生的功德與付出無所求價值。功德的意義從證嚴上人的詮釋是：「內能自謙是功，外能禮讓是德。」證嚴上人在註釋《東方琉璃藥師佛大願》一書的序中闡明：「釋迦牟尼佛強調淨土法門，因為娑婆世界多苦難，所以還有一個與苦難世界對比的西方極樂世界。這是佛陀開的方便法門。」一樣以善行善心作為通向淨土之道，阿彌陀佛的世界是「後世樂」，《藥師經》是「現世樂」。[80]在講求科技理性與資本主義抬頭的時代裡，眾生所求多是現世樂。因此不可諱言《藥師經》是入世佛教接引眾生進入佛門的重要經典。證嚴上人對於《藥師經》的詮釋與理解，並不僅僅以它作為教義，而是以它作為願景，引領慈濟人親身實踐，為苦難眾生創造出藥師如來大願的「當下、現世、具體、可進入、可把握的人間淨土。」

2. 願諸有情眾病逼切　終證得無上菩提

《藥師經》以法王子文殊師利佛對佛陀的請求開始，要佛陀演說諸佛的功德。諸佛的本願功德就是「為拔業障所纏有情，利益安樂像法轉時諸有情故。」拔眾生苦，給予安樂的境地。

78 釋證嚴，〈聯誼會講話　花蓮靜思精舍〉，《慈濟月刊》第五一六期（臺北：財團法人慈濟傳播人文志業基金會，一九九六年八月二十五日，六版）。

79 釋證嚴，《慈濟法髓》（臺北：慈濟文化出版社，二〇〇六），頁二七。

80 釋證嚴，〈聯誼會講話　花蓮靜思精舍〉，《慈濟月刊》第一一八期（臺北：財團法人慈濟傳播人文志業基金會，一九七六年八月二十五日，十二版）。

證嚴上人將佛法直接導入人們的生活中；或者說是讓佛法在人們自身的生活中具體地實踐出來。讓世人真實體會出佛法的妙處與法喜；真實認識自我的清淨與自足的能量。那無限自足的能量，就是佛陀的平等愛。也是藥師佛行菩薩道時，所發的十二大願，要眾生所求皆得完滿。亦即佛陀告訴法王子文殊師利菩薩：「彼世尊藥師琉璃光如來，發十二大願，令諸有情，所求皆得。」[81]

藥師佛的第一大願：「願我來世得菩提時，自身光明……以三十二大丈夫相，八十隨形好，莊嚴其身，令一切有情，如我無異。」[82]

藥師佛希望莊嚴其身，也能使眾生形象莊嚴完好。慈濟在一開始致力慈善志業，證嚴上人要求慈濟人必須幫慼恩戶清潔房舍，打掃滿屋的淤泥、糞便等，還必須幫不良於行的老人洗澡沐浴，幫他們剪頭髮，將形象打理得很清潔，讓他恢復尊嚴的形象。證嚴上人常說，慈善工作，不只要給予物資，還要給予關愛，還要莊嚴他們的外表。這正是藥師佛的大願，莊嚴其身並令一切有情，如我無異。慈濟人經由慈善體現了這種大慈大悲的願望。證嚴上人常常告誡弟子與志工，把眾生當佛，為眾生潔淨、沐浴，就是一種浴佛。藥師佛的第一大願不就是把眾生當作自己，不只要自己成菩提，不只自己要具備三十二大丈夫相，八十隨形好，莊嚴其身。還要令一切有情，如我無異。這是心佛眾生三無差別。

藥師佛的第二大願：「願我來世得菩提時，身如琉璃，內外明徹，淨無瑕穢；光明廣大，功德巍巍，身善安住，焰網莊嚴過於日月；幽冥眾生，悉蒙開曉，隨意所趣，作諸事業。」[83]

南非的慈濟志工潘明水，他從臺灣移民到南非，在那裡做生意，成為一位很成功的企業家。在許多發放的經驗中發現，南非祖魯社會，男人不工作、女人沒事做，所以他就開始想辦法把一些成衣工廠裡的碎布集合起來，送到部落，教部落婦女做縫紉。潘明水把臺商工廠裡的中古縫紉機都回收，運到村落，教導祖魯族婦女做縫紉，製衣服。一個縫紉班開成功了，再到隔壁村落繼續開第二個班、第三個班。縫紉機只借不給，給了怕她們不用，用借的名義，她們會有壓力，如果萬一有人辜負不用，那就要轉給其他人使用，所以婦女們就會很珍惜，趕快努力學習。

這些南非祖魯族的婦女非常有愛心，她們在幾個村落學會做衣服以後，把衣服拿到市場賣，賺得一些錢。她們說好，不要把賺的錢全花光，每個人拿百分之五的收入，到隔壁村再開個縫紉班。就這樣從百分之五開始自力更生，後來已到達六百多個縫紉班，有近兩萬位祖魯族的婦女在這個縫紉班裡獲得新的技能，改善她們的生活。

證嚴上人在講述《藥師經》時，就以南非黑人志工作例證，說明潘明水與南非志工所體現

81《佛說藥師如來本願經》，《大正新修大藏經》第十四冊，第〇四四九。
82《佛說藥師如來本願經》，《大正新修大藏經》第十四冊，第〇四四九。
83《佛說藥師如來本願經》，《大正新修大藏經》第十四冊，第〇四四九。

的，正是藥師佛的第二大願「幽冥眾生，悉蒙開曉，隨意所趣，作諸事業。」而潘明水不戀棧優渥的海邊別墅，每天開車數小時或十數小時，穿梭在德本的鄉間。他的精進行，使他逐漸領悟藥師佛的大願望，修行要修到「身如琉璃，內外明徹，淨無瑕穢。」他逐漸在幫助南非婦女的過程中，潔淨自心。潘明水的利他行止，正是體現藥師佛的第二願：「啟發光明廣大，功德巍巍，身善安住，焰網莊嚴過於日月。」

> 藥師如來的第七大願：「願我來世得菩提時，若諸有情眾病逼切，無救無歸，無醫無藥，無親無家，貧窮多苦；我之名號一經其耳，眾病悉除，身心安樂，家屬資具悉皆豐足，乃至證得無上菩提。」84

慈濟慈善每年幫助的人數超過一千萬人次。其中無家、無醫、貧苦者都是慈濟人救助的對象。慈濟人的幫助，讓這些受貧窮與災難所苦的人，脫離疾病、貧窮，擺脫絕望與無助的生活。每當災難來臨，慈濟人從緊急物資協助、義診，「安身」還要「安心」，然後進行長期重建的「安生活」。慈濟人興建住房，蓋學校，甚至義診所，推動環保。無論在薩爾瓦多地震、四川地震、南亞海嘯、海地地震，慈濟人竭力安置貧困與因災難而受苦的人們。這都是實現藥師如來的第七大願，「若諸有情眾病逼切，無救無歸，無醫無藥，無親無家，貧窮多苦；我之名號一經其耳，眾病悉除，身心安樂，家屬資具悉皆豐足。」85

（四）《地藏經》：利他實踐與六道救贖

證嚴上人講述《地藏經》是彰顯諸佛菩薩所應救助的不只現世間的眾生，而是一切器世間的六道眾生。《地藏經》強調因緣果報，惡因、惡緣、惡業、惡果，於地獄受無間痛苦。但是行善是出離之道。罪人一念慈心助人，亦能脫離地獄苦道。證嚴上人於講述《地藏經》強調「先救他人，再救自己」的利他宏願；一如地藏王菩薩的悲願，眾生不得脫度，絕不成佛。

宗教對超越界之描述總是神祕不可思議。證嚴上人以《地藏經》闡發佛法的輪迴因果觀，警惕世人現世間的苦樂非一次苦樂。而是生生世世的因果業報，於六道輪迴中無法出離。這給予世人更高的道德感。另外，證嚴上人更強調地獄就在人間，醫院的各種身體的磨難，不就如地獄般的苦嗎！因此他不只教示永恆修行之必要，更要在現世間將地獄化為天堂。將如地獄般的醫院、災難現場、髒亂的環保回收物，都轉化為清淨快樂的天堂。《地藏經》體現了證嚴上人出世間的修行，及對現世間的救贖。

地藏王菩薩已證得圓滿十地菩薩的果位。他於無量劫前的師子奮迅具足萬行如來之時，已許下宏願。要久遠度脫一切受苦眾生。從佛陀的悲心觀之，這三千大千世界裡的一切有情、無情的

84《佛說藥師如來本願經》，《大正新修大藏經》第十四冊，第○四四九。
85《佛說藥師如來本願經》，《大正新修大藏經》第十四冊，第○四四九。

生命在「如是因、如是緣」的法則下，可以流落於六道輪迴，也可以修行至阿羅漢、菩薩，甚至佛乘。而這超越六道的關鍵，以證嚴上人的觀點言，就是為眾生不斷地付出；而這也正是地藏王的悲願。菩薩懷著「但為眾生得離苦，不為自己求安樂」的心，為眾生不斷地付出，終至成佛。這是地藏王菩薩修行之宏願，要讓一切眾生得脫度，自己才要成佛。而這種願力是累生累世的無窮願力所致。

1. 大孝者以脫度一切眾生為願

《地藏經》中聖女一片孝心，讓地獄中的母親得脫度，而一切與她母親同於地獄受苦的眾生也同得脫度。於是聖女立下宏願，要在未來無數量劫的時間裡，脫度一切受苦的眾生。這是聖女的感恩之心，發願回饋更多的生靈。是經云：

> 鬼王言畢，合掌而退。婆羅門女，尋如夢歸。悟此事已，便於覺華定自在王如來塔像之前，立弘誓願：「願我盡未來劫，應有罪苦眾生，廣設方便，使令解脫。」[86]

如證嚴上人常常勉勵慈濟人，知福、惜福、再造福。菩薩以眾生為親，推己及人。聖女感念其母得救，視無量眾生為自己母親一樣的悲憫，遂發願要於無量劫脫度一切罪苦眾生。這正是佛陀告訴文殊菩薩聖女為地藏王菩薩的前世因緣。在婆羅門聖女身上看到禮敬諸佛、供養三寶、供養一切眾生的大功德，能令母親與眾生皆得脫離地獄無間之苦惡。

2. 先救他人　再救自己

在《地藏經》裡佛陀又以光目女供養阿羅漢無數為題開示弟子。由於光目女思念往生的母親甚深，一位阿羅漢在定中看見光目女的母親正處於地獄，其母生前喜啖魚鱉生靈無數。光目女虔誠救母之心，感動阿羅漢，將其母救拔出地獄，並告知光目女，其母不久將內生於其家。之後，光目女有一婢女產子，三日竟能說話。此兒告訴光目女，他就是光目女的母親，於無間地獄冥暗之中受苦，今日得以救贖。光目女感動母親得救於是發大願：

> 十方諸佛，慈哀愍我，聽我為母所發廣大誓願：若得我母永離三塗，及斯下賤，乃至女人之身，永劫不受者，願我自今日後，對清淨蓮華目如來像前，卻後百千萬億劫中，應有世界，所有地獄，及三惡道，諸罪苦眾生，誓願救拔，令離地獄惡趣、畜生、餓鬼等。如是罪報等人，盡成佛竟，我然後方成正覺。[87]

光目女要度化一切有情出離地獄，到究竟成佛，她自己才要成佛。證嚴上人言：

86《地藏菩薩本願經上》，《大正新修大藏經》第十三冊，第〇四一二。

87《地藏菩薩本願經上》，《大正新修大藏經》第十三冊，第〇四一二。

「地藏菩薩的本願是先救他人，後救自己。」光目女為了救母親一個人，而立下救度眾生的誓願，像這樣的福力與功德才會大。這樣的願才是真正的大願。我們要為一個人祈福，一定要令很多人都能得福，這樣才有幫助。我們若想圓成菩薩道，一定使別人身心得安定；若想遠離世間的災難，首先要去解決別人的困難，這樣災難自然消除。[88]

六、修行法門：在群體養德、在利他中清淨

本書歸結證嚴上人對於修行的法門與次第，分別講述了《四十二章經》、《人有二十難》、《三十七助道品》、《慈悲三昧水懺》、《父母恩重難報經》、《菩薩十地》與《佛遺教經》。這些經典講述的次序不一，《四十二章經》之講述最早，時間在一九七九年。接著是《慈悲三昧水懺》在一九八〇年講述。《四十二章經》（一九八七—一九八八）與《慈悲三昧水懺》（二〇〇三—二〇〇八）都講了兩次。可見證嚴上人對這兩部經的重視。《四十二章經》為鳩摩羅什從經典節譯，以去欲、清淨行為本，是慈濟強調的道德修行之根本。水懺以懺悔驕慢、殺業、貪欲、嗔恚為主，都是指向情感的清淨為宗。證嚴上人對於情感的對治是十分強調的，他教導弟子不是特別著重思想的縝密，體系的嚴謹，而更多的是通過道德實踐獲致情感的智慧。筆者以「情感的智

慧」一語描述證嚴上人的人格特質。因為長期近距離的接觸中，筆者親身感受到證嚴上人對於「情感的超越與透澈」之智慧確實超乎常人之所能。日本禪學家鈴木大拙把情感受思想汙染稱為「情染」。

在幾部慈濟修行依恃的經典，心性情感的陶冶是一，如《四十二章經》、《慈悲三昧水懺》、《三十七助道品》；處世之法是二，如《父母恩重難報經》、《人有二十難》；成就菩薩之德為三，如《佛遺教經》、《菩薩十地》。

表三之五：證嚴上人之慈濟宗門的內修法門依據之經典

心性智慧	《四十二章經》	《慈悲三昧水懺》	《三十七助道品》
處世之道	《父母恩重難報經》	《人有二十難》	
菩薩之德	《菩薩十地》	《佛遺教經》	

88 釋證嚴，《佛門大孝地藏經》（臺北：靜思人文出版社，二〇〇九），頁三一五。

（一）《四十二章經》：於群體利他中轉欲為愛

證嚴上人強調，學佛就是如何個人情感獲致清淨的歷程。這清淨的路徑從證嚴上人的觀點言之，即是戒定慧的修持。

證嚴上人對於慈濟人的修行不離佛陀的「戒定慧」三法。戒為修行之本，戒而後能定，定而後生慧。戒是去貪，定是為眾生不為眾生所染，慧是慈悲等觀的平等慧。以上人的話語，慈濟宗門是：「以戒作制度，以愛為管理。」戒與愛是通達戒定慧之真義。對於戒的重視，證嚴上人於《四十二章經》的講述中曾言：

> 我們必定要了解「無為法」，我們要深深的去體解。用什麼方法才能入涅槃「無為法」的境界。我們就要常行二百五十戒，要靜止清淨。保持我們的戒體，我們的戒體要像一張白綢布一樣，要好好護著，一點汙染，這個戒體就報銷了。我們必定要時刻顧名思義，我們是沙門，要勤修戒定慧、息滅貪嗔癡，如此戒體就清淨。
>
> 雖然沙門守二百五十戒，其實不出勤息兩個字。我們若可以固守勤息，勤修戒定慧、息滅貪嗔癡，這二百五十戒就完全清白，就能非常地清淨，清白。我們若能戒體清白，心就清淨了，戒定慧無時不刻不生。
>
> 我們若能夠戒定慧生，四真道行理就徹。四真道行理若徹，那成就阿羅漢就不困難。不過

我們修行，就是希望能超越阿羅漢，真正行菩薩行。菩薩行還是一樣要依四真道行的法體，勤修戒定慧、息滅貪嗔癡，才能認識我們本來的面目。我們要到達這個涅槃清淨的境界，也要有修行的方法。所以修行的方法就是要首先保持我們這個戒體清淨，這樣保持我們戒體清淨，也就是要守持我們的戒律，能夠守持我們的戒律。[89]

證嚴上人認為戒是通向涅槃的必要路徑。而戒從斷欲開始。《四十二章經》言：「出家沙門者，斷欲去愛，識自心源。」從思想上理解，佛陀標示一個更超越的無色、無欲的生命境界。但是在情感上、在現實上，凡夫的確很難想像，如何能在三度空間的世俗世界達到斷欲去愛的心靈狀態。以「斷愛欲」作為入世間的普世價值，畢竟有它時空的限制。值此，證嚴上人的講述用「清淨智」，用「拉長情、擴大愛」來詮釋人類被欲望捆綁的可能出路與最終的覺醒，是具有時代意義的創造性思維。

斷欲，在證嚴上人的思維裡，變成轉欲為愛。這「愛」，是無私的大愛；這「情」，是覺悟以後的有情。這是上人對於佛教傳統語彙與思維的一種創造與轉化。按心理學家佛洛依德對於人的意識與潛意識的研究。人的意識如果被刻意壓抑，它並不會消滅，而是會變成潛意識。潛意識會到處流竄，難以把握。因此，人的欲愛不能用壓抑來滅除，只能轉化。證嚴上人的思維是用大愛的清流，淘洗個人愛、欲、見、著的自我之小濁流。慈濟這個大團體提供清淨泉源，當人們接

89　一九八七年證嚴上人於靜思精舍早課開示，筆記。

通這清淨的源頭，就能滌清困在小泥濘的自我之欲愛。

愛欲對於凡人卻又是如此地根本，因此戒除愛欲其實非常不容易。所以如何才能「斷欲去愛，識自心源，達佛深理，悟無為法。」佛陀指出，心的本質與源頭是「無常的、無我的」，是無為之法。但人心被愛欲困住，就像大海中的水，原本廣闊無邊，但卻困在一灘汙泥裡，是一種蒙蔽與愚癡。

人心的力量遠大於愛欲，但人卻拘泥於愛欲；人心的力量之寬廣像大海，愛欲卻引領人心擱淺在泥沙裡，成為一灘汙水。所以「識自心源」，認識心的能量如大海。我們這些凡夫不是困在泥淖中，就是貪戀大海表面的壯闊波瀾。有一次證嚴上人對一群人文工作者說：「你們總是追求大海表面的那種澎湃洶湧的浪，但其實大海的深處是無限的平靜。心的本質也是如此，平靜最美。」[90]

筆者對這段話的理解為，波浪再怎麼壯闊，沖上岸之後，還是要往海底深處退入、潛藏。然而凡夫不只喜歡波浪，當波浪拍打上岸，甚至還甘心囚困在汙泥淖裡面，這是清淨自性的沉溺與蒙塵。

困在汙泥淖裡的水，儘管你再怎麼清，總是更深深地陷在裡面。這就是《四十二章經》第十六章所說的：「人懷愛欲不見道，譬如澄水，致手攪之，眾人共臨，無有睹其影者……心中濁興，故不見道。」汙泥巴裡的水，越攪越髒，越掐越濁。「斷欲去愛，識自心源」，就像深陷汙泥的水，回歸清淨的大海。所以上人說：「一滴水能夠不乾涸，是因為它融入閃亮的大海。」[91]

因為人心是脆弱的，很難自拔。生而知之者畢竟有限。學而知之者，已屬難能可貴。靠什麼學？就是境。境教，是最大的一種力量。環境的因襲薰染，可以讓人沉溺，也可以讓人超拔。證嚴上人創造的慈濟世界，就是提供一個清淨的大海，讓人回歸這個集體的共善的能量，讓薰染的心，得到清靜的力量。

基督教常說：「你不能的，上帝能。」因此要大家禱告上帝，依靠上帝才能得到救贖。而對於慈濟人而言：「你不能的，慈濟能！」慈濟，在證嚴上人及慈濟人眼中就是一個共善的、清淨的大能量，它讓困在泥濘中的水，尋回清淨的大海。

在慈濟，以利他的實踐，遵行團體的戒律，並體悟佛法，讓個人有一條實際的道路，去接近學習這分寬廣的共善之力。所以慈濟弟子體認證嚴上人的思維是——「在無所求的付出中體會無常，在團體的修行中體現無我。」以實踐接近、體現、融入這共善意識。

《四十二章經》以「斷欲去愛、識自心源、達佛深理，悟無為法」之後，還要「內無所得，外無所求，心不繫道，亦不結業；無念無作，非修非證。」這描述出學佛的終極覺悟之道，而證嚴上人的慈濟宗門正是通向這個覺悟之道的法門。斷欲去愛，慈濟是經由利他行動，轉化「欲愛」為「清淨無染的長情大愛」。

慈濟宗門提供利他實踐的場域，讓凡夫轉小愛為大愛。慈濟人在各種苦難的場所，體會世間無常。認識人生只有使用權，沒有所有權，應該把握良能為眾生付出，這就是「識自心源，達佛

---

90 何日生，《人醫心傳雜誌》第五十期（花蓮：佛教慈濟醫療財團法人人文傳播室，二〇〇八），頁九。

91 何日生，《慈濟月刊》第五五八期（臺北：財團法人慈濟傳播人文志業基金會，二〇一三年五月），頁一一五。

深理」。

而這種利他的實踐，隨處皆可體現，每個苦難的現場都是修行最好的道場。每一個救災與利他的行動，都是全心的智慧的考驗，也是最佳時機。這也是一種「悟無為法」；慈濟人以具體行動實踐無為法的深理，是證嚴上人所說的「行經」。

體悟無為法就應該「內無所得，外無所求」。這是上人提醒慈濟人「無所求付出」的心境。不只付出無所求，付出還要感恩。這是「無受者，無給予者，也無給予這件事」，真正地做到三輪體空。對於無所求的功德，《四十二章經》第十一章就說明：「飯惡人百，不如飯一善人。飯一善人，不如飯一持五戒者……。飯千億三世諸佛，不如飯一無念、無住、無修無證之者。」可見無所求的心功德最大。

（二）《慈悲三昧水懺》：消滅業障七個心

消滅業障是修行的目標。如何消滅業障？《慈悲三昧水懺》以七個心來敘述，分別為「慚愧心、恐怖心、厭離心、發菩提心、怨親平等、念報佛恩與觀罪性空」。

這七個心環環相連。「懺悔心」是建立起一種新的生命觀，把過去的世俗之見打破，重新來過。宗教學的涵義裡亦即獲得新生、重生、復活。

基督教認為，在基督耶穌裡人得以復活，得以永生。而佛教是教導世人學習佛陀的覺悟，認知人的本性是不生不滅，本自清淨，這種本性，佛與眾生無差別。既然無差別，就應慚愧自己迷惘於短暫須臾的欲望世界中。生起「慚愧心」，生起願意重新過一個不一樣的人生，而這個不一樣的新生命，其核心觀念就是因果觀。知因果業報之必然，就會生「恐怖心」。恐怖因果，因此厭離身口意之欲望與造業的生活，此為「厭離心」。厭離之後，可以只是消極的修行，修行不是斷絕世間，而是要有精進心，因此「發菩提心」。發菩提心之際，最不容易跨越的是小愛的藩籬，因此「怨親平等觀」對修行人顯得格外重要。怨親平等觀如能達成，就真正地大捨無求，而無求的心，才是真正的念報佛的恩惠，「念報佛恩」，讓眾生逐步進入佛性的境界。最終的境界「罪性空觀」，一切罪本自空寂、無相，是人的無明造作而來。因緣滅，果報就滅。以證嚴上人的觀點，這種罪性的空寂，是屬於人間的，造業，果報，在人世間都有，因此必須於眾修行，懺悔罪愆，廣結善緣，才能滅除果報。

（三）經藏演繹為慈濟的共修法門

證嚴上人以《水懺經藏演繹》創造一個「類現實」的「情境實踐」，讓人人能夠在演繹中親身體驗各種貪嗔癡的無明，進而能去除無明煩惱，回歸清淨。在水懺演繹的過程中，從經典的改編，音樂的著作，經藏演繹的排演，先前的讀書會，社區的彩排，到最後的上萬人齊心入懺的法會。每一層都是讓慈濟人能深深體會感受到自我深埋的罪愆。

《水懺經藏演繹》是一場沒有上臺、下臺之別的法會。每一場演出或彩排開始之前，有大工作必須完成。舞臺搭設前，志工必須對巨蛋或體育場進行打掃。以彰化為例，近千位志工將彰化體育館打掃得潔淨清雅。多年未見體育館有如此清新的風貌。接著搭設舞臺，大愛臺同仁盡心鋪設管線，架起燈光。然後精心規劃的地標開始貼滿了舞臺上的每一處。這些地標是演繹志工遵循的走位標誌。地標是高雄的志工先發起，他們在電腦上先設計好每一次的走位，每一個音樂變化時必須轉化的隊形。先在電腦上構圖好，然後印出，發給大家。志工按著規劃好的圖形、距離，精準地劃上地標。只要有一處地標錯誤，很有可能在正式法會時，某一場景的演繹就會出錯，甚至產生極大混亂。所以精準度是志工必須遵循的。看著地板上五顏六色的地標，其實很難想像這些來自各行各業的演繹志工們，是如何能記住它們。

排列有序的各種地標，就像人生的軌道，每一個人都必須遵循軌道行走，變化方向與姿勢。每一個變化都與其他人有關，每一個人都必須在特定時間，特定地點，做出特定行為，才會莊嚴有序地將法會完美呈現。這即是和人生一樣，我們都是必須與其他人配合，其他人也必須與我們配合。彼此都必須和合，否則整體就會紊亂。地表的標誌就像戒律，人人守好戒律，並與他人協力，才能譜出莊嚴和諧的樂曲。

表現生命的關鍵一刻，是被事前無數的準備所決定的。沒有人能單獨存在，沒有人能單獨完成莊嚴優美的演繹，它是群的力量，群的和諧。證嚴上人所言，個人美決定群體，群體美，個人才會美。

證嚴上人為了擴大大家的參與，讓不同身體狀況的菩薩們，都能身心安適地參與演繹活動。因此除了手語之外，廣設妙音、輕安與大愛之光等演繹區。所有參與在看臺上觀看經藏演繹法會的人，其實也都是參與者。他們跟著唱誦，跟著演繹菩薩比法船，讓每一個人的心念都在那一個當下，虔誠、莊嚴、潔淨。

共善之力，共懺之願，隨著聲波，隨著動作，傳送到每一個人的心靈之中，把每一個人的心靈都交織融會在一起。「日出東方消昏暗，浪子迷途能知返，我今一一誠發願，淨如琉璃在人間」。接著法船啟航，上萬人跟著法船前後擺動，讓這千千萬萬人都置身在無邊的法海與堅定的渡舟之中。筆者認為，水懺演繹所呈現的是一場沒有臺上，沒有臺下之別的音樂手語演繹，這是人人都能啟迪內心懺悔、清淨的法會。

入經藏不是經由傳統閱讀的形式，而是希望能夠透過群體的共同一念心，凝聚共善之能量，合心協力地以身行演繹，讓每一個人在經藏演繹中得到心靈的法喜。

這場經藏演繹實現了上人長久期待的慈濟宗門的內修法門，這內修法門是經由身心演繹，經由團體協力，獲致個人之修行，是經文、樂音、肢體美的表現及現代影音藝術共同形塑而成，它是經由生活中力行簡欲素食，深入經文，克服現實種種困難與挑戰，面對身體的疲憊，考驗心智縮小與耐力，才能由外行達成心靈的內修。這些罪愆不離六根、六塵、六識的結合染著，而不自知。在莊嚴優美的音樂薰習中、在雋永經典改編文字的啟迪中、在學習手語的沉浸中、在與他人合和互協的演繹中，人的心靈得到巨大的覺醒，人的心性得到無限的清淨。演繹，作為一種行經，是慈濟人內修的法門，這種身心靈境都融入其間的法會，是慈濟宗門開創的一種內修智慧。

（四）《三十七助道品》：精進趨向涅槃

證嚴上人期望每一位靜思慈濟弟子都必須熟讀《三十七助道品》。佛陀在說明諸法空相之際，即強調正念修行，為通向究竟覺悟的路徑。佛法不是斷滅一切，而是精進地修持自己與萬法合一，契達真如的本性。

三十七道品之四正勤在於行善止惡。三十七道品從善行出發，一直修到四神足（四如意足），亦即在一切善中，修得身心自在，無入而不自得。即自在三昧。善行的普遍化至遍滿十方，一切無礙。如果四正勤與四神足是偏向實踐，那麼四念處是強化佛法觀念的建立，以空性觀照修行者的實踐。

菩薩修持至無漏智慧，具足五根、五力，仍須心心念念為眾生，以七覺支令眾生超越生死輪轉，如良藥療治一切眾病，如甘露食無厭足。七覺支滌盡一切眾生病患，邁向正道菩提的覺悟。

三十七道品是佛陀引導弟子通向覺悟涅槃之境地的必須修持。三十七道品由增壹所生，即萬法由一所生。這一法就是無為法。從無為法生出世間的萬法。但是萬法從行一切善，止一切惡開始。能修足四意斷（四正勤），就邁向四神足。四如意足（四神足）謂：自在三昧、心三昧、精進三昧、誡三昧。

慈濟志工行善就是實踐四神足（四如意足），要幫助眾生必須要心細，知道感恩戶需要什麼？看到他們的苦，不被苦所染而生煩惱。所以第一如意足是「自在意所欲，心所樂，使身體輕便，能隱形極細」。幫助人很快樂，以眾生之樂為樂，將眾生視為一己，所以能細微體察他們的需要。慈濟人發放前必須進到村子裡考察，少數先遣志工，身心輕便進去村子，志工的出現必須很謙卑，不打擾到他們的日常生活，但卻要確實了解村民之所需。這豈不是「身體輕便，能隱形極細乎」！

三十七道品的最終修持為八正道。八正道為：「正見、正思惟、正語、正業、正命、正精進、正念、正定。」八正道以精進不懈的正修行，從正確見解、建立正思維、說正語、行正業、得正命，勤正精進，悟正念，住正定。八正道是邁向涅槃境界的大修持。如《增壹阿含經》云：

爾時，世尊告諸比丘：「我今當說趣泥梨之路，向涅之道，善思念之，無令漏失。」諸比丘白佛言：「如是。世尊！」諸比丘從佛受教。

佛告比丘：「彼云何趣泥梨之路，向涅槃之道？邪見趣泥梨之路，正見向涅槃之道；邪治趣泥梨之路，正治向涅槃之道；邪語趣泥梨之路，正語向涅槃之道；邪業趣泥梨之路，正業向涅槃之道；邪命趣泥梨之路，正命向涅槃之道；邪方便趣泥梨之路；正方便向涅槃之道；邪念趣泥梨之路，正念向涅槃之道；邪定趣泥梨之路，正定向涅槃之道。是謂，比丘！趣泥梨之路，向涅槃之道。諸佛世尊常所應說法，今已果矣！汝等樂在閒居處，樹下露坐，念行善法，無起懈慢。今不勤行，後悔無及。」[92]

涅槃就證嚴上人的觀點言之，是回到生活中的守持正法，時時寧靜快樂。八正道通向涅槃，涅槃之道從心正、行正開始。證嚴上人說：「修行人若能心正、行正就可以達到涅槃的境界。涅槃是真正寧靜的境界，心地若能時時保持寧靜則正大光明。」[93]寧靜的心從守志奉道開始。菩薩道為眾生付出的志不變，終究能成佛道。心無欲望就不漏失，無漏之心為正道。富者減少欲望，樂於助人，貧困知足常樂，就都能平等地守住正道。而佛教五戒、儒家五常，仁義禮智信都是守住正道的根本。證嚴上人把涅槃與正道等同，再把倫理五常、五戒為守住正道的根本，將無為法的涅槃導向有為法的倫理實踐。佛陀的原始教誨也是希望弟子在有為法的生活中體現八正道，才能趨向涅槃。

（五）《父母恩重難報經》：行善行孝不能等

行善與孝道是證嚴上人期許慈濟弟子奉行的基本道德實踐。善與孝是慈濟人處世的基本修持。證嚴上人講述《父母恩重難報經》從懷胎之苦、哺乳之恩、養育之情，到望子成就善道之德澤，最後歸結到佛陀所強調眾生皆為我生身之父母。從對父母的孝與敬，擴及到一切眾生都是我前世或未來世之父母。因此大孝為善天下，恭敬一切眾生。證嚴上人從一九八九年至一九九〇年講述《父母恩重難報經》，強調以孝為社會之基礎，以孝為善之先。在二〇〇二年更將《父母恩重難報經》編寫成音樂手語劇，在臺灣及全世界公演，獲得很大的迴響。

綜觀證嚴上人對於孝道的重視，不只是佛陀的教法，更是儒家孝道思想的影響所致。中國俗話說：「百善孝為先。」證嚴上人告誡弟子把家顧好才能做慈濟。最好的養老院是家庭。因此慈濟的慈善、醫療志業始終不興辦養老院，就是希望子女奉養父母之孝，能成為社會穩固之基礎。證嚴上人將農曆每個月的二十四日作為慈濟慈善的發放日，並在這一天禮拜《藥師經》，四十九年如一日，因為二十四日是證嚴上人的生日，他感念母難日，感念父母生育之恩，自己出家未能事奉父母，因此以二十四日之母難日慈善發放，誦《藥師經》迴向給生身父母及天下父母。

證嚴上人說，孝道不只是生時隨侍在側，不辭勞苦。父母往生，還要慎終追遠。

> 要報父母恩一定要有一分長久心，從自己有能力奉養父母開始，一直到父母臨終的最後一日，甚至父母不在了，還要慎終追遠。這樣才是真孝道。[94]

證嚴上人引佛陀的教喻：「假使有人，左肩擔父，右肩擔母，研皮至骨，穿骨至髓，遶須彌山，經百千劫，血流沒踝，猶不能報父母深恩。」[95]

善與孝對於證嚴上人的思想而言，是修行者處世的根本，是淨化人心的起點，也是社會祥和的基石。

92《增壹阿含經》卷十三，《大正新修大藏經》第二冊，第〇一二五。
93 釋證嚴，《三十七道品講義》（臺北：慈濟文化出版社，一九九一），頁二五六。
94 釋證嚴，《父母恩重難報經》（臺北：靜思人文出版社，一九九八），頁二六四。
95 釋證嚴，《父母恩重難報經》（臺北：靜思人文出版社，一九九八），頁二六四。

（六）《人有二十難》：眾生為修行的道場

《人有二十難》取自《四十二章經》，證嚴上人單獨將《人有二十難》獨立出來講述、出版，是鼓勵行菩薩道，面對剛強眾生難調難伏所具備的堅忍意志與願力。從貧窮布施難，富貴學道難，到受辱不嗔難，心行平等難、隨化度人難等，所有行菩薩道所必須修持的內心之力，與處世之道，都徹底明瞭地闡述。證嚴上人之「教富濟貧、濟貧教富」，讓富者見苦知福，讓貧者布施心靈富足。這是在慈濟十分普遍的實例。慈濟幫助過的南非的祖魯族志工，從受助者成助人者。緬甸風災的災民，在受慈濟賑濟後，一群佃農們每日布施米給更窮困的人。《人有二十難》是慈濟志工奉行菩薩道，布施濟眾，難忍能忍，已度未度，自利利他的精神指標。

（七）《菩薩十地》：圓滿十地契入佛道

《菩薩十地》是慈濟人修持的最高目標之一。菩薩行於世間，能圓滿十地境界，就逐漸地契入佛道。

證嚴上人的《菩薩十地》以慈濟人的實踐經驗為出發點，闡明菩薩修行從為眾生歡喜的付出開始。然後從行善到善行，在無相付出中，縮小自己，去除貪欲，修持自我離欲境界，直到身心清淨的光明地。

雖然自身逐漸離開無明煩惱，無染著於貪嗔癡，心地無瑕即發光地。但是在世間仍必須接受世間的各種煩惱與考驗，此即進入第四地焰慧地。證嚴上人說：「無論處什麼環境，都要下決心去適應，並以發光地的生忍，法忍為基礎，不斷地再精進，才能達到焰慧地。」[96]

菩薩持續在人與事各種磨難，如入火爐般地淬鍊己心，直至細小的煩惱與習氣皆能去除就進入第五地難勝地。眾生度不盡，入人群不為眾生煩惱所染，自我調伏心，依止正道、大法，是難勝地。能克服自己的煩惱，能濟度眾生不退轉，就進入第六地現前地。智慧現前，光明普照。

第七地遠行地，濟度眾生非一時之力，非一人之力，必須生生世世地行大願，引度更多菩薩加入救助眾生的行列，所以是遠行地。第八地不動地，這種修行與願力守之不動，億百千劫，行於定中，是不動地。證嚴上人詮釋為「菩薩若立下堅定的願，時時刻刻保持如初的歡喜心，若能如此，立弘誓願，持續不退，這就是願波羅蜜，也是菩薩的第八不動地。」[97]

第九地善慧地，長時間的修行，內能清淨，外能度人，這是善慧。不只得涅槃清淨，說法度眾無礙，是善慧。如此清淨無礙，說法無礙，成就功德無礙，終至成佛的第十地法雲地。

佛陀也是經過無數量劫的修行，自度度人，經歷各種挑戰磨難，於世間法，出世間法，皆能具足，得一切種智，終至成佛。[98]

---

96 釋證嚴，《心靈十境》（臺北：慈濟文化出版社，二〇〇二），頁五七。
97 釋證嚴，《心靈十境》（臺北：慈濟文化出版社，二〇〇二），頁一二四。
98 釋證嚴，《心靈十境》（臺北：慈濟文化出版社，二〇〇二），頁一二四。

（八）《佛遺教經》：清淨安樂之現世涅槃

證嚴上人講述的《佛遺教經》是採取鳩摩羅什翻譯的《佛垂般涅槃略說教誡經》為教本。這部經以離欲、戒律與精進為主軸。強調佛滅度後以戒為師的修行理想。因此證嚴上人詮釋《佛遺教經》以十四章之篇幅闡述戒律、禪定、智慧之道。制心、節食、戒睡眠、戒驕慢、戒諂曲、少欲、知足、遠離、精進、不忘念，乃至禪定、生智慧。佛陀的教化本來就是重道德生活之實踐。佛陀開始說法以四聖諦度化弟子。入滅前以八正道叮嚀弟子精進修行。證嚴上人講述《佛遺教經》以開示常、樂、我、淨的真如境界，必定來自生活中的持續地修持實踐八正道。追求涅槃的理想，現世間是個起點。證嚴上人說：

> 涅槃不是死，而是常寂的意思。時時保持平靜不衝動，心行光明正大，這是人人本具的慧性。……涅槃是寂靜、安定光明的境界。心不動搖。不受外境迷惑，是寂靜。光明則表示人生的方向正確，不受人我是非所迷亂，這就是真正安樂的境界。若得涅槃常寂光的境界，就無生滅的煩惱。[99]

本書將《佛遺教經》歸納在證嚴上人的修行所依止之經典之一，其理由為證嚴上人的修行之最終理想回歸到佛的四德。佛之四德，常、樂、我、淨；「常德」，以證嚴上人看來就是「忍德」。佛的「常德」在世間不管如何辛苦，如何犧牲，都在所不惜地為眾生付出。德是有涵養，忍人所不能忍，至忍而無忍的程度，謂之德。證嚴上人將「佛德」立在絕對利他的基礎上，在娑婆世間的忍德，正是「佛德」的表徵。

佛陀的智慧非戲論，亦即佛法是重實踐。修行人要妙用法，不是拿佛法來論述，不是在思想上打轉，而是能在情感上覺悟，讓情感慈悲與清淨，這必須身體力行。不只自己身體力行，還必須度化一切眾生。只有在深入的度化眾生中，才能淬鍊自己的慈悲情感是否具足清淨，是否不為所染。小乘人為歷練世間各種境界，以為自我清淨，難免遇事則惱，臨危則懼，處逆則亂。修行思想上，而是真在情感上鍛鍊出清淨無染。在一切人事境中提煉無礙智慧，能與一切境和合圓融，即是大圓鏡智。因此佛陀慈悲度眾生，度眾生才能成就佛道。所以佛對諸比丘言：

> 汝等比丘，種種戲論，其心則亂，雖復出家，猶未得脫。是故比丘當急捨離亂心戲論，若汝欲得寂滅樂者，唯當善滅戲論之患，是名不戲論。
>
> 汝等比丘，於諸功德常當一心捨諸放逸，如離怨賊。大悲世尊所利益皆已究竟，汝等但當勤而行之。若於山間若空澤中，若在樹下閑處靜室，念所受法勿令忘失，常當自勉精進修之，無為空死後致有悔。我如良醫知病說藥，服與不服非醫咎也。又如善導導人善道，聞之不行非導過也。[100]

---

99 釋證嚴，《佛遺教經》（臺北：靜思人文出版社，二〇〇九），頁三三、三五。

重行，是佛陀的教法之真義，非戲論言詮能把握，非思想理解能體會。實踐佛法，須於世間歷練，才能將佛法的妙用深入於心。佛陀行將入滅，不忘囑咐弟子行的重要性。行於道，則利己利他。佛陀指出的真理再怎麼高妙，令人聞知喜悅，但弟子必須自己實踐才能真正體會。實踐要自己下功夫，無法依賴他人。佛陀不要眾生或弟子依賴他，當求自我解脫，切勿求助他人。雖然如此，依賴佛陀是弟子們的共同修行病兆，如跟隨佛陀二十多年的阿難，看到佛陀行將入滅，仍掩不住十分的傷感。佛陀告訴弟子：

> 於此眾中所作未辦者，見佛滅度，當有悲感。若有初入法者，聞佛所說，即皆得度。譬如夜見電光，即得見道。若所作已辦，已度苦海者。但作是念，世尊滅度一何疾哉。
>
> 此仍是阿㝹樓馱分別語也，於中有三種分別，一所作未辦者，指初果二果三果。以思惑未盡斷故，當有悲感，如阿難愁憂等是也。二初入法者，指內外凡，繇觀行力深，故今一聞佛法，速疾見道。如夜見電光，更非推遲，以見道一十六心，不出一剎那故也。三所作已辦者，指阿羅漢，見思斷盡，永超三界苦海，故無復情愛悲感，但未知佛實不滅，故謂滅度何疾也。
>
> 阿㝹樓馱雖說此語，眾中皆悉了達四聖諦義。世尊欲令此諸大眾皆得堅固，以大悲心，復為眾說。汝等比丘，勿懷悲惱，若我住世一劫，會亦當滅，會而不離終不可得。自利利他法皆具足，若我久住，更無所益。應可度者若天上人間，皆悉已度。其未度者皆亦已作得度因緣，自今以後。我諸弟子輾轉行之，則是如來法身。[101]

三種弟子的心境，一是對佛陀的情不捨，不願看到佛陀離去入滅。這是所作未辦。二是以覺悟之道佛陀滅度，佛陀不會繼續再與他們說法，所以把握因緣體解大道。三是不悲不喜，聽從佛陀的教導努力修行。其實佛陀一再強調，他的生身入滅，佛陀是人，如證嚴上人所言，佛陀是聖人，不是神。不可以把佛神化，但是佛陀的法身不滅，他所體悟的真理不滅。作為人的生身滅了，但是法身常存。證嚴上人也闡述，一部分弟子知道佛陀實不滅，佛陀還要再來人間繼續度化眾生。這一如樓宇烈先生所言，以佛陀精神在世間度化眾生的都是佛的再來。體解佛道，知道不可以三十二相見如來。佛無定相，以眾生之所需為相。證嚴上人將此遺教歸結為，佛法與宇宙萬法合一。萬法不滅，佛亦不滅。

100 天親，《遺教經論》，《大正新修大藏經》第二六冊，第一五二九。

101 明古吳蕅益釋智旭述，《遺教經解》，《卍新纂續藏經》第三十七冊，第〇六六六。

第四章

慈濟利他思想的實踐體系

慈濟宗門依《無量義經》而開展。之於社會，《無量義經》有「入世、淑世」的理想與願景。之於個人，它有內在修習人格的方法與思路。之於終極關懷，它提供宗教信仰不可或缺的究竟覺悟之境；亦即「性相本空，非有非無，非自非他，自本具足」；本不生滅，以及最終涅槃寂靜之境。

此涅槃之境以證嚴上人的詮釋是當下「一念不生，一念不滅」；當下「惡念不生，善念不斷」；當下「欲念不生，愛心不斷」，即是涅槃寂靜。這是現世間意義的涅槃寂靜之境。這涅槃之竟是趨向愛一切眾生，度一切眾生。因此，慈濟宗的理念是「修行為眾生，開悟為眾生，成道為眾生」，或者說：「為眾生才是修行，為眾生才能開悟，為眾生才能成就無上菩提大道」。[1]

一切眾生，一切因緣，都是菩薩覺悟的契機。佛教之根本大義，「一切因緣生，因緣滅」。而一切「緣起」都是隨著「因」而轉。沒有因，就沒有外緣的牽引。唯識學倡議阿賴耶識為一切種識，善惡一切的業因種子都涵藏其中。第七識，則為自我生成的推力。第九識即為清淨智，是為佛智。當外緣與第八識阿賴耶識接觸後，就會開始造作各種因緣果報。對於慈濟宗門而言，業因在境界中，而佛智的獲得一樣是在境界中。

證嚴上人闡述，如果每一個種識在與外界的境接觸之際，都能將識轉為清淨智。亦即當識與緣對應，眾生能不以第七識的自我來對應，而是以第九識、佛性的清淨智來對應；在每一個緣與識的接觸中，不以小愛，而是大愛；不以忌妒，而是讚歎；不以占有，而是給予；不以私我，而是以無私的愛來對應；如此心念，就能常在寂然與清淨的佛智之中。

這種見解是實踐的、能動的佛教觀。臨近一切的境界，都把握住清淨的心，則一切種識裡的業因，就能不斷地清除，而轉成一切種智。在人世間一切作為，都是以第九識的清淨智來應對，則無時無刻不在佛性的愉悅中。時時利他，時時心念眾生、時時無所求地為眾生付出，即是清淨的源頭，即是將一切種識轉為一切種智的動中靜。這是利他實踐與佛教終極覺悟的契理與契機。

牛津大學佛學研究中心龔布齊教授說：

> 佛陀與證嚴法師所提供給人們的安身立命之選項，是建立在尊重個人自由意識與個人責任的選項，而不是如現代存在主義所主張的那樣，對於任何整體系統、任何能讓人尋求自身穩定，或對於任何可以讓人遵循之可預測原則，都不給予肯定式的空間。而兩位導師的教法，都以道德為基礎來規範人們的生活方式，這對於信徒而言比任何抽象的理論來得重要。確實，核心的秩序原則本身就符合道德的規則：業律、道德因果規律。[2]

佛陀以眾生平等觀開示世人。平等之真義，落實在慈濟世界裡就是以行動予樂拔苦。慈濟志工深入災區，無論在地球哪一個角落，哪裡有災難，哪裡就有慈濟人。[3]每一年，慈濟在全世界

---

1 何日生，〈無量義經與證嚴上人〉，《法印學報》第二期（桃園：財團法人弘誓文教基金會，二〇一四年十月），頁一二六。

2 Gombrich, Richard, *A Radical Buddhism for Modern Confucian, Tzu Chi in Socio-Historical Perspectives.* UK: Equinox Publishing Ltd,2013.

3 何日生，〈慈濟扶貧濟困之實踐與理念〉，《慈濟實踐美學》上冊，（臺北：立緒出版社，二〇〇八），頁一八四。

幫助了超過千萬人。不管是菲律賓風災、日本大地震、南亞海嘯的受害者，或是巴拉圭火災的罹難者、深受愛滋病之苦的南非黑人、美國卡崔娜風災的居民、甘肅缺水的農民、無法上學的印第安部落孩童或是中國西南的孤兒，慈濟人以平等心給予社會上處境最艱難的人最大的協助。慈濟人不分宗教、種族、國界，以平等心觀照一切有情眾生，這是一種長情大愛，是一種覺悟後的有情。

一、入無量眾生　得法無量

（一）以《無量義經》體現「利他度己」

《無量義經》的核心理念是「性相空寂」與「濟度群生」；以人間佛教倡議者印順導師的話語就是「淨心第一，利他為上」；以慈濟宗門的創立者證嚴上人的話語就是「無私、大愛」。「無私」，是邁入「性相空寂」的必要狀態。「大愛」，是「濟度眾生」的心靈源頭。以無私的心廣澤大愛於人間，是證嚴上人實踐《無量義經》的入世法門。印順導師在倡議人間佛教之際，並未特別詮釋《無量義經》，但其人間佛教的理想是契合《無量義經》的教法。而證嚴上人則以《無量義經》作為他一生奉行的重要經典。《無量義經》也是慈濟人修行「利他度己」最重要的精神依歸。「靜思法脈勤行道，慈濟宗門人間路」，靜思法脈是強調行的，不只行，還要勤行；慈濟宗門人間路，慈濟宗門以入世濟度眾生為志，而在濟度眾生的同時，清淨自心。

慈濟宗門以佛教為本，它的實踐卻是超越佛教邊界的。許多基督徒、天主教徒、伊斯蘭教徒、猶太教徒，乃至無神論者，都成為慈濟志工，都皈依證嚴上人成為靜思弟子。因為有《無量義經》使得慈濟宗裡的佛教徒找到入世修行的法門。因為有《無量義經》使得慈濟宗門裡的非佛教徒，找到個別信仰裡共通的元素——無私大愛。一如南非基督徒的祖魯族志工所言：「我們是做上帝的工作，耶穌與佛陀都是一樣的，經由慈濟，我們更接近上帝。」「今天出門我們要做好證嚴法師要我們做的事，否則以後回去，對不起耶和華。」[4]

《無量義經》的教義「所發慈悲明諦不虛，於眾生所，真能拔苦；苦既拔已，復為說法，令諸眾生受於快樂。」[5]這種倡議慈悲的胸懷，對於各宗教、各家思想體系皆可成為共同基石。證嚴上人期望慈濟慈善理念與實踐就建立在這樣的基石上。

「無量義者，從一法生。」其一法者，即「無相」也。無相不相，不相無相，名為實相。[6]要真實地理解《無量義經》所述的「無相」要從何開始？證嚴上人教導他的弟子從「感恩之心」開始。證嚴上人強調「付出不只無所求，付出的同時還要感恩」。以感恩心付出就能逐漸去除我相

4　何日生，〈無量義經與證嚴上人〉，《法印學報》第二期（桃園：財團法人弘誓文教基金會，二〇一四年十月），頁一〇七。
5　三藏曇摩伽陀耶舍譯，《無量義經．德行品第一》，《大正新修大藏經》第九冊，第〇二七六。
6　三藏曇摩伽陀耶舍譯，《無量義經．德行品第一》，《大正新修大藏經》第九冊，第〇二七六。

與分別心，而做到歡喜付出，無相付出。這是慈濟慈善志業的根本精神。

證嚴上人說佛陀就是大醫王，如《無量義經》所言：「醫王、大醫王，分別病相、曉了藥性，隨病授藥、令眾樂服。」「……能為生盲而作眼目；聾劓啞者作耳鼻舌；諸根毀缺能令具足。」[7]宗教從來就與醫療不分，佛陀是大醫王，基督教早期的傳教士也都是醫生為主。何況人間之病苦為一切眾生必然面對的生命境界。《無量義經》伴隨著證嚴上人的悲願與智慧，創立慈濟醫療志業。證嚴上人以「人醫」、「人師」期許醫師們，不只治病拔苦，還能說法，令眾樂服。慈濟似乎賦予醫師們宗教傳教士般的使命，給予人身心靈的健康與富足。

人在富足健康之後，接下來所面對的就是知識的提升，以及生命價值的追求。因此《無量義經》所陳：「無量大悲救苦眾生。是諸眾生真善知識；是諸眾生大良福田；是諸眾生不請之師；是諸眾生安穩樂處，救處、護處、大依止處，處處為眾作大導師。」[8]正應對了慈濟教育志業之開展與願景。教育給予專業知識的認知提升，也給予人格與價值觀的啟迪，是諸眾生的真善知識，是諸眾生不請之師，是諸眾生大依止處。

「是諸眾生安隱樂處，……處處為眾作大導師，……癲狂慌亂作大正念。」[9]慈濟人文志業致力於社會人心的改造與建構，為時代的美善做見證。「報真導正」正是諸眾生的大導師，讓顛狂慌亂起大正念。而慈濟人文志業最終的理想就是引領眾生認識生命的本質是清淨的，不執著有，不執著無，在不斷地利益他人中，體現自性不生不滅的真實大義。「船師、大船師，運載群生渡生死河，置涅槃岸。」[10]濟度眾生，一如船師、大船師一般，但其最終目的就是引度眾生體悟「性相空寂」的本性。因此「置涅槃岸」，是生命終極覺醒的境界，終極關懷，正是宗教提供給世人生命的最終依歸。

因此，《無量義經》既有入世、淑世的理想與願景，亦有內在修習人格的方法與路徑，亦復提供宗教信仰不可或缺的最終覺醒，亦即性相本空，非有非無，非自非他，本不生滅，涅槃寂靜之境。

雖以究竟覺悟為理想，但《無量義經》的教法也給予世間的凡夫、眾生無限量的機會次第修行與造福。「猶如船夫身有病，船身堅固能度人。」「未能自度，已能度彼」，這項義理更寬廣地接納一切眾生。[11]人人都可以度人，只要依靠《無量義經》這堅固的船身。眾生雖然心性不一，習性相異，信念有別，但都能入此法門，只要他們倚靠《無量義經》的精神，都能幫助他人，教化他人。這種信念使得慈濟宗門在依循《無量義經》的本懷，亦復有證嚴上人創造性的智慧與人格德香的感召，引領無數千差萬別的眾生，投身慈濟，在濟助他人的同時，亦提升自我的人格，而漸次地邁向「性相空寂，本不生滅」的終極覺醒。

7　三藏曇摩伽陀耶舍譯，《無量義經．德行品第一》，《大正新修大藏經》第九冊，第〇二七六。
8　三藏曇摩伽陀耶舍譯，《無量義經．德行品第一》，《大正新修大藏經》第九冊，第〇二七六。
9　三藏曇摩伽陀耶舍譯，《無量義經．德行品第一》，《大正新修大藏經》第九冊，第〇二七六。
10　三藏曇摩伽陀耶舍譯，《無量義經．德行品第一》，《大正新修大藏經》第九冊，第〇二七六。
11　釋證嚴，《無量義經偈頌》（臺北：靜思人文出版社，二〇一一），頁四四八。

（二）慈濟四大志業為因緣所生

慈濟四大志業——慈善、醫療、教育、人文，乃至八大法印——環保、國際賑災、骨髓移植、社區志工等，已遍及全球九十四個國家、地區。四大志業從一九六六年開始，每一志業以約十年為發展期；從初期開展的慈善工作，到了一九七二年開始辦理醫療義診，一九八一年籌備醫院，一九八六年慈濟醫院在花蓮興建完成，這是第二個十年；慈濟護專（後改制為慈濟科技大學）於一九八八年興辦，爾後於一九九四年創立慈濟醫學院（後改制為慈濟大學），這是第三個十年；人文志業於一九九八年創立大愛電視，在二〇〇五年慈濟人文志業專屬大樓興建完成（人文志業大樓包括大愛電視臺、慈濟月刊、慈濟廣播、經典雜誌等），這是四大志業的第四個十年。

慈濟這四大志業怎麼開始規劃？為何都是十年左右逐步建立？證嚴上人回答筆者說是「因緣」[12]。最初，證嚴上人出家修行是發願「不趕經懺、不收弟子、不當住持」，他立的是獨自修行的心願。而入世濟世之因緣是由於臺灣東部一位原住民婦女「理性」，漢名「陳秋吟」，因為難產三天，被四個族人抬到花蓮鳳林一家診所就醫。因為繳不起醫療保證金八千元，而未得就診，[13]族人只好把產婦再抬回去。離去前，產婦在診所門口的地板上留下一灘血；於途中，產婦與腹中之子皆往生。親眼目睹「一灘血」讓證嚴上人興起救濟貧苦的願力，這是因緣所生。

因為「一灘血」，所以成立慈善，從慈善看到貧與病互為因果，所以創立醫療。醫療志業之於臺灣偏遠東部的花蓮，極需要醫療人才，所以創立教育。社會人心之淨化起源於一九九〇年後的臺灣逐漸邁向富裕之際，人心物欲衝突日益嚴重，因此證嚴上人擴大人文志業之腳步，積極從事社會教化工作。一九九三年後臺灣經濟的過度發展造成嚴重的環境衝擊，所以慈濟成立環保志業。這每一步都是「因緣生法」。

雖然慈濟的四大志業、八大法印都是隨著因緣開展，但是一九六六年證嚴上人在成立「佛教克難慈濟功德會」之際，就註冊登記慈濟的工作專案為「慈善、醫療、教育、文化（後更改為人文）」等四大志業。這理想是證嚴上人在成立之初心中就已有的淑世藍圖。從慈濟的觀點言之，理想是「因」，社會環境是「緣」，因緣和合，創造出四大志業、八大法印。

12　證嚴上人與筆者之談話二〇一二年。

13　一灘血事件發生在一九六六年五月，臺灣花蓮豐濱鄉新社村一位三十八歲的原住民婦女「理性」，漢名「陳秋吟」，因為難產數日，由丈夫潘宛老、鄰居陳文謙、長子潘武雄等四人抬了八小時到鳳林一診所就醫。因為繳不起八千元醫療保證金而被族人抬回去。於途中，臨光復鄉，母子皆往生；產婦離去診所時，在診所外面走廊留下一灘血。當時證嚴上人適逢到診所探望病人走出來，看到一灘血，不解詢問。一位目睹現場的婦女李滿妹告訴證嚴上人此一過程，激起上人創立慈濟，興救助貧困之心。此事件經慈濟於二〇〇二年查證訪談當時參與抬去診所的族人陳文謙、產婦「理性」的妹妹李烏吉，以及媳婦林世妹等，皆證實此就醫未果之歷程。

（三）不受供養　農禪為生

太虛大師曾於民國初年提出佛教應投入包括慈善、教育、資生、文化等事業[14]。大師所倡議的佛教事業之方向與證嚴上人淑世藍圖實為相互呼應之理想。太虛大師主張佛教寺廟應該開闢農場、工廠、商場等[15]。慈濟靜思精舍出家師父們不受供養，以農禪為生，從事家庭式手工作為自力更生之道。以致嗣後成立的靜思書軒、靜思人文等，以茲作為出家人自立自強、自謀日常運作所需之來源，證嚴上人與太虛大師的淑世理念與目標之相應、相合是可以確立。

雖然如此，證嚴上人特別以《無量義經》作為慈濟四大志業開展的實踐方針，是其於一九六一年亟欲出家雲遊途中，獨自閱覽日文版之《無量義經》，而得領悟、法喜的「因緣」。二年後，其在「慧日講堂」請購《太虛大師全集》，因而得此機緣皈依印順導師，而入戒壇，亦為不可思議的緣。皈依印順導師之後，證嚴上人獨自回到花蓮，在新城鄉普明寺旁自建的小木屋修行，每天禮拜《法華經》，燃臂供佛、一字一拜，當誦到《無量義經》之「靜寂清澄、志玄虛漠、守之不動、億百千劫」[16]等經句，豁然開朗，了然此心境於胸。其後，再目睹貧與病苦交織的「一灘血」事件，此種種「因」與「緣」，使得證嚴上人在慈濟功德會一開始成立之際，就確立四大志業的藍圖，也隨著近半世紀臺灣社會的演變，逐步建立四大志業發展之因緣次第。

（四）證嚴上人接觸《法華經》因緣

慈濟的淑世理想是否受到日本一九二〇年之後的佛教社會運動影響，亦為部分學界關注的議題。日本在明治維新之後，比中國更進入資本現代化。佛教相應於社會的發展，對於社會的積極介入之觀念，在二十世紀初已經逐漸成形。[17]成立在一九三〇年代的日本創價學會，對於政治的高度熱衷與介入，與證嚴上人絕不涉入政治的理念實不相應。一九四〇年代的立正佼成會成立，強調禮拜《法華經》，但是立正佼成會初期創辦人長沼妙佼以神靈附身為信徒治病，與證嚴上人不尚神通，蓋醫院治病的意旨亦大相徑庭。

證嚴上人接觸的第一部《法華經》為日文版本，是由學者小林一郎所釋的《法華經大講座》，在這本書中，他第一次覽閱《無量義經》，心生法喜。其後，證嚴上人請人從日本請回庭野日敬先生所撰述的《新釋法華經》。惟庭野日敬先生所重視的是《法華經》之本經，對於《無量義經》並不強調。

14　釋太虛，〈我的佛教改進運動〉，《太虛大師選集》（臺北：正聞出版社，一九九三），頁三〇九。

15　釋太虛，〈僧制今論〉，《太虛大師全書》十七卷（臺北：善導寺佛經流通處印行，一九三六），頁一九九。

16　三藏曇摩伽陀耶舍譯，《無量義經．德行品第一》，《大正新修大藏經》第九冊，第〇二七六。

17　梁明霞，《近代日本新佛教運動研究》（北京：宗教文化出版社，二〇一五），頁二六四—二六五。

而證嚴上人是以法華三部經的第一部《無量義經》為其開展慈濟志業之藍本。證嚴上人說：「慈濟宗門就是《無量義經》。」[18]

證嚴上人過去近五十年三次宣講《法華經》，其參考的版本為鳩摩羅什所翻譯的《法華經》譯本，以及參照太虛大師對於《法華經》的詮釋。如同他講述《妙法蓮華經》序品時所言：

太虛大師宣講《法華經》有應當時而說的意義。我參酌太虛大師的版本，但是不會字字依照，因為世代變遷，只是遵循他的方向，適應現代的時機而講。[19]

太虛大師宣講詮釋《法華經》，但不特別宣講《無量義經》，印順導師著作等身，但也未詮釋《無量義經》的涵義。證嚴上人之鍾愛《無量義經》實有其特殊因緣與淑世的理想。

二、慈濟利他精神體現三輪體空

（一）以慈悲等觀　自覺覺他

佛陀利他的精神即是慈悲等觀，《無量義經》亦強調「無相布施」之理。無相不相，強調

「三輪體空」——無受者，無給予者，連給予之善行都要忘記、超越。這是真正的「付出無所求」的境界。證嚴上人認為，此付出無求之理念正是體現佛陀無私平等的大愛。

在當代世界所面臨的諸多問題中，以不均、不平等為最重要的問題。自由市場競爭帶來貧富差距擴大，也造成因經濟的不平等，隨之而來區域性或全球性的政治與宗教對立、衝突問題。為解決這個問題，當代政治哲學家羅爾斯提出正義論，希望彌補自由之後的不平等問題。

羅爾斯的正義論提出平等的兩個條件，第一：給予各族群機會均等，第二：給予最弱勢者最大的福利（John Rawls 1971）[20]。慈濟的慈善與羅爾斯的這項正義原則是相應的，甚至在理念的建立上有超越之勢。

證嚴上人帶領的慈濟宗門主張「平等地愛一切人，並啟發一切人都能愛人，最終做到用愛回應仇恨」。這理念與實踐跨越宗教、種族、國界與文化的藩籬。以筆者親自參與慈濟的經驗，將慈濟慈善志業之實踐目標歸類為三：一是「教富濟貧」，強調以無分別心愛一切人；二是濟貧教富，強調啟發貧者之愛心，再去幫助更窮困的人；三是怨親平等，用愛消弭仇恨。

---

18 釋德仉，《證嚴上人思想體系探究叢書》（臺北：靜思人文出版社，二〇〇八），頁六七、七〇。

19 釋證嚴，《靜思妙蓮華．序品第一》上卷（臺北：靜思人文出版有限公司，二〇一五），頁八三。

20 約翰．羅爾斯（John Rawls）著，姚大志譯，《作為公平的正義：正義新論》（*Justice as Fairness: a restatement*）（臺北：左岸文化有限公司，二〇〇二），頁九〇。

1. 教富濟貧　無分別地愛一切人

以南亞海嘯為例，印尼慈濟企業家志工們從災難發生一開始的物資發放，到四千多戶大愛屋的興建完成，讓災民於兩年內重建家園。在興建大愛屋之際，信奉佛教為主的慈濟人，甚至為伊斯蘭教徒建清真寺，這是慈濟慈善超越宗教、種族藩籬的信念之體現。

不管是南亞海嘯的受害者，或是巴拉圭火災的罹難者、深受愛滋病之苦的南非黑人、美國卡崔娜風災的居民、甘肅缺水的農民、無法上學的印第安部落孩童，或是大陸西南的孤兒、臺灣的獨居老人、菲律賓的連體嬰，以及罹患超大腫瘤的印尼男孩諾文迪等，證嚴上人引領慈濟人以平等心給予社會上處境最艱難的人最大的協助，慈善的正義在艱難的人身上彰顯。

慈濟人不分宗教、種族、國界，以平等心觀照一切有情眾生，是體現佛教慈悲等觀之長情大愛，亦是實踐《無量義經》所陳：「爾乃洪注無上大乘，潤漬眾生諸有善根。布善種子，遍功德田，普令一切發菩提萌。智慧日月，方便時節，扶疏增長大乘事業，令眾疾成阿耨多羅三藐三菩提。」[21]

2. 濟貧教富　一切人皆能付出愛人

在教導富有的人濟貧之後，證嚴上人還要「濟貧教富」。慈濟堅信貧者和富者是平等的，他們一樣有付出及布施的可能。這是在幫助他們物質充裕之後，再給予他們心靈的富足。做到《無量義經》所言：「菩薩摩訶薩安住如是真實相已，所發慈悲明諦不虛，於眾生所真能拔苦；苦既拔已，復為說法，令諸眾生受於快樂。」[22]

在慈濟的緊急救難中，安身與安心同等重要。大災之後協助災民走出哀傷最好的方法，就是讓災民加入賑災的行列。在南亞海嘯之後的賑災期間，慈濟志工到達斯里蘭卡的漢班托塔災區。一位慈濟的企業家看到漢班托塔災民阿不都拉，因為災難中全家五口都往生，他絕望失魂了，不吃、不喝、不說話，整個人都空了，慈濟志工靠近他，試著和他說話，他都沒有回應。後來這位志工就想起一個方法，他唱歌給他聽，「我的快樂來自你的笑聲，而你如果流淚我會比你更心疼……」

或許一個男人唱歌給另一個男人聽真的很奇怪，所以阿不都拉微微地笑了一下。志工趕快端給他一碗玉米濃湯，阿不都拉才喝兩口，就再也忍不住地痛哭失聲，志工抱著他，一週以來壓抑的情緒突然崩解了。[23]

第二天，慈濟人請阿不都拉穿上志工背心，在義診所裡當翻譯，幾日後，阿不都拉笑了，也恢復了正常的心情。在幫助別人的過程中，人們會超越自我的哀傷。鼓勵受助者投入志工，再為其他苦難人付出，是真正走出悲痛的良方。慈濟志工這裡所做的就是《無量義經》裡所言：「是諸眾生安隱樂處、救處、護處、大依止處，處處為眾作大導師。」[24]

21　三藏曇摩伽陀耶舍譯，《無量義經‧德行品第一》，《大正新修大藏經》第九冊，第〇二七六。

22　三藏曇摩伽陀耶舍譯，《無量義經‧德行品第一》，《大正新修大藏經》第九冊，第〇二七六。

23　何日生，〈慈濟扶貧濟困之實踐與理念〉，《慈濟實踐美學》上冊（臺北：立緒出版社，二〇〇八），頁一五五。

證嚴上人認為引導苦難人走出悲傷最好的方法是為他人付出；引導貧窮人走出貧苦就是為更貧苦的人付出。所以「濟貧教富」是慈濟重要的慈善目標。「未自度而能度他，能度他即是自度」的理念在《無量義經》中有相應的思想。《無量義經》之第一功德品所言：

> 善男子，第四，是經不可思議功德力者：若有眾生得聞是經，若一轉若一偈乃至一句，得勇健想，雖未自度而能度他，與諸菩薩以為眷屬，諸佛如來，常向是人而演說法。[25]

南非慈濟志工潘明水是臺灣在南非成功的企業家，他一開始並沒有要從事慈善，是因為隔壁的鄰居慈濟志工拜託他幫忙開車，他只好勉為其難地開車協助慈濟發放。發放後，他發覺慈善發放非常快樂、非常有意義，潘明水開始覺得做志工很好。他在之後許多的發放中發現，南非的女人普遍失業，所以潘明水開始到部落開設縫紉班。一次教不會，教兩次，兩次教不會，就教十次，耐心地教，讓她們學會裁縫。

這過程雖然辛苦，但這些南非祖魯族的愛心被潘明水啟發，她們把衣服拿到市場賣了，收得一點錢，她們不把錢全花光，而是每個人拿百分之五的收入到隔壁村再開一個縫紉班，就這樣開始自力更生，十多年後，德本已經有六百多個縫紉班，有二萬五千位祖魯族的婦女在這個縫紉班裡面，其中有將近七千人進入慈濟當志工。她們假日穿上慈濟藍天白雲的制服去訪視、去幫助孤獨的老人。在南非百分之三十的人口是愛滋病患，她們會定期探訪愛滋病患，照顧他們的身心。這即是「濟貧教富」，幫助貧窮的人但是啟發他們富有的心，讓他們能夠去幫助別人。這群祖魯族的婦女其實還是處於清貧的階段，但卻去幫助比她們更需要幫助的人，她們有富足的心。這是實踐「未能度己、已能度彼」的《無量義經》之精神。

這群祖魯族慈濟志工說：「今天出門，我們要做好證嚴法師的事，否則以後回去會對不起耶和華。」她們至今都還是基督徒，但她們說：「我們是做上帝的工作。經由慈濟，我們更靠近上帝。（We are doing God's work. Through Tzu Chi, we are even closer to our God.）。」慈濟宗門涵融各種宗教的團體，這群祖魯族婦女還是基督徒，但是加入慈濟利他之行動；南非祖魯族志工雖然仍貧窮，但是美國卡崔娜颶風，她們還捐錢幫助美國災民。

3. 用愛超越對立衝突

一九九八年當印尼發生排華暴動，許多華人被印尼暴徒攻擊殺害，華人紛紛出走。但是證嚴上人那時卻呼籲他的弟子——慈濟志工不要逃離印尼，而是應藉這個機會積極地付出回饋。證嚴上人的悲心智慧啟發了在雅加達的慈濟志工。一九九八年慈濟人在雅加達當地發放物資及藥品，給十萬個以上的窮人及軍警眷屬。二〇〇二年更在雅加達最髒的紅溪河開始進行慈善及醫療的工作。慈濟人將整條長達十多公里布滿垃圾的紅溪河整理乾淨，並且辦義診救治將近五萬人。印尼的慈濟企業家出錢出力，將住在河上的上萬名居民遷出，興建大愛屋讓他們有嶄新的住所。慈濟

24 三藏曇摩伽陀耶舍譯，《無量義經．功德品第三》，《大正新修大藏經》第九冊，第〇二七六。

25 三藏曇摩伽陀耶舍譯，《無量義經．功德品第三》，《大正新修大藏經》第九冊，第〇二七六。

志工更在社區內興建學校，一個永久性的義診中心。同時建立庇護工廠，讓這一群原本貧困的住戶有穩定工作可以謀生的機會。慈濟志工更為社區裡伊斯蘭教徒住民蓋一座各宗教都可以使用的聚會所。慈濟人對於一向仇視的印尼人不只安身、安心，還要安生。

雅加達省長說，紅溪河計畫是雅加達有史以來最成功的慈善計畫，並推出七萬戶住屋計畫，希望每年提供兩千戶給低收入戶，國家住屋部也相繼提出百萬住屋計畫，希望有效改善印尼貧困的居住問題。[26]這種善的帶動，一如《無量義經》所述：「未能度彼者，起度彼心；行十惡者，起十善心；樂有為者，志無為心；有退心者，作不退心。」[27]

印尼《星洲日報》董事長Eric Tohir對筆者說：「慈濟打破了印尼人對華人的刻板印象。過去印尼政府百姓都認為，華人就是貪婪、愛錢、歧視印尼人、自絕於印尼社會之外，但是慈濟改變了華人這分刻板印象。」[28]一位印尼國會議員也是印尼前財政部長Fuad Bawazier告訴筆者：「印尼國會於二〇〇七年制定的種族平等法，其中包括重新開放華人學華語，慈濟的貢獻很大。」[29]

印尼紅溪河的整治即為慈濟力行平等大愛之意義，它也實踐證嚴上人一向提倡的不對抗之宗教本懷。

從筆者觀察證嚴上人面對衝突解決的理念是，看到別人有錯，自己先做對，做到讓對方感動，然後跟隨之。而非看到錯誤就起對抗，起批判，結果造成更大的不幸之災。如證嚴上人一再對於茉莉花革命引起的一連串憂心，一個對抗會激起更多的對抗，最終吞噬人民安定幸福的果實。

慈濟的志工在世界各地透過賑災濟貧，逐漸影響當地的官員，從村落到國家，他們以行動帶動，以自我身行教化，這一如大莊嚴菩薩摩訶薩對佛所言：

> 世尊說是微妙甚深無上大乘《無量義經》，真實甚深甚深甚深。所以者何？於此眾中，諸菩薩摩訶薩及諸四眾、天龍鬼神、國王臣民、諸有眾生，聞是甚深無上大乘《無量義經》，無不獲得陀羅尼門、三法四果菩提之心。[30]

4. 無相不相　度他度己

《無量義經》濟世度己的精神，不只是覺悟的法身大士之使命，即便未覺悟的凡夫，未清淨之修行者，憑藉《無量義經》的大法，仍然能夠度化他人，同時淨化自心。因此，從慈濟的法門言之，人不必要完美才能行菩薩道，乃是因為行菩薩道而更臻完美。這如船夫身嬰重病，但依靠

---

26 郭再源，慈濟紅溪河與大愛村研究計畫　筆者訪談（二〇〇七年八月二十三日）。

27 三藏曇摩伽陀耶舍譯，《無量義經．十功德品第三》，《大正新修大藏經》第九冊，第〇二七六。

28 何日生，〈雅加達慈濟紅溪河與慈濟大愛村研究——邊界的典範〉，《曙光初現》（花蓮：慈濟大學出版社，二〇一二），頁二一一。

29 何日生，〈雅加達慈濟紅溪河與慈濟大愛村研究——邊界的典範〉，《曙光初現》（花蓮：慈濟大學出版社，二〇一二），頁二一三。

30 三藏曇摩伽陀耶舍譯，《無量義經．十功德品第三》，《大正新修大藏經》第九冊，第〇二七六。

佛法堅固船身仍能度人。

慈濟人無相布施最高的情懷之一，應屬大體捐贈。一群菩薩行者一生做志工，為社會付出奉獻，臨終之際還要將遺體捐贈給醫學院學生做大體解剖，提供醫師做模擬手術教學。李鶴振為了要當大體老師，拒絕化療。他生前與醫學生說：「有一天當你們在我身上動刀的時候，就是我生命的願望完成的一刻。你們要記得，寧可你們在我身上劃錯十刀、百刀、千刀，也不要以後在病人身上錯劃一刀。」這種大捨之心，完整體現慈濟人無我相布施的胸懷，也為他們如經藏般的人生寫下最後、最完美的一頁篇章。一如證嚴上人言：此身非我有，用情在人間。他們無怨無悔地行入慈濟菩薩道，深入人群，奉獻心力，直到有形生命的終點後，仍捐獻大體發揮大用。他們捨下有形的生滅之軀，造就永恆慧命的精進。體現《無量義經》所教導：

> 雖嬰五道諸有之身，百八重病，常恆相纏，安止無明，老死此岸，而有堅牢此大乘經無量義辦，能度眾生，能如說行者，得度生死。[31]

透過愛一切眾生，讓人學會愛對方和愛自己。環保站不僅回收資源，而且還回收人的心靈。志工陳金海說：「許多無家可歸者、酗酒者、吸毒者、憂鬱症患者發現他們在慈濟環保站獲得療癒和撫慰。」蔡天勝過去是一位受刑者，因為吸毒、販毒被叛無期徒刑。在獄中接觸《慈濟月刊》，開始反省，發願做慈濟。後來減刑，假釋出獄，如其所願來到慈濟臺中分會，看到會所莊嚴，自慚不敢進去。蔡天勝後來就是在慈濟環保站找到他的依歸處。他新生了，他成為一個再造的人。幾年下來，他引度好多位吸毒者重新創建清淨的人生。慈濟的環保站來自各行各業的志工們，像是企業家、小生意人、博士、上班族，甚至殘疾人士。二十多萬環保志工投入回收，愛護物命的價值，將一己的愛心擴及一切諸眾生，如《無量義經．說法品》所示：

> 善男子，法譬如水，能洗垢穢，若井若池，若江若河，溪渠大海，皆悉能洗諸有垢穢。其法水者，亦復如是，能洗眾生諸煩惱垢。[32]

慈濟將環保回收場地定義為清淨莊嚴之修行道場，環保回收即生命覺悟最終的境地。

（二）慈濟四大志業之實踐理念模式

1. 慈善為諸眾生大良福田　為諸眾生不請之師

「哪裡有災難，哪裡就有慈濟人。」是慈濟人給自己的鼓勵，也是臺灣社會普遍對於慈濟的印象。慈濟志工藍天白雲的身影穿梭在臺灣各社區，深入東日本重災區，千里奔走於偏遠的大陸

---

31 三藏曇摩伽陀耶舍譯，《無量義經．十功德品第三》，《大正新修大藏經》第九冊，第〇二七六。

32 三藏曇摩伽陀耶舍譯，《無量義經．說法品第二》，《大正新修大藏經》第九冊，第〇二七六。

貧困農村，在非洲古老大地上默默為愛滋病患付出，深入美洲的印地安部落助學，在廣闊的澳洲內陸義診，在印尼雅加達清理紅溪河，在臺灣莫拉克風災重災區清理淤泥。慈濟人所奉行的是無分宗教、種族、地域、文化之別，以平等心愛一切眾生，並悉令一切眾生都能付出愛。證嚴上人希望慈濟人修習清淨無染的慈悲與智慧，並以現代社會之各項科技為工具，各式專業為管道，讓全世界各領域的人，都能領受佛法的平等、大愛及智慧。這是《無量義經．功德品》所敘述：

是諸眾生大良福田；是諸眾生不請之師；是諸眾生安隱樂處。救處、護處、大依止處，處處為眾作大導師。[33]

臺北的黃華德師兄是一位企業家，也是資深的慈濟志工，一九九一年，他投入大陸救災，一樣碰到諸多困難。有一回他也受不了了，他打電話回臺灣向證嚴上人報告，黃華德向證嚴上人說：「這裡的幹部太難溝通了，上人，我們不要做了吧！」證嚴上人從電話那頭回答他說：「是誰教我們去的？是我們自己要去的吧！你幾天就受不了了，那麼那些災民怎麼辦？他們一輩子都待在這樣的環境下。」黃華德聽了當下就很慚愧，「的確，是我們自己要去的，我們不救，那些災民怎麼辦？」[34]這是《無量義經》「不請之師」的精神體現，也就是證嚴上人所說的「本分事」。

從一九九一年至今，慈濟在中國大陸三十個省市自治區都有慈善工作。救助的對象超過數千萬人次。慈濟在二十多年中，與中國大陸政府合作，逐漸影響大陸地方官員，從傲慢、懷疑到認同，甚至在發放現場也加入做志工。慈濟在大陸逐漸走出一個慈善模式的典範。中國大陸正要全力發展慈善工作之際，也給予臺灣慈濟基金會作為大陸第一個境外團體合法登記的NGO。

2. 慈善的直接原則：接觸苦相、啟發慈悲

慈濟的慈善強調親身接觸。直接、親身去從事慈善發放，直接去感受生命之苦相，那是人轉化自己的重要動力。在社會化過程中，許多成功者的生活經驗，很少有與貧窮接觸的機會，去幫助貧苦的人不會是生活的一部分，更談不上有這樣的觀念。以慈濟的法門言之，善的觀念不經由書本或理念獲得，而是經行動，經由生活實踐而啟發。要做到以平等心愛天下人，先決條件就是要接觸。直接是慈濟行善所堅守的原則，直接的發放、接觸窮困之人，就能夠轉化富有之人內心的慈悲。教富濟貧，必須從直接的親身參與著手。

全世界各國的慈濟志工企業家，過去雖然常常捐款給慈善機構，但是當他們真正參與慈濟的慈善工作之後，生命立即發生重大的改變。他們接觸到多明尼加垃圾山旁居民的窮苦，感受到外蒙古及新疆寒冬的悲涼，驗證了阿富汗人民因人禍所承受的命運，體會了印尼垃圾河流裡數不盡的人生滄桑。經由直接接觸，他們的悲心從此被激發，他們不只投入行善，更進而改變自己的生活及家庭。覺得自己是幸福中人，所以能夠惜福再造福。悲劇自有一股力量會讓人牽繫不已，透

33 三藏曇摩伽陀耶舍譯，《無量義經．功德品》，《大正新修大藏經》第九冊，第〇二七六。

34 何日生，〈慈濟扶貧濟困之實踐與理念〉，《慈濟實踐美學》上冊（臺北：立緒出版社，二〇〇八）。

過災難及貧苦的親自參與，人可以轉化一己之私，淨化我們的無明。

慈濟印尼大企業家如黃榮年、郭再源等，過去未加入慈濟之前，他們其實捐了許多錢給貧苦的人，但是他們的生命並未有重大的改變，除了企業，還是企業。印尼的窮人甚至覺得他們是在贖罪，一如黃榮年師兄所言，加入慈濟之後，經由直接發放，他們牽著老者的手，大企業家親自扛米，為孩子們的學校來監工，為義診所彎下腰來鋪連鎖磚。這些行動與實踐根本改變他們的生命觀，也改變印尼人對於華人富而高傲的形象。他們現在的生命中，行善是他們的核心使命，連企業的發展也是奠基在利益社群為職志，員工也因為他們的引導，而加入行善與捐款助人的行列。印尼國會議員Fuad Bawazier說：

「我已經認識這些慈濟志工二、三十年，你可以看到他們自從加入慈濟之後，完全變成了另外一個人。」

「怎麼說？」筆者問。

「他們以前在一起只談賺錢，現在碰了面卻大談社會救濟、談慈濟，而這使他們變得更為快樂！」[35]

親身實踐是人社會化過程中最重要的部分，社會學家總是認為成長時期的社會化過程是人格型塑最重要的歷程。一旦人格定型，其實很難改變。而證嚴上人卻透過行善實踐場域的創造，讓人重新經歷貧與苦的生活經驗，並從中重新型塑自我的人格與生命觀。

直接的原則除了改變志工的生命經驗，也是對於照顧戶確實幫助的有效方法。經由親身接觸給予貧苦人們愛與關懷，是慈濟慈善的根本理想。

直接的原則是慈濟一貫的立場。一方面避免中間轉手出現問題，另一方面讓發放的志工真正感受災民之苦。經由直接接觸啟發志工的悲心，並讓受災或貧苦的照顧戶，直接感受到幫助者真誠的愛。證嚴上人常常教導慈濟志工，慈濟所要給予災民的不只是物資，更是那一分出自內心清淨無所求的大愛。

慈濟賑災現場，志工們穿著整齊的制服，行進走路必須整齊地分兩列排好隊伍，領隊通常拿著旗子，依序進入發放現場。發放一開始，志工們會先以手語和歌曲與村民同樂。讓這賑災場景不只是物資的領取，還有情感的互動與交流。發放過程井然有序，物資前一兩天已經在發放地點清點分類完畢。地方政府的幹部、或是在地的學生、或部分村民，也會跟著穿上慈濟志工背心，一起加入發放行列。每一個村民或災民手上拿著慈濟與政府合作，事先造冊發給的「發放單據」，依序領物資。當拿到物資之際，志工都會深深地向他們鞠躬並且說感恩。志工向接受幫助的照顧戶說感恩。這是證嚴上人的理念：「付出還要感恩，才是無所求的付出。」

在一片歡喜而秩序井然的氛圍中，照顧戶們背著物資回家。一些年紀大的，志工還會用拖板車幫他們推回家中，或幫他們搬上車子，車子是從村子裡開過來的，一夥人將物品堆得高高地，

35 何日生，〈雅加達慈濟紅溪河與慈濟大愛村研究——邊緣的典範〉，《曙光初現》（花蓮：慈濟大學出版社，二〇一二），頁二一五。

大家都帶著笑容回家。慈濟這種發放的原則與方式，和世界一些慈善機構在災區直接從車上丟下賑災物資，造成災民搶物品的情況迥然不同。

發放完畢，慈濟志工會再集合，進入村子裡，直接到剛剛領完物資的照顧戶家中探望。志工一方面表達關懷，一方面也藉此確認物資有沒有確實幫助到照顧戶。或者也藉這因緣了解照顧戶有沒有其他進一步需要長期協助的地方。這些都在家訪的過程中，逐一地了解與落實。慈濟這種慈善的人文，在全世界九十四個國家，已經進行幾千場次的發放，無不都是遵循這種直接的發放原則。

直接發放其實是真正深入貧苦，激發自我悲心的最佳途徑；看到災難，親臨貧苦，多數人都會啟發自我內心的慈悲。筆者在多次參與發放的過程中體會到，「苦難自有一股吸引力，它會牽動環繞著你的心。」這是筆者參與救災的真實感受。許多志工在賑災回來之後，好像是經歷了另一個世界，心靈深深被觸動。那種既悲亦喜的心情，常常久久不去。你會希望再去賑災，再去看見苦難，再去幫助他們。

3. 慈善的重點原則

人間苦難到處都是，雖說機會均等，但是要救助所有世間的貧困，難上加難。證嚴上人深信慈悲智慧必須並行不悖，慈濟人相信欲拯救全世界，必須要先從有效地救助一個人開始；要改變整個社會，要先從改變一個社區開始。因此重點務實原則格外重要，有限的資源必須做最有效的運用。慈濟志工選定能直接有效進行慈善、醫療、教育等專案的工作地點。以當地人文風情能接受之方式，長期扎根，整村推進；如貴州的遷村計畫、甘肅的水窖、薩爾瓦多震災後的社區整體營造。二〇一〇年的日本大地震、二〇一三年菲律賓的海燕風災，慈濟人都是即時與長期地給予救助。選擇重點進行，樹立了慈濟慈善的成功。

慈濟強調重點的原則，集中力量在能夠實現救援的區域，確實落實慈善救助，並藉此樹立慈善人文的典範。重點原則強調由一個小區域做起，樹立模式與典範之後，再逐步向其他區域擴大。

從一九九一年到二〇〇八年慈濟在中國大陸救助的範圍超過三十個省分，幫助人數超過數千萬人次。而長期救助的部分，除了安徽全椒縣，包括在最窮困的貴州，慈濟施行遷村計畫；在最乾旱的甘肅，興建水窖，也進行遷村。由政府給地，慈濟蓋房。新的慈濟大愛村的居民從過去年均一千元到可以到達五萬元，真正地脫貧致富。

重點原則從身邊做起之體悟，與早年證嚴上人的農禪生活經驗有關。證嚴上人早年出家時，一日不作，一日不食，他也做農事。二月天，是農田除草的時機。花蓮二月天特別冷，有一回他要下田除草，感覺天氣這麼冷，水這麼冰，稻田面積這麼大，要什麼時候草才除得完。他回神一想，不管那麼多，就雙手能觸及的先做吧！他邊默念著《大學》的辭句：「大學之道，在明明德，在親民，在止於至善……」[36]一會兒工夫，一大片的草就除完了。然後繼續進行其他區域的除草工作。[37]

36 朱熹，《大學》，《四書章句集註》（臺北：中華書局，二〇一一）。

這是證嚴上人早年的體會，不管事情多難，苦難多大，總是從自己能做的部分開始進行。他相信有心就有力，願有多大，力就有多大。《靜思語》所說：「善用力氣的人，不疾不徐；善守理想的人，不猛不弛，一志向前，堅定不移，終可達到目標。」[38]如同《論語．雍也篇》中子貢問孔子：

「如有博施於民而濟眾，何如？可謂仁乎？」子曰：「何事為仁，必也聖乎！堯舜其猶病諸。夫仁者，己欲立而立人，己欲達而達人。能近取譬，可謂仁之方矣！」[39]

能近取譬，就近做，以方便之力做幫助人之事，是仁者之方。慈濟的重點原則就是如此。證嚴上人詮釋重點原則時強調，「腳能走得到，手能伸得到的先做，做出典範再逐步擴大。」證嚴上人雖然鼓勵大家親臨貧病或災難現場救助苦難眾生，但是他也主張救難者必須注意自己的安全，不能超出自我能力去涉險，或從事難以獲致實效的救難計畫。

慈濟重點原則的成功是因為它能夠與政府以及當地的力量充分合作。美國加州大學社會學系主任理查德．麥德遜教授（Richard Madsen）表示：

慈濟作為一個非營利組織，它是臺灣公民社會的重要成就。但是和西方公民社會中的非營利、非政府組織不同之處，在於慈濟會和政府合作，但又不失政治的中立。不像西方的非營利組織，不是被政府控制，就是與政府對立。[40]

慈濟這種遵循佛教中道的圓融模式，不介入政治，但是與政府合作。這其中的圓融需要很大的智慧。重點原則，讓慈濟的救災不是求表面的成果，而是深耕人文。真誠地關愛照顧戶，帶動照顧戶的積極性與愛心，在確實幫助他們脫離貧困之際，也能啟發他們富有的心，使照顧戶也能成為幫助別人的人。

證嚴上人相信慈濟給予災民的不是物資而是愛。愛能轉化貧困的心態，使人人都能在互愛與利他的實踐中，獲致生命真正的富足。

4. 慈善的尊重原則

從一九六六年慈濟創立開始，五十年來，慈濟人不間斷地，每一年的歲末之際，都會舉辦冬令發放。長期關懷生活困苦的照顧戶或者獨居長者，慈濟人都會邀他們到慈濟分會，志工們為他們修剪頭髮、發放物資，並且陪他們圍爐、吃年夜飯等。一九九一年開始，每一年歲末，在中國大陸的臺商志工、當地愛心志願者與部分臺灣前往支援的志工，都會一同到大陸各偏遠的鄉間，如河北淶源、江蘇泗陽縣、甘肅若笠鄉等地進行物資發放與心靈關懷。

---

37 何日生，〈證嚴上人與慈濟的環境生命觀〉，《慈濟實踐美學》下冊（臺北：立緒出版社，二〇〇八），頁四五。

38 釋證嚴，《靜思語》（臺北：九歌出版社，一九八九），頁一三四。

39 朱熹，《論語・雍也篇》，《四書章句集註》（臺北：中華書局，二〇一一），頁八八—八九。

40 Richard Madsen, *Democracy Dharma*, US: University of California Press, 2007.

中國大陸許多省分，冬季下雪，天寒地凍，但是在發放過程中，不管天氣多冷，慈濟人在極冷的低溫下也一樣不能戴手套，因為照顧戶也沒有戴手套。志工們不只沒有戴手套，還遵循著上人所抱持的情懷，要用雙手去膚慰苦難的眾生。證嚴上人常告訴慈濟人，「天地間有一種力量叫做『膚』。」[41]當一滴水落下，它不會散開，一滴燭淚滴下，也不會破碎，因為有一種力量支撐它，那力量就是膚。因此災民不戴手套，慈濟人即使來自亞熱帶，比較怕冷，但是在低溫下，他們一樣不能戴手套。每一個災民過來領物資，慈濟人一定伸出雙手去握著他們，膚慰他們。志工會幫凍傷手的老先生搽上凡士林，老人家的手已經長出厚厚的繭，摸起來像樹皮。志工常常覺得，即使一整瓶的凡士林都塗上去，恐怕還不夠溫潤他的雙手。

慈濟師姊們也會溫柔地在老太太或孩子的臉上，抹上防凍的藥品；場景另一頭，志工們正幫著孩子穿上厚厚的棉大衣，看到冷得發抖的老奶奶，會馬上過去抱著他們。老奶奶一開始會有一點靦腆，之後的神情有說不出的欣慰，這場景就如同親人見面一般的溫馨。這是證嚴上人要慈濟人力行的理念，以苦為師，體現無緣大慈的悲心。

以身體的接觸表達尊重，是一股巨大的力量，不管是對被幫助者，或幫助人的志工而言都是如此。在各種災難現場，慈濟志工看到傷痛欲絕的受災戶，總是會自然地抱著他們，讓失去親人的倖存者盡情地在他們的肩膀上落淚，慢慢安慰他們傷痛的心靈。

透過親身接觸，照顧戶感受到志工如家人般的愛，志工更因此體會到貧苦與受災戶的切身之痛。經由這種情境洗練，志工體會了人生無常的道理，感受了災民所面對的艱辛人生。這種歷練激發著志工深深的慈悲心，堅定了他們內心善的種子，因此更無怨無悔地走在濟世救人、予樂拔苦的人間菩薩之道路。

5. 慈濟的動員模式

慈濟賑災快速，不是歸因於動員快速，而是志工的愛被啟發，就會自動自發即刻救災。證嚴上人一生奉行的一句話：「信己無私，信人有愛。」這是他給所有慈濟人的信念。這個信念能持續地被實踐與推動，是慈濟能在全世界各地傳播開來的關鍵因素。因為信人有愛，人人心中都有愛，所以一旦各地發生災難，志工就會自動自發地動員。慈濟多數的慈善救助計畫，或社區志工的活動，都是遵循當地自願創發的原則（Local Initiation）。

證嚴上人要海外慈濟人自力更生、就地取材。慈善、醫療、教育、人文等志業，都是由當地志工自行發動、規劃，再向證嚴上人彙報，或與慈濟花蓮本會的相關人員討論後，獲致共識而開始施行。如果是緊急災難，一樣由當地志工自發性地立即動員，並將進行情況回報本會，本會再持續給予必要之支援與關懷。這種在地自動創發的精神，是現代組織力強調的「扁平化」（Delayering）、「分散化」、「去中央化」（Decentralization）的組織運作。[42]

宏碁創辦人施振榮先生曾經從Internet的運用及成長，來比喻新型態的組織就應該像Internet一樣，大家遵行同一個運作法則及模式，去中央化，就能夠獲致最大最好的成果。「充分參與」

41 釋證嚴，《靜思語》（臺北：九歌出版社，一九八九），頁一七九。

42 何日生，哈佛大學商業管理學院專題講演（美國：哈佛大學，二〇一一年二月九日）。

將產出最好的結果，而要做到充分參與，就必須去中央化，並奉行扁平化的組織模式。

一套科學體系的運用可以遵行某一種客觀的科學模式運行，Internet的模式如果有人不遵行，根本無法在網上做任何事。然而作為攸關人的組織，雖然可以提供一套固定可遵行的價值觀，並藉以讓大家實踐奉行，但是每一個人對於該價值觀的理解與運用方式難免千差萬別，每一個人對於情境的解讀與判別仍各有差異，因此很難像Internet的運用一樣，只要確立核心價值與運用模式，就能通行無阻。

人的組織用這種客觀科學模式的思維來運行是困難的，也是不準確的。慈濟遵行的法則是地方自動創發的精神，其核心價值的貫徹是經由人與人的相互感應與分享。因為人人都有善心，這是前提，這前提不存在，一切的規劃或培訓都是枉然。慈濟當然必須具備訓練與溝通的方式才能將信念深化落實。志工的培訓工作在各地終年不斷地進行，海外志工與證嚴上人不定期地互動溝通，亦是傳達核心價值必要之方式。此外，大愛電視亦是一個重要的連結媒介，讓各地志工能及時了解各地慈濟人的訊息，以及固定聽取證嚴上人對某一特定事物的觀點與情懷，這也是價值觀傳遞與分享必要的方式。

無論如何，價值觀一致化的依循仍是高度挑戰的一項工作。慈濟這個跨國際的組織，一方面維持自動創發精神，其結果當然是扁平化與去中央化的組織。然而，海外各分會與花蓮本會必須在精神層面與核心價值體系上更緊密連結，特別是對於精神法脈實踐的確認與維護，將對於傳承證嚴上人的核心價值具有決定性的維繫作用。

（三）慈濟醫療：曉了藥性 令眾樂服

在證嚴上人眼中每一位醫者都是大醫王，不只應做到《無量義經》所指「醫王大醫王，分別病相，曉了藥性，隨病授藥，令眾樂服。」[43]更應該達到佛陀所說「苦既拔已，復為說法，令諸眾生受於快樂」的境地。

慈濟醫療志業強調「以病人為師」，醫師與護理不只是體現菩薩慈悲之情，更應該以謙卑平等的胸懷，對待一切眾生。因此醫院就是另一處修行之好道場。慈濟醫療志業的具體理想，就是希望將地獄化為天堂，這是證嚴上人最大的期望。醫院就像地獄，病、苦、老、死都在這個地方發生。不管階級、年齡、富貴、貧賤，每一個人最終都會經歷病苦老死。把「苦集」的醫院，轉變成喜樂的天堂，正是證嚴上人領導慈濟人全心努力的使命。慈濟人堅信，經由共善之力量，人們一定能扭轉受苦地獄為清淨喜悅的天堂，天堂、地獄都取決於人的一個善念。如果醫生、護理、志工能夠協力將病人眼中視為煉獄般的醫院，轉化為深解無常、能反思一切苦滅之理的處所，那人間即淨土。這淨土是經由實踐之佛法所締造。

其具體的實踐如《無量義經．十功德品第三》所述：「能為生盲而作眼目；聾劓啞者作耳鼻舌；諸根毀缺能令具足。」[44]慈濟醫療從醫院到人醫會，從菲律賓的連體嬰之分割，到印尼男孩

43 三藏曇摩伽陀耶舍譯，《無量義經．十功德品第三》，《大正新修大藏經》第九冊，第〇二七六。

諾文迪臉上巨大齒顎型腫瘤的手術，到義診中為白內障的病人開刀，都是「能為生盲而作眼目；聾劓啞者作耳鼻舌；諸根毀缺能令具足」。不只如此，還要做到「苦既拔已，復為說法」。許多病人在義診康復後，也加入慈濟做志工，去幫助人。二〇〇四年在花蓮慈濟醫院分割成功的菲律賓連體嬰Lea（大愛）與Richael（感恩），現在都已經十多歲，她們和父母親都成為慈濟志工，都在幫助他人。

證嚴上人理想的醫者：「是諸眾生安隱樂處、救處、護處、大依止處，處處為眾作大導師。」[45]

慈濟醫療志業執行長林俊龍醫師，本身也是慈濟人醫會的總幹事。他經常帶領醫師們與護理師們下鄉為貧困的照顧戶打掃。在慈濟，醫師護理們投入慈善工作已經是一種常態性的奉獻。醫護人員不只熱切地參與緊急救難，慈善賑災，證嚴上人更期許他們能在生活與工作中體現人醫、人師的典範。

（四）慈濟教育：是諸眾生真善知識

慈濟致力於貧窮之救濟，貧不只是物質的貧，還包括更根本的知識之貧窮，觀念之貧窮。證嚴上人的慈濟教育目的就是以搶救知識貧窮，與匡正觀念之貧窮。慈濟教育志業於全世界各貧困落後之地興建學校，包括泰北、墨西哥、伊朗、南非、印尼、海地、斯里蘭卡以及中國大陸等地。慈濟志工深入偏遠之地，作不請之師，興學教化，祈願眾生身、心、生都得安穩依止。

一九九八年喬治颶風席捲多明尼加，美國慈濟人前往該國勘災，看到一個叫拉羅馬那的小城鎮，鎮裡堆滿了垃圾，垃圾山邊住了上萬個居民，依靠撿拾別人丟棄的食物為生，慈濟美國紐澤西的志工開始把這個垃圾山夷平，開路、蓋學校。學校蓋好了，孩子穿起制服，在優美潔淨的環境裡上課。學校從一開始的三百五十個學生，增加到一千多個學生。路開了、學校有了、商店進來了、住宅區蓋起來了，整個區域就開始繁榮。現今，孩子們穿上乾淨的制服，有好的教室、電腦、新的書包，整個社區都改變了。這種化貧困為祥和富裕的社會，是慈濟致力於物質與知識貧窮的努力。[46]

證嚴上人期望經由教育能讓知識的貧窮逐漸消弭，並培養年輕學子自幼就懷抱服務、利他的人生觀。其所實踐的是《無量義經》所述：

> 是諸眾生真善知識。菩薩摩訶薩安住如是真實相已，所發慈悲明諦不虛，於眾生所真能拔苦；苦既拔已，復為說法，令諸眾生受於快樂。[47]

---

44 三藏曇摩伽陀耶舍譯，《無量義經．十功德品第三》，《大正新修大藏經》第九冊，第〇二七六。
45 三藏曇摩伽陀耶舍譯，《無量義經．十功德品第三》，《大正新修大藏經》第九冊，第〇二七六。
46 蔡玉霖，〈垃圾山不見了〉，《慈濟月刊》第四〇七期（臺北：財團法人慈濟傳播人文志業基金會，二〇〇〇年十月二十五日）。
47 三藏曇摩伽陀耶舍譯，《無量義經》，《大正新修大藏經》第九冊，第〇二七六。

慈濟的教育不是以說理為主要方法，而是以行體驗。慈濟教育體系非常注重服務性的社團，從慈濟小學、中學到大學，鼓勵並安排學生參加醫院、慈善或環保的志工，從行中體驗，建立以利他為生命志向的情懷與人格。在慈濟小學，掃廁所的學生都是品學兼優的孩子，掃廁所不是處罰，掃廁所是服務，是一種榮耀。華人教育小孩總以出人頭地為主，慈濟的教育則是在志工的體驗中，逐步建立以服務他人，以利他為中心的人生觀。

在四川大地震期間，幾百間學校在地震中倒下了，很多學子埋在瓦礫當中，重建過程是漫長的。從緊急救難開始，慈濟志工陪伴著孩子，陪伴他們度過心靈的哀傷。孩子們跟著慈濟人做志工，不管是在義診間裡當翻譯，或是跟著慈濟人去陪伴安慰失去親人的老奶奶、老爺爺。孩子們改變了。慈濟志工們親自幫老爺爺、老奶奶洗腳時，他們在一旁看著，慈濟志工鼓勵孩子幫自己的父母洗腳。當孩子們真的幫自己的父母洗腳之際，父母親的眼淚掉下來了，孩子也哭了。他們會說，原來媽媽這麼辛苦，腳都長繭了，我今後要孝順爸爸媽媽。經由這樣的以身作則，然後讓孩子力行，他們的心靈逐漸得到洗滌。原本的獨生子女的驕慢、調皮都放下了，變得懂事、規矩、會照顧人。[48]這即是證嚴上人所強調的人格啟發的教育宗旨。這契合《無量義經》的教導：

> 是經能令菩薩：未發心者發菩提心；無慈仁心者起於慈心；……有愛著者起能捨心；諸慳貪者起布施心；多憍慢者起持戒心；瞋恚盛者起忍辱心；生懈怠者起精進心。[49]

證嚴上人的願力是「以行入門」教化年輕學子，「以利他精神」作為生命的皈依。讓學子親身體驗接觸各種不同生命的境界，在各種境界中，知曉生命的苦空無常，發慈悲心，啟無量智，教化有情眾生。其以行教導學子之智慧如經中所言：

入眾生諸根性欲，性欲無量故，說法無量；說法無量故義亦無量。無量義者，從一法生，其一法者，即無相也；如是無相，無相不相，不相無相，名為實相。[50]

生活中的每一個行、住、坐、臥無不是接受法的契機，皆把握機會教化學子，教化眾生。

（五）慈濟人文報真導正　處處為眾作大導師

證嚴上人對於人文的思維是「人格成，文化才成。」文化必須建構於人品之上。有優質人格建立在先，才能德香被澤於眾生；一位菩薩行者，一位慈濟人文工作者被期許要「為顛狂慌亂作大正念」。[51]證嚴上人創立大愛電視與人文志業是期盼建立清流，以淨化社會，匡正時代紊亂之

48 李委煌，《川震百日情》，《慈濟道侶叢書》（臺北：慈濟人文志業中心中文期刊部，二〇〇八）。
49 三藏曇摩伽陀耶舍譯，《無量義經．十功德品第三》，《大正新修大藏經》第九冊，第〇二七六。
50 三藏曇摩伽陀耶舍譯，《無量義經．說法品第二》，《大正新修大藏經》第九冊，第〇二七六。
51 三藏曇摩伽陀耶舍譯，《無量義經．十功德品第三》，《大正新修大藏經》第九冊，第〇二七六。

風氣，引導迷惘顛倒之眾生。

淨化世間的動能，以慈濟的思維是來自個人的修持。一個覺悟的心靈，才能影響另一個人，才能夠淨化社會，提升人類的文明。一顆覺悟的種子，能度化百千，一如《無量義經》所言：「從一種子，生百千萬，百千萬中，一一復生百千萬數，如是輾轉乃至無量。」[52]

因此慈濟的人文志業首重人格的啟發。而其具體的人文志業實踐則相信透過文化傳播的力量，建構一個更美善的社會。負面的訊息傳遞，不管批判得多麼精準貼切，總是帶給社會傷痕。證嚴上人呼籲新聞媒體的報導宗旨應該是：「要報真，也要導正。」[53]

證嚴上人的見解，其根本理念是，所有的思想、報導都是為建構一個更為理想的社會。由筆者觀之，隨著臺灣社會愈加多元，媒體愈加開放，進入九〇年代的傳媒環境，需要一種視野更為宏大，更具創造性與建設性的新聞理念，這理念是基於公共利益，是為創造一個更好的社會而努力，筆者稱之為「建構式的新聞學」。慈濟的人文傳播理念基本上就是建構式新聞。[54]非解構、非批判，以揚善為止惡，非以惡為止惡的新聞觀。

慈濟的新聞觀點也不採取價值中立，而是提出自我的見解，引導社會向善。臺灣多數媒體總企圖追求自由主義式的公正客觀，讓所有的意見得到發言空間，各抒己見，媒體本身則不做評論、不賦予意見、不做任何所謂主觀的涉入與看法的表達。媒體躲避報導可能導致之任何社會後果，一味強調中立客觀。然而絕對的公正客觀並不可能，媒體作為社會公益的守護者，應該有其看法、觀點，並且認真思索這些觀點如何才是對社會有正面意義的，對全體社會創造最大的公益。

因此，媒體一切的報導不只是傳達有用的訊息、提供發言的空間，或提出解決問題的管道，它更要協助去創造一個更好的社會。要做到這一點，記者首先必須放棄生冷的價值中立角色，亦即旁觀而不涉入。在這個立場上，慈濟是主張記者在人道立場上，看到苦難應涉入、協助，而不能只為報導、冷靜旁觀。

在二〇〇三年美伊戰爭期間，當時有一位臺視記者蔣任，在約旦慈濟志工陳秋華的陪伴下，採訪慈濟人如何在約旦與伊拉克邊境照顧、幫助戰爭中的難民。蔣記者在採訪中看見一位老人家在零下兩度的沙漠裡，沒有鞋子穿而用塑膠套裹住腳，蔣任便將襪子脫下來給老人穿上保暖。這是一種人類最直接的愛的表達。[55]這表達超乎新聞記者所謂中立、不涉入的立場之上。當一位記者的心中有著美好與良善，於是他所製作出的新聞便必然呈現彰顯人性的良善與關愛。心中有愛是「建構式新聞」最重要的前提與核心價值，而這是慈濟所標榜亟欲提倡的新聞人文理念。[56]

慈濟的思維是，如果記者心中有愛，就不會用這種魯莽的心態去割裂事件本身。因此，記者心中若沒有一個正確的價值，沒有一個什麼是更好社會的藍圖，也就不可能提出一個對社會有正

52　三藏曇摩伽陀耶舍譯，《無量義經．功德品第三》，《大正新修大藏經》第九冊，第〇二七六。
53　釋證嚴，〈報真導正　開門見路〉（臺北：慈濟全球資訊網，二〇〇九年二月十七日）。
54　何日生，〈媒介與公益社會〉，《媒介素養概論》（臺北：五南出版社，二〇〇五），頁三八六。
55　釋德侃，〈隨師行記〉，《慈濟月刊》第四〇七期（臺北：財團法人慈濟傳播人文志業基金會，二〇〇五），頁三八七。
56　何日生，〈媒介與公益社會〉，《媒介素養概論》（臺北：五南出版社，二〇〇五），頁三八七。

面意義的報導。記者心中如果沒有一個確切的價值觀，他如何判斷何種訊息及何種角度將有助於或有害於社會？媒體應該經常思索如何構思一個良善的社會及其理念？他必須思索怎樣的報導更能代表一個社會中普遍的好？而不是一味挖掘弊病、掀醜聞、肆無忌憚的批評。如果一個批評對整個社會的長期發展是負面的，甚或迫害性的，媒體就不應該選擇作為報導題材，更不該極力挖人瘡疤而認為是在呈現真相。

當一件社會的弊病發生，媒體不是去挖掘該項錯誤誰該負責，而是探討其發生之原因。媒體更應報導同一類事件善的典範，在負面新聞中也能看到善的典範在哪裡，才能給社會一條正向的出路。

慈濟致力的新聞理念，筆者稱之為「建構式新聞」理念，新聞記者不是旁觀者，不是冷眼的、批判的、尖銳的；而是有愛的、是成就的、是愛護的、是珍惜的、是給予的，是解決人的困惑，化解社會的衝突，是引領社會最終的善與美。這就是證嚴上人創辦大愛臺的核心理念。如《無量義經》所言：

> 船師、大船師，運載群生，渡生死河，置涅槃岸；調禦、大調禦，無諸放逸行，猶如象馬師，能調無不調，師子勇猛威伏眾獸，難可沮壞。遊戲菩薩諸波羅蜜，於如來地堅固不動。[57]

三、利他度己：淑世志業對個人修持之影響

「貪、嗔、癡、慢、疑」五毒的對治與去除，是學佛修行最重要的挑戰。慈濟宗門所開創的各種志業，有助於對治個人及社會之五毒。慈善對治貪；醫療對治癡；教育對治嗔；環保對治慢；人文對治疑。

（一）慈善志業對治貪

從事慈善志業會降低人心的貪欲。貪，是求索無度，有了還要再多。人心的貪無止盡，在慈善的布施中去除貪欲。布施越大，貪欲就越小。行善如果還貪功德，那就不是真布施。布施如本書一再說明證嚴上人的理念是「付出無所求」。許多慈濟志工的確是在布施中去除一己貪欲的擴大。許多大企業家夫人從事慈濟工作之後，本來一個月買幾百萬衣服，現在不只不買，還捐出來給貧困的人。

陳珀玲師姊是臺灣桃園望族，頂著紐約知名大學藝術研究的學位，結縭的先生也是大企業家

57 三藏曇摩伽陀耶舍譯，《無量義經・德行品第一》，《大正新修大藏經》第九冊，第〇二七六。

第二代。一切的福報都在這位出眾的師姊身上實現了。然而十多年前一場奇特的病症，使她與慈濟結下更深的緣，出身嬌貴的她一投入慈濟，就選擇參加最艱苦的大陸賑災，到窮山惡水之間進行賑災發放。

第一個挑戰就是居住與飲食。她隨著資深志工跋山涉水到了「特困縣」，也就是特別窮困的縣城鄉間，一待就是五天，住的地方極其簡陋，對於進出各地都是五星級以上飯店的企業家夫人，投宿在馬桶會漏水、牆壁四處破損、充滿霉味、冷不防還會出現蟑螂蚊蟲的小旅店，其實真的很煎熬。

第一夜，其實是四位師姊擠在同一個房間，因為小小一個特困縣，突然來了數百位賑災志工，旅店房間數當然不夠。一個小房間，床上、床下都睡滿了，陳珀玲師姊只好睡在梳粧檯上，就這樣過了第一夜。第二天起來，根本沒有辦法好好梳洗，因為一早就要進行發放，早晨的村裡來了數千位等待發放的災民。陳師姊從清晨五點起床到傍晚五點都在進行物資發放與膚慰災民的工作。[58]志工們必須握著每一位鄉親的手，從握手、為他們塗凡士林的過程中，看到的是一雙雙結痂與凍瘡的手，那種觸碰令人辛酸與不捨。所以證嚴上人說：

> 在別人的苦難中見證自我內心的慈悲。我們不只是要發放物資，更要膚慰眾生。用雙手去觸碰飽經風霜，身心匱乏的人們，志工的心靈會得到大啟發。[59]

從對物質的貪欲，到對眾生苦處的不斷付出。慈濟志工經歷著生命全然的轉化。印尼慈濟企業家過去捐很多錢給政府的慈善機構，但是他們說，印尼人只覺得是華人贖罪。當他們聽從證嚴上人之教導，親自扛大米，拉著老人手，幫他們把物資送回家，不是做一次，而是百次千次。印尼人才逐漸改變了原本華人在他們心中貪婪的形象。[60] 慈善就是去貪的法門。

（二）醫療志業對治癡

眾生以無常為常，以苦為樂。汲汲於短暫的此生之擁有，忘記更永恆慧命的追求，故為「癡」。而慈濟醫療對治眾生的癡。

對於證嚴上人來說，醫院就是道場，一個真實體會生老病死，苦、集、滅、道的道場，是一個給予絕望的人勇氣與希望，給予痛苦的人溫暖與舒緩，給予面對死亡的人永生信仰的道場。

慈濟醫院對志工們而言也是一個真實的生命歷練。在醫院服務久了，生死早就看淡，富貴榮華早就不會汲汲營營。在醫院的道場裡，讓人體會生命的最根本處，仍是回到單純的愛。花蓮慈濟醫院最資深的志工顏惠美常常分享她的信念，單純，是生命的根本，也是一切修行的根本。

---

58 何日生，〈轉欲為愛致大美〉，《人醫心傳雜誌》（花蓮：佛教慈濟醫療財團法人人文傳播室，二〇一〇年五月十二日），頁十三。

59 何日生，〈轉欲為愛致大美〉，《人醫心傳雜誌》（花蓮：佛教慈濟醫療財團法人人文傳播室，二〇一〇年五月十二日），頁十三。

60 何日生，〈邊界的典範〉，《曙光初現》（花蓮：慈濟大學出版社，二〇一二）頁二一一。

慈濟醫院每日有將近一千位醫療志工，在各醫院服務。像顏惠美師姊從一九八六年醫院創立就來當志工，全年無休。她每日四點即起，到九點四十分就寢，她的生活從未離開醫院與醫療的志工夥伴。她以醫院為修行道場。證嚴上人的思維是期盼「醫院」這個人間煉獄，因為志工菩薩們堅定的愛與信仰，使它逐漸轉化為人間的淨土天堂。

慈濟的理想是希望醫院也是病人的生命教育之場域。在慈濟醫院的心蓮病房，慈濟志工們不怕在臨終病人面前提到往生的意義，他們會告訴一些比較能接受慈濟思維的病人，換一個好身體再回來人間。志工傳達的信念是，一個人的身體終究是有期限的，但是心靈的力量卻比身體更長遠，給予病人心靈的力量，是更為重要的使命。

在花蓮慈院曾經有一位癌症末期的病患，綽號叫阿昌班長，早年的阿昌為惡者多，浪蕩江湖。由於生活極度的不正常，所以得到口腔癌，進入慈濟醫學中心進行治療。個性原本就好勇鬥狠的他，如今面對臉上癌症傷口不斷擴大，腐肉、膿血、斷骨考驗著一個浪子的心志。過去和別人比氣魄、拚死活，如今侵蝕他的，卻是自身體內的癌細胞。面對身體上的痛與死亡的威脅，這位鐵漢內心難免生出恐懼。而當憂暗絕望的陰影籠罩他的時刻，陪伴他度過的，不是過去的義氣之勇的兄弟，而是素昧平生的慈濟志工與醫護人員。[61]

接受癌症化療無效後，在心蓮病房期間，阿昌受到慈濟志工的感動，也加入志工的行列。他每天幫忙送病歷，陪其他的病患聊天，安慰那些病苦的老人。雖然癌細胞一天一天地吞噬他的身體，但是他的心靈卻比以前更純淨、更快樂。他的歲月一天一天地消失，而他的快樂及內心的平靜卻與日俱增。[62]

在這種疾病折磨底下，為什麼阿昌快樂平靜？因為他得到愛。他生命中最後一次慶生是醫師、護士、志工幫他辦的。他從未接受過如此盛大的生日慶祝。他感動地說：「如果還有下一次……」阿昌最後還是走了，對於曾經迷失自我、浪跡黑道的他，竟然在身染重病之際，才在醫院裡學會愛，體會到生命純真的自在，與對他人付出的喜悅。阿昌的許多親人其實並不能接受他的轉變，但是慈濟醫院醫師、護理、志工眼中的阿昌班長，是一位熱心的志工，是一位從黑暗中轉化昇華的未來菩薩。大家相信他會換一個好身體與好心靈再回到人間。他獨特的稱號——阿昌班長，也彷佛一直駐留在醫院的一隅，深印在醫護同仁心靈的深處。

醫院原本就是如地獄般的痛苦，生老病死交互循環，折磨著每一個病人與他們的家屬。證嚴上人希望能轉化地獄為天堂，就是要從醫院做起。醫護人員與志工就是地藏王菩薩，「我不入地獄，誰入地獄。」而有愛，就有天堂。醫護與志工們付出無所求的愛，就是希望將這充滿病苦死亡的折磨與恐懼的煉獄，轉化為淨土與天堂。

經由創立慈濟醫院，證嚴上人重新界定了醫師的社會功能與專業角色。醫師不是追求名聲與金錢的名醫，而是視病如親，以病人為師的良醫和良師。醫院不再是苦集之地，而是經由佛陀的悲憫，創立以全人關懷為目標的大家庭。醫院對於病人與家屬不再是如地獄般受盡折磨試煉，而

61　何日生，《慈濟實踐美學》下冊（臺北：立緒出版社，二〇〇八），頁二七七。

62　王鳳娥，〈用愛的眼角膜走向新生〉，《人醫心傳雜誌》第一二六期（花蓮：佛教慈濟醫療財團法人人文傳播室，二〇一四年六月）。

是充滿愛與關懷的人間淨土。醫院成了一個生命重新省思的空間與處所，在這裡，人們經由慈濟的宗教情懷，或許終能領悟一個永恆的生命，是超越肉體的局限或寂滅。這就是證嚴上人所詮釋的慧命，就是「清淨無染的大愛」，它是個人通向覺悟之道。

（三）慈濟教育對治嗔

孔子曾說有教無類。眾生難調難伏，教導眾生必須耐心地、柔和地調伏眾生的無知、無明。因此教育可以對治「嗔」。佛陀也是大教育家，教化眾生，忍受眾生的各種習氣、煩惱、執著。柔和的態度是對治嗔念良藥。證嚴上人也是大教育家，教化無數的慈濟志工克服自我的無明，利益群生。證嚴上人說：「聖人既柔且強。柔能調伏眾生。強能克服己志。」真正的聖者的剛強是對自我內心的克服，對眾生都是柔順的。嗔的人其實內心很脆弱，很容易外境不順己心就發出怒氣。所以從內心對治有助於嗔念的消弭。

慈濟的教育就是要根治眾生的習氣。慈濟的教育著重人格的養成，不只是知識的吸取，思想的提升，更是品德的陶冶。而作為師表的自己要莊重己身。慈濟的學校老師穿制服，要學生穿制服，老師要以身作則。證嚴上人很強調為人師表的品格表率。學生則是以恭敬心對待老師。在慈濟教育體系裡，學生向老師奉茶，甚至要泰北的慈濟學校學生向老師行中國傳統的跪拜禮。學生敬以待師，師亦以和敬教導學生。「理直氣和」，自己具備真理，要和順地教導，讓學生如沐春風接受教育。

所以慈濟的教育是「喜」。四無量心的喜，是慈濟教育的宗旨。讓學生學習歡喜，看到師長歡喜，校園充滿和敬之氛圍，無暴戾之氣。所以教育是修習嗔的對治。以和順、敬慎之教導學生。學生再怎麼無知、再怎麼犯錯，老師總是循循善誘、不吝教導，這是教育之責。

慈濟小學楊月鳳校長已經八十多歲了，從慈濟小學校長退下來，至今還在慈濟基金會教育志業發展處服務。楊校長一生未婚，從事教學孜孜不倦。每天七點鐘，她一定站在學校門口等學生，一一向孩子們問好。孩子叫她楊奶奶，她的柔和善順，是孩子們心中永遠的榜樣。

慈濟中學的方美倫老師，年輕的時候脾氣很大，動輒大罵學生。學生路上看到她都會繞路而行，並時常會遇到頑劣不受教的學生們，跟她唱反調。某個機緣下，她加入慈濟教聯會，推動靜思語教學，看到證嚴上人的一句話：「脾氣、嘴巴不好，心地再好，也不能算是好人。」[63]方美倫老師開始反思，用什麼善法來教導學生。她漸漸改掉脾氣，學會嚴而不厲，最後她成為臺灣中學教育界的一位名師。

慈濟的教育宗旨就是要培養柔和善順，尊師重道，樂於助人的學生。也要師長能成為「直而溫、嚴而謙、寬而栗」的師表。

暴戾之氣是教育之害，在慈濟教學裡，學生學習茶道，從中體會大自然的生命之氣，並學習服務他人。學生學習書法、花道，都是與大自然，與自我對話的調心的課程。慈濟中學還有武術，學習強身與敬慎。其目的就是養成學生柔和善順、謙恭和敬的生命品格。所以慈濟的教育志

63　釋證嚴，《靜思語》（臺北：靜思文化出版社，二〇〇九），頁八七。

業是對治五毒的嗔。

（四）環保志業對治慢

慢心有兩種，一種是驕慢，一種是卑劣慢。前一種自視甚高，後一種是自慚形穢不看重自己。兩種都是慢心。慈濟的環保回收站在全臺灣有八千個。環保志工菩薩們每天在社區裡回收寶特瓶、報紙、鐵罐等，集中到環保回收站進行分類。環保站通常都集合四、五十位志工一起做資源分類。環保站是讓人養成謙卑的場域。但是環保資源回收站不只回收廢棄物品，它也回收許多人的心靈。慈濟環保回收工作真正給予生命深刻影響的，是志工們經由環保回收工作，得到心靈的蛻變與淨化。環保回收站療癒很多自卑者及傲慢者。

1. 驕慢之對治

十多年前，慈濟開始推動社區環保回收。在臺北板橋有一位年輕的A企業家，過著豪華富有的生活。出入都是開著賓士朋馳車。他被鄰居一位慈濟師姊再三邀請去開環保車，他一開始拒絕，心想：「我是開賓士朋馳車，怎會去開垃圾車？」師姊再三邀請他幫忙，他不好意思，心想：「好吧！只是幫幫忙。」

但是他不知道環保車必須在社區裡繞，一戶一戶地停下來回收物資。左鄰右舍都認得他，那時候慈濟環保回收還不普遍，鄰居還以為他事業失敗，轉開垃圾車。所以一路上開著載滿了回收物資的環保車，他頭都不敢抬起來。心裡非常想趕快離開，因為很怕碰到熟人，不知道該怎麼解釋。

等車開到了環保站，心想可以走了，但是看到環保站裡老老少少都幫忙卸下回收物資做分類，他又覺得不好意思，所以也加入幫忙做分類。過一陣子，正當他想要離開之際，又有師姊拿點心過來說：「大家來吃點心喔！」他於是心想：「好吧！吃完點心再走吧！」剛吃完點心，本想要離開，但心裡卻覺得吃完就走不好意思，於是再做一會兒。過一會兒他又想走的時候，已近午時分了。一位師姊又過來說：「來喔！大家來吃便當！」結果他又走不開了。慈濟環保站就像一個大家庭。就這樣，他一整天都待在環保回收場。直到傍晚，他內心感受到無比的成就感及莫名的喜悅。他成為一位環保志工。[64]

參與環保資源回收，這位A志工企業家的心靈也改變。他不再高高在上地與人比車子、豪宅。在儉樸生活中，體會與各種物質生命交融的美與快樂。

2. 卑劣慢的對治

臺中一位慈濟志工蔡天勝從小是一個學業優異的孩子。在家裡又是長孫，特別受到寵愛。但是優渥的家庭讓他結交了許多品行不佳、花天酒地的損友。高中開始，蔡天勝蹺課、打架、喝酒，逐漸地淪入幫派。服完兵役後，當時「大家樂」正盛行。蔡天勝自恃聰明，當起組頭。從此

64 賴睿伶，《勤耕福田》節目（臺北：大愛電視臺，二〇〇〇）。

賭博、吸毒、女人無一不沾。昏天暗地的生活，使他形容消瘦、不成人形。毒加賭，他整個人像被欲望的惡魔緊緊纏住一樣，一步步地他走上更危險的路途。他為賭債開始販毒。因為販毒被警方逮捕，被判無期徒刑。雖然他極力否認，極力脫罪，不斷上訴，但是命運給他的懲罰似乎毫不留情。

無期徒刑在高院確定後，他上訴最高法院。在看守所期間他讀到《了凡四訓》，逐漸醒悟他必須大懺悔。於是在最高法院他終於向法官坦承吸毒與賣毒，沒想到法官竟然發回高院更審。最後他以八年徒刑定案。他終於卸下一口氣，知道他的生命有機會再來一次。

在獄中，三教九流的環境，後來因緣出現了，一位八十多歲的慈濟師姊到監獄訪視，蔡天勝開始接觸《慈濟月刊》。蔡天勝讀到證嚴上人的普天三無之後，非常感動。上人的悲願「普天下沒有我不能原諒的人，沒有我不愛的人，沒有我不能信任的人。」給予蔡天勝生命新的希望與勇氣。他開始寫信給上人，並且發願出獄後要做慈濟人。

但是出獄之後，蔡天勝到臺中分會，覺得慈濟靜思堂很莊嚴，他不敢進去。這是卑劣慢的表現。沒有自信，自我放棄。但是蔡天勝在慈濟環保站找到他的心靈天地。如今蔡天勝是一位慈濟志工，他有投入做環保，還在獄中的職訓所學會了製作西點麵包。出獄後，當起麵包師父，收入不多，但很踏實。而做慈濟志工，使他成為一個全新的人。如今，他的生活平實、快樂。在環保回收場，蔡天勝輔導了很多位吸毒者，走出毒品的陰影。過去賣毒，如今用慈濟環保站輔導菸毒受刑人戒毒。洪崧元、林朝清、鄭志明等人都是因蔡天勝的引導而走出毒品的煎熬，也成為慈濟志工。[65]

《法華經》裡佛陀以長者的獨子流浪在外，久而久之忘了自己是富家子。其父親為了讓流浪的獨子回家繼承家業，請人暗中聘請獨子到家中做掃地工，父親自己也假扮成掃地工陪伴他工作，直到兒子終於想起、認識自己真正的身世。[66]佛陀以此譬喻每一個人都有如來本性，久經習染而忘記自身之尊。環保站就如這父親長者對流浪子一般，引導對自我失去信心的人找回生命的自我價值。

慈濟的環保站來自各行各業的志工們，像是企業家、外交家、高階警官、博士、上班族，甚至殘疾人士。二十多萬投入環保回收的志工，愛護物命的價值，實踐證嚴上人的理念，將一己的愛心擴及一切諸眾生。環保對他們而言，回收場地即清淨莊嚴之修行道場。在此，一切生命都平等。富與賤，人與物，資源與垃圾，一切都在大愛中交融、和合。慈濟環保回收站所培養出的平等心，正是慢心的良方。

（五）慈濟人文志業對治疑毒

疑，為疑惑，對生命沒有信心。無確信的正面價值觀。一個人文工作者自己對生命起疑惑，如何能引導社會釋疑起正念？臺灣媒體近幾年多以腥羶色為內容，著重批判。二〇一一年元月，

65　何日生，〈慈濟宗門與藥師經〉（花蓮：慈濟大學宗教與人文研究所研討會，二〇一二）。
66　《妙法蓮華經卷二・譬喻品第三》，《大正新修大藏經》第九冊，第〇二六二。

幾位臺灣的媒體主管見證嚴上人，提到在媒體工作越來越灰心絕望。筆者安排這次會談，筆者有感而回復：「我們每天在報導社會的黑暗，久而久之，自己也活在黑暗之中。」[67]

人文工作者自己疑，無法給他人解惑。對治自己的疑，才能解社會之疑。其實社會永遠有兩個面向，善惡、黑白總是存在的。越報導黑與暗，自己就越黑越暗；越加報導社會之正向與善良，自己也慢慢去除生命的疑惑。證嚴上人創設慈濟的人文志業目標，就是對治疑。

證嚴上人的人文志業理想是「報真導正」。報真的前提是認識真理。從慈濟觀點言之，一個人心中沒有真理，如何報導真理？作為一位傳播人，最重要的是必須明是非、辨道理。是非不清，道理不明，自己困惑，閱聽者更是迷糊。這多少是當今傳播界的共同現象。傳播人變成郵差，他人說什麼就直接照登，直接報導出去，不管好與壞、真或假；反正報導了再說。如果錯了，讓他人去澄清、去查證。結果搞得整個社會是是非非，十分混亂。這多少是當今臺灣及許多西方國家的媒體情況。真理不明，是為「疑之毒」。

慈濟人文強調信念的重要性。記者、人文工作者、不管是職工或志工，都必須在信念上、思想上、人格上建立正確的生命價值。證嚴上人說：「人格成，文化才成。」[68]在慈濟思維裡，新聞傳播扮演社會民風與價值重建非常重要的角色。新聞傳播人自己有疑，對真理不清楚，對正確的人生方向不肯定，成為一個價值中立的人，其實是沒有信念與目標的人。結果被商業與權力宰制，真理成為最大的輸家。固然真理是相對的，但是新聞傳播人應該去促進這個價值的對話，而非撕裂他們，去調和價值衝突，而非提供管道，任其無止盡的較量與競爭。

因此證嚴上人期許慈濟人文人要「報真導正，報真導善」，即是期望人文人從自身人文做起。品格至上，觀念正確，明辨是非對錯，給予社會人心良善的引導。人文必須去疑，去疑必須培養慎思明斷，言所當言的勇氣。慈濟人文人的深入法髓，是強調深入苦難處，體解眾生的處境。以人人為經典，向人人學習。在記錄報導中，向付出的志工菩薩學習，向苦難的眾生學習。從此入門去疑，解惑，成就正道，報導正道，引領社會人心走向正道。

（六）大愛劇場作為當代佛教之布薩

佛制時代每月兩次，佛陀為眾弟子比丘舉行布薩，解說波羅提木叉。於布薩前，佛陀會先問弟子，諸比丘清淨否？犯錯的比丘必須當眾發露懺悔，靜默的比丘即清淨。如《四分戒本》所說：

> 諸大德！我今欲說波羅提木叉，汝等諦聽，善思念之。若自知有犯者即應自懺悔，不犯者默然；默然者，知諸大德清淨。若有他問者，亦如是答。如是比丘在眾中，乃至三問，憶念有罪而不懺悔者，得故妄語罪；故妄語者佛說障道法。若彼比丘憶念有罪，欲求清淨者，應懺悔；懺悔得安樂。[69]

67　何日生，二〇一二年歲末祝福——證嚴上人與媒體主管座談（二〇一二年十二月）。

68　何日生，〈證嚴上人與慈濟宗門思想源起〉（江蘇：第四屆世界佛教論壇，二〇一五）。

佛陀因犯過失比丘的情況制定波羅提木叉，亦即戒律。[70]當眾發露懺悔是佛制時代布薩的一個特色。與西方基督教以私下告解的方式不同。犯過比丘當眾懺悔需要極大的勇氣，也是藉此讓周圍的善知識提醒自己不要再犯同一過錯。能在眾人面前承認過失，本身就是很好的良心之自覺，懺悔即清淨。藏覆者不會改過。因此布薩的意義不只是定戒律，當眾面對自己的過錯，求得大家的諒解，祈求大家的提醒，也是一種自我精進修行的願心。「遠離不善，使內心的淨法增長，就是布薩。」[71]

慈濟大愛電視的劇場，是現代形式的布薩。大愛劇場都是以真人實事為故事背景。當事者慈濟人會發露自己種種的過失，自己種種對不起家人或他人的真實事蹟。有許多故事主角曾經是流氓、吸毒犯、惡妻、莽漢、逆子、嬌女等，如今都也成為慈濟志工，為社會付出行善。他們提出自己過往種種的錯誤作為真實借鏡，讓電視編成劇本，演出四十集、五十集，在數十萬、數百萬觀眾面前播出，這是一種當眾發露懺悔，是當代佛教的布薩。只不過是大愛劇場中犯錯者已改過，佛制時代是期許犯錯者不再犯，佛陀藉此制律，讓其他人不要犯同樣過錯。

大愛劇場主角的發露懺悔也是要引導他者不要重蹈覆轍，以申戒惕。其所呈現的是犯過者對慈濟十戒種種曾經之背離，而如今已悔改向善。這是當代佛教之戒律啟發、教化人心的功效。大愛劇場當然也不乏人品典範，藉著人品典範的示現，收啟迪人心之效。

慈濟的志工不只在劇場的故事中發露自己的懺悔，他們還到處接受演講、訪問，闡述自己的過往及改正的契機與努力。曾為受刑人的慈濟人還進監獄，面對其他受刑人，敘說自己過往種種的無明與罪惡，以及如何用慈濟佛法的智慧對治自己的貪、嗔、癡，而逐步面向更清淨、更有價值的人生。這裡有佛教戒律與智慧的雙重體現。

佛制時代強調群體修行，數千比丘、比丘尼一起互相勉勵監督，僧團和合。如今透過電視媒體，將佛教戒律持守於群體中互勉之、互循之的效益，以及懺悔改過之修行願力，擴大到更遠、更廣泛的眾生。這是佛制布薩原始精神之體現與當代之轉化。

四、慈濟宗的修行法則與組織運作

（一）靜思精舍的體制與運作

1. 自力更生、不受供養

從功德會成立之前至今，靜思精舍的生活始終堅持自力更生，一切精舍修行者的日常生活所

69《四分律比丘戒本》，《大正新修大藏經》第二十二冊。
70 釋印順，《初期大乘佛教之起源與開展》（臺北：正聞出版社，一九九四年），頁二一七。
71 釋印順，《初期大乘佛教之起源與開展》（臺北：正聞出版社，一九九四），頁二一七。

需，都必須自己耕作，做手工，養活自己。這是唐朝百丈禪師所言「一日不作，一日不食」的信念。慈濟會眾的一切捐款都捐到慈濟慈善事業基金會，去幫助所需的貧困眾生。精舍的常住眾不只自力更生，還提供場地、辦公所需、住宿、伙食等供基金會同仁使用，這是常住眾對慈濟基金會的護持。

師父們自身是志工，也是慈濟四大志業的力行者及精神的領導者。證嚴上人就是慈濟第一個志工。他自力更生，不受供養，投入慈善救濟。奉行證嚴上人與精舍師父們的志工精神，慈濟志工賑災所到之處，無論是勘災、賑災、訪貧、助學、蓋大愛村，都是自掏腰包、自付旅費。這是體現證嚴上人的志工精神。如今慈濟靜思精舍始終是全球慈濟人心靈依歸處，全世界志工每年回到心靈故鄉尋求精神的提升及靈魂的純淨。

簡單素雅的靜思精舍，從遠處望去就是一個幽靜的清修處所，寬廣的廣場前，有一大片草坪及整排的綠樹，樹的後面就是菜園及師父們耕作的地點。背後相映著雄踞東岸的中央山脈，和煦的暖風，是寬廣的太平洋從遠處的海面傳送過來的。精舍師父們至今仍必須輪班，燒飯、揀菜、劈柴、種菜、磨豆元粉，一日不作一日不食，數十年如一日。精舍師父們做過四十多種手工藝，而務農的工作從未停止。

2. 農禪的體悟與道德之養成

證嚴上人早年種田，犁田時，牛不願意動，出家人不能鞭打牛，弟子們正想不出法子，上人就拿著草走在牛前面，一路引著牛往前走，這才把田犁好。除草也是一項辛苦的工作，春天二月時節是花東最冷的季節。一次上人正要除草，田間水特別冷，一大片草如何能完成。想著想著他就從雙手能觸及的範圍做起，邊除草邊背誦《四書》，一會兒工夫，已經完成一大片了。這信念貫穿之後所有的慈善及救濟的工作，從自己能力能夠觸及的先做起。不管災難多大，苦難人多少，總是從我們自己能力所及的地方開始做起。與大地生活的歲月給予證嚴上人許多的體悟。不管是大地耕種，或是救度眾生，對於證嚴上人而言，其理念同一，都必須以愛引導，盡力而為，並且堅持初發心。

慈濟靜思精舍師父持金錢清淨戒，自己沒有財產，一切都歸回靜思精舍全體。這是佛陀古訓，比丘、比丘尼持金錢清淨戒，不受金銀的供養。古代佛陀及僧團可以接受食物布施及提供住所，金錢布施則不取、不受。證嚴上人的靜思精舍所遵循的是佛陀的遺訓，不受金錢供養；而上人與精舍師父們自力更生，一日不作，一日不食，是相應了唐朝百丈禪師的禪風，堅持自力更生的修行方式。

精舍的一隅，衣坊間裡的幾位師父，正忙碌地修補縫紉著二眾弟子所需的日常衣物和棉被。精舍的生活所需都是盡量自己打理，能節約就節約。早年人少做手工，生活更為困苦。做嬰兒鞋，撿野菜。製作又鹹又硬的豆腐，一小片就能配下一、兩碗飯。直到今日，精舍偶爾還會製作這種傳統的鹹豆腐，讓大家緬懷昔日刻苦之風。

靜思精舍師父們樸質粗糙的雙手，與他們談話充滿了法的平靜喜悅；和他們處事，處處看到愛和包容的生命智慧。古代中國禪宗所言，砍柴、挑水無不是禪。真正的禪定，不是在打坐的時候定，不打坐就不定。靜思默想的時候靜，一碰到境界就亂。真正的靜、定，是透過各種卑微的行動達到定，何時何地，無時無刻，不論在進行哪一種行動，都在定中，這是鍛鍊「動中靜」的境界。

靜思精舍是一座再樸質不過的修行道場，更是全球慈濟人心心念念嚮往的心靈故鄉。資深的靜思師父們說，以前四個人住小木屋，兩張塌塌米睡四個人，每一個人都排得擠在一起。上人要求弟子：「行如風、立如松，坐如鐘，臥如弓。」行、住、坐容易培養，但是睡覺也要遵行儀軌就非常不容易。這種嚴格，成為幾十年不變的靜思精舍克己奉道的精神，這精神是支撐全世界五十多個國家地區的慈濟人，在各地無所求奉獻付出的能量源頭。組織越大，需要的價值信念要越堅實；團體成員越多，儀軌的要求就更迫切、更需要。

在靜思精舍有一蠟燭間，師父及平日來幫忙製作蠟燭的志工。師父們燒蠟，放進燭模裡，等蠟乾了，再放置燭心，最後取出成品。這蠟燭，稱為不流淚的蠟燭，也是上人珍惜物命的特殊設計。證嚴上人早年喜歡看著燭光在黑暗中閃爍融合的光芒，這激發人心沉思默想的深度。

證嚴上人發覺蠟燭燃燒後，會落下蠟滴，不只浪費燭蠟，而且也不美觀。上人於是將使用過的養樂多瓶做模具，成型後的蠟燭包著塑膠薄膜，當蠟燭燃燒時，蠟油不會外流，這樣既能善用珍惜物命的價值，而不流淚的蠟燭，象徵照亮別人是快樂而不哀傷的，也意味著助人無損於己，它是快樂的。

在靜思精舍，吃飯用圓桌，讓餐廳有家人般進食的溫暖。餐桌一定用公筷母匙，這種方式不只衛生，吃不完的還可以集中在一起，讓下一輪的人繼續食用。夾出來的菜要放在自己的小盤子裡，盤中的食物一定要吃完。桌上放置一小壺開水，吃完飯後，自己盤子裡留有剩餘的一點菜渣，用開水清一清，倒在碗裡喝下去，留下的碗及盤子，都是乾乾淨淨。這種簡約的生活方式五十多年如一日。不只師父們，在精舍工作的兩百多位基金會同仁也都遵循這種進食的禮儀，眾多慈濟委員、慈誠的家庭都以這種食儀持家。靜思帶給慈濟人的是一種新的生活方式。

3. 勤以克己　濟助群生

克己、節約，作為靜思精舍的核心價值，在許多工作環境中被體現著。精舍每天有四百多人在這裡工作及修行，辦公室一律用掛扇，不吹冷氣，唯有機房及錄影設備的空間需要冷卻設備。靜思精舍的知客室及辦公室都使用簡單的木造家具，木製的門房、窗櫺，像極了古樸的書院。遠地人初來這裡，很難想像這是全世界最大的慈善機構之一的核心辦公處所。

來自全世界的志工和訪客，絡繹不絕。師父們必須招呼這些回到心靈家園的旅人，準備一天上千人用餐的廚房更是整天忙碌著。這些經費都是來自靜思精舍的師父們自力更生辛苦所攢來的，這是他們對於慈濟基金會同仁的愛和支持，這是他們在不受供養之際，仍捐助慈濟基金會的具體行動。

靜思精舍的師父們不止捐助，他們也投入慈善訪視、參與緊急救難，五十多年如一日。他們都是慈濟志工，而證嚴上人是慈濟第一個志工，他自力更生，投入救濟人群。慈濟所有的志工就是學習上人的精神，到世界各地賑災都是自掏腰包、自付旅費。「自力更生，克己清淨，濟度群生，無私付出」是靜思法脈帶給慈濟宗門的精神之一。

上人認為，菩薩行入人間，救度眾生，見苦知福是慈濟慈善志業的根本法門，在濟助他人之中，啟發自我的悲心，啟發對四聖諦的體會，苦集滅道。知苦的源頭是欲、是業，在滅他人的苦之中，滅除自我的欲念與業力，那就要付出無所求。付出是造福，無所求是功德，是消除自我欲念後的清淨心。

慈善作為修行的方式，其關鍵在此。慈濟人在一切的付出中，維持清淨心，自我醒悟四聖諦因緣果報之理，因此能度他度己，如經文所言，菩薩在度化一切眾生中證悟三明六通之智慧。眾生無邊誓願度，就能煩惱無盡誓願斷，然後能法門無量誓願學，方能佛道無上誓願成。一切眾生都是我們的經典，都是我們學習的對象。如上人所述：

> 四諦三轉始知苦集滅道，弘誓願成慈悲緣苦與樂，因見苦諦楚毒立弘誓願，度化無邊眾生咸成覺道。
>
> 人生苦來自於「集」，種種因緣果報。知道了，要如何來修才能夠滅除苦，所以我們要修道於行，要身體力行。在人間，就是有很多紛紛擾擾，處處陷阱，時時讓我們的心起落不平靜，起心動念，修行真的是不容易，所以我們才要立弘誓願，四弘誓願，我們就是要修。
>
> 四弘誓願，眾生無邊誓願度，要發大心、立大願，我們自己體會到苦，想要脫離這個苦難，我們也希望其他的人，同樣懂得這個道理，同時也能一起修行，能夠脫離這個苦。72

行善以團體的力量為大，慈濟行善強調合心協力，付出無求不只對被幫助者是無求，對於同為助人者亦無求，不執著自己付出，內能自謙是功，外能禮讓是德。不執著自我的見解，不執著行善功德，才是真正地付出無所求。因此慈濟宗門的團體修行中，必須以合和互協為最重要的修行。合和互協的關鍵還是慈悲心。

上人期許靜思精舍的師父們都以慈悲柔軟心來帶領全球的志工，行入人間、膚慰苦難，師父與居士主管、志工之間都是合和互協，同心為眾生們付出；而師父們就是居士們的榜樣。

靜思精舍的精神，是慈濟志工在全世界救助貧困、深入各種災難現場所懷抱的精神模式；這模式教導人節約才能遠離災難，克己才能挽救人類，維護地球的永續生命。

靜思精舍的師父們在經年累月的農作中體悟，大自然給予他們的啟示，不亞於經典給予他們的教諭。

筆者曾與師父們一起在菜園工作，一位師父告訴筆者，穿過瓜棚要低頭，這在教我們謙卑的道理；一棵苦瓜再怎麼美，如果不照顧好，在成長過程給蟲咬一個洞，這瓜就無法長大。這教導我們戒體必須保護好，不可犯一小戒，否則修行就前功盡棄了。與他們處事的確感受到長期在大自然的耕作中，給他們的生命帶來的愛和生命智慧。

早期師父們跟著上人除了耕地、種稻，還必須讀誦佛教經典以及儒家的四書五經。這是證嚴上人期待的一個完整人格雛形的建立，應如孔子所言：「質勝文則野，文勝質則史，文質彬彬，然後君子。」透過耕作與大自然相融相合，樸質的環境造就修行者的品格及志節。這種簡樸克己的志節及品格是入世工作的泉源。

72〈四弘誓願得佛涅槃〉，《靜思妙蓮華》第八八三集，大愛電視臺，二〇一六年八月二日。

靜思精舍近兩百位常住師父中，有一部分會經常參與慈濟基金會的運作，他們是作為法的指導者，實際執行面比較少介入。這些參與會務的師父，平日還是要輪值洗碗、飯桌整潔、整理環境等工作。這個概念是精舍就是一個家，作為家庭的一分子，家務事大家都得一起參與、一起承擔。上人期待靜思精舍的師父們做好法的傳承，樹立德的典範，為居士、為志工、為全球慈濟人、為眾生開啟佛法的智慧，他們是慈濟宗的法源傳承者、繼承者與踐履者。

4. 清修士的創立

證嚴上人於二〇〇七年開始構思清修士的制度，清修士守著出家師父的戒律，與僧團同住。不結婚，但是不現出家相，不剃鬢髮，但其修行之要求與出家人類同。

靜思精舍的清修士是目前實際承擔慈濟基金會會務的力量之一。清修士在基金會裡擔任職務，與在家居士，包括志工、主管，與同仁們一起負責慈濟會務的推動。清修士是法脈，也是宗門。證嚴上人表示：

> 慈濟宗門是要走入人群社會，各志業需要的人才不同，清修士即是以出家的精神做入世的志業；以精舍為家，以眾生為己任。身心奉獻無家累。[73]
>
> 心出家的清修士，與身心皆出家的僧人，本質相同。僧團是延續佛教慧命，而顯出家相宣揚佛教。「性」與「相」要連貫。性就是與佛同等的本性，其實一切無為法為何要著於相？既是清修士就要廣納宗教觀，要總一切法，持一切善。[74]

清修士有男眾、有女眾。多半是高學歷，具碩博士學歷，有建築、法律、醫療、會計、生物科學等不同的背景。許多清修士是海外的年輕志工，響應證嚴上人的號召回到花蓮靜思精舍加入修行的菩薩道場。在上人眼中，清修士方便行於世間，是傳承法脈連接宗門的重要橋梁。

（二）靜思精舍常住眾之修行法門

1. 法脈傳承者：靜思精舍之常住眾

靜思精舍常住眾包含兩類修行人：一為比丘尼、二為清修士。證嚴上人規定在靜思精舍欲成為比丘尼必須先為近住女兩年或兩年以上，確定能適應僧團生活，確定自己立願為眾生行菩薩道，並取得家人完全的支持，才得圓頂出家。在精舍圓頂後至少一年，方能受三壇大戒。證嚴上人言：

> 僧團就是生活動作要有團體的精神，在衣食住行中要有僧團的規矩。我們是不是合眾？要

73 釋德仉，《證嚴上人衲履足跡》二〇一二年春之卷（臺北市：慈濟文化，二〇一二），頁六九八。

74 釋德仉，《證嚴上人衲履足跡》二〇〇九年夏之卷（臺北市：慈濟文化，二〇〇九）。

自己問自己，在衣食住行方面是不是穿衣整齊，用餐守時，就寢守時，在日常生活中的行動守規矩？我們是否都能潔身自愛？潔身自愛就是自己的身形、一切個人的行動都能與整體和合。……有時我自己想想，哪有什麼制度或管理，我只有兩個方法：「以戒為制度，以愛為管理。」[75]

所以靜思精舍的常住師父與清修士，都必須守戒律。戒為定之本，定為慧之鑰。靜思精舍的出家法師及清修士所必須持守之戒律都不離生活日常之待人接物。

靜思精舍的常住二眾莫不著重治心、強調日常生活的道德實踐，以及廣結眾生之善緣、圓滿善業為三大主要日標。

在治心的部分，包括四聖諦、六波羅蜜、七懺心以及八正道，這都是佛陀所示重要的原始阿含之修行教法。

在日常道德實踐部分，四威儀、四無量心、五戒、十善，都是修行重點。

在廣結眾生善緣部分，從四攝法、修習利他；功德之迴向消弭一切惡業惡緣，也同時回饋一切善緣、善業。最終期許是「十法界」，六凡是我們度化的對象，四聖是我們禮敬的典範。

靜思僧團奉行的儀軌，是「自淨、利他」並行，這是佛陀利他思想的重要理念。

修行人規範好自身的威儀、德行，才能起帶頭示範作用，成為全球慈濟人的精神依歸，法脈源頭。筆者認為上人在強調僧俗平等的前提下，對於僧俗仍有不同的強調。對於僧——包含比丘尼與清修士，以「自度度人」為修行法門。出家法師是佛法僧三寶之一，自然要做好在家居士的典範，這典範不是講經說法，而是在行、住、坐、臥中展現的法與威儀。

證嚴上人對於在家居士的修行要求比較強調行善入門，再逐漸修持清淨心，是從利他到度己的歷程。

雖然證嚴上人在僧俗修行上有不同之強調，但是對於出家師父的要求更嚴格。不只要戒律上，在具體的利他奉獻的工作中，靜思精舍的師父們以服務作為修行的榜樣，上人並不主張修行者的師父們高高在上，而是能低下頭來為別人服務，在他看來，能服務別人的人才是真正的有德者。這在在體現利他是作為修行的道路。

2. 慈濟宗修行次第之思考

筆者曾經探索證嚴上人觀點下慈濟宗的修行次第。結論是證嚴上人並無分別修行之次第。他給弟子的法如前所述，涵蓋所有能到達覺悟的利他途徑。因為證嚴上人是以志工為經，以實踐為法門。眾生無量，法無量。證嚴上人認為眾生都具備「法」，向無量眾生學習無量法。眾生是道場，用心於眾生的心，向每一個眾生學習就是覺悟的契機。正如他向靜思精舍的常住二眾所說：

> 從慈濟人口中所聽到的心得分享，是現代真人實事的大藏經。例如慈院志工穿梭在病房中，所見聞的人生經過、感受，無不都是經！[76]

75 善慧書苑，〈以眾生心會合佛心〉，《證嚴法師衲履足跡》二〇〇一年春之卷，（臺北：慈濟文化出版社，二〇〇一）。

這種真如本性我們都存在。只要你的真如本性若能顯現，自然我們的「自然智」、「無師智」，我們就可以啟動起來了。何必一天到晚說：「師父，我們需要師父說法給我們聽，我們才能明白道理。」其實不用了，無師智存在啊。[77]

聖人無常師，以眾生為師，以眾生的心為道場。這體現《法華經．譬喻品》所云：

若有眾生，從佛世尊聞法信受，勤修精進，求一切智、佛智、自然智、無師智，如來知見力無所畏，愍念安樂無量眾生，利益天人，度脫一切，是名大乘，菩薩求此乘故，名為摩訶薩。[78]

慈濟宗的修行者，從佛聞法，行菩薩，勤修精進，每個志工的利他實踐都是法，入人人之心，向眾生求一切智，即入經藏，即修行法。當然許多宗教開山祖師，未必將自己的修行法門次第化。大器思想常常是混沌或渾然一體的，好比大海非江河，無方向可循一般。然而「君子如響」，後世弟子因著根機不同、因著歷史因緣殊異，或以個人的體悟，將證嚴上人給予的修行諸法次第化、進程化是可能發生的。屆時是弟子各自詮釋，不礙原本的渾然一體之初衷。

（三）慈濟的領導核心

慈濟慈善事業基金會是由靜思精舍（附設佛教慈濟功德會）捐助成立，它的運作與影響擴及全球九十幾個國家。創辦人證嚴上人作為基金會的核心領導人，從來沒有離開過臺灣。慈濟領導核心的運作如何進行？

1. 慈濟功德會到慈濟慈善事業基金會

一九六六年證嚴上人於普明寺以藥師法會式，聚積點滴成立佛教克難慈濟功德會（後改稱佛教慈濟功德會）。在一九八〇年為籌建慈濟醫院，依臺灣省政府規定醫院之捐助必須以基金會性質為之，所以才成立「財團法人臺灣省私立佛教慈濟慈善事業基金會」，在一九九四年改隸內政部主管，基金會定名為「中華民國財團法人佛教慈濟慈善事業基金會」。

慈濟初期一切的運作以靜思精舍為中心。小小的靜思精舍大殿三十三坪的空間，是精舍師父與志工們共同推動慈善志業的據點，晚上則是師父們下榻的寮房。一個空間，多種用途。即便

76 善慧書苑，〈人生的起點和終點〉，《證嚴法師衲履足跡》一九九八年秋之卷（臺北：慈濟文化出版社，一九九八）。

77〈洗滌無明見真如〉，《人間菩提》第五三八二集，大愛電視臺，二〇一三年四月三日。

78《妙法蓮華經》卷二，《大正新修大藏經》第九冊，第〇二六二。

在那個時期，證嚴上人堅持弟子必須貫徹精舍的財務與慈濟的財務必須完全分開。曾經有精舍師父向功德會借漿糊用，上人堅持必須借一瓶還一瓶，原則於細小的部分都必須貫徹。一九八〇年後，靜思精舍的後面蓋起了辦公室及寮房，使用空間才比較充裕。

一九八六年慈濟醫院興建完成之後，慈濟的行政事務大半移到醫院。醫院除了院務，也成立了慈濟行政中心。一九九五年靜思堂興建完畢，慈濟的總管理處設在此處。此時的行政建制逐步走向專業化。財務處、營建處、醫發處、資訊處、人資處等都設立在靜思堂，此為慈濟行政中心。但是宗教處與慈發處則仍在靜思精舍，一方面是歷史的緣故，一方面宗教處與慈發處與志工互動密切，這兩處設在精舍，讓證嚴上人與師父們互動、關懷較為方便。

2. 慈濟各志業機構的設立

慈濟另一個系統是志業體，舉凡慈善、醫療、教育、大愛臺、大愛感恩科技都屬於志業體。每一個志業體都是獨立登記的法人或為「基金會」，如慈善、醫療、教育、人文基金會等。或為「公益企業」，如大愛感恩科技是屬於慈悲環保科技的非營利企業。慈濟功德會則是宗教法人，負責慈濟相關的宗教活動事宜。佛教慈濟功德會的前身為佛教克難慈濟功德會，為慈濟宗門的起源。靜思精舍是法脈，慈濟功德會是宗門，連結慈濟的四大志業。

各志業體屬於獨立運作，因為都是專業的機構。證嚴上人說，功德會是母會，慈善基金會是總會，慈善、醫療、教育、人文等「四大合一」——四大志業合一。所以每週四下午固定在花蓮召開「慈濟志業策進委員會」，簡稱「志策會」。各志業體主管以及慈濟慈善事業基金會處室主管都必須列席參加，針對四大志業的發展輪流討論報告。「志策會」由證嚴上人親自主持，各志業基金會之主管都出席聆聽，參與討論。「志策會」是慈濟凝聚四大志業體共同合作，建立共識、擬定未來方向的重要決策樞紐。

此外，慈濟各志業體主管經常性地參與慈濟慈善的各項緊急賑災、訪貧、義診等活動，包括大型國際的急難救助。志業體主管們跟志工一樣，都是自掏腰包、自付旅費、自假參與慈善工作。他們從中陶冶、理解慈濟的利他精神，再將這分精神帶回專業的職場中。

很多「國際慈濟人醫會（Tzu Chi International Medical Association, TIMA）」[79]的醫師們在參與慈濟義診之後，對醫療有重新的省思。臺中慈院的簡守信院長在二〇〇一年參加菲律賓義診之後，對於醫病之間那分單純的愛有重新的體悟，在他進入慈濟醫療多年後，他在那一刻終於發願成為慈濟人，並皈依證嚴上人。

3. 慈濟人的定義

所謂「慈濟人」並無嚴格的定義，不過在慈濟核心幹部約定俗成的思維中，「慈濟人」是泛指受證的志工或是已皈依的弟子。因為這些成員都必須遵守慈濟十戒。一般的會員、捐助者，以及志業體的主管、職工，未皈依者、或未受證者，一般不包括在「慈濟人」的稱謂涵義裡。「守

---

79 慈濟人醫會，全名為國際慈濟人醫師聯誼會，簡稱「人醫會」；英文為 Tzu Chi International Medical Association. 簡稱 TIMA.「人醫會」目前有一萬五千名醫師、護士、志工組成。在全球超過四十個國家進行義診。幫助病患人數超過兩百五十萬人。

戒」，是界定是否為「慈濟人」的標準，但是這個界定仍然不是一個嚴謹的或絕對的定義，可能問每一位慈濟人，他們對此名相都會有不同的認定。

慈濟各志業體的主管未必是證嚴上人的弟子，也未必是佛教徒。慈濟花蓮醫院第三任院長陳英和醫師，從創院開始至今，他在慈濟醫院已經服務二十八年，然而他始終是一名虔誠的基督徒。一九九九年證嚴上人邀請他擔任慈濟醫院的院長，陳英和醫師一開始婉拒，因為他覺得他不是佛教徒，怕不能勝任。他建議上人應該找一位佛教徒接此職務。證嚴上人問他：「你信基督教虔誠嗎？」陳英和醫師回答：「是，很虔誠。」證嚴上人說：「你越虔誠我越歡喜，因為醫院需要有愛心的人，每一個宗教的本質就是愛。」陳英和醫師當了四年的院長，現在是慈濟醫院的榮譽院長，目前仍在慈濟醫療服務，他也是臺灣最著名的骨科醫師。[80]

慈濟大學的前任校長方菊雄，現在也是大愛臺的主持人。方菊雄教授是基督教長老教會的長老，卻曾擔任慈濟大學第三任的校長。他已經年近八十歲，仍在慈濟大學任教。凝聚不同宗教與理念的人一起長期在慈濟服務，一方面是證嚴上人個人非凡的領導力；一方面是慈濟體現的利他精神，讓不同宗教的人都能參與慈濟而不覺得與自己的信仰有衝突。

土耳其慈濟負責人胡光中是伊斯蘭教徒。他在土耳其為數千戶敘利亞難民進行發放，並幫助數千名敘利亞難民童工復學。菲律賓與非洲七個國家，各有上萬名天主教與基督教信仰的志工；印尼亦有上萬名伊斯蘭教徒成為慈濟志工，這是慈濟所體現的佛教利他精神所創造的統攝力。

「慈濟人」較適切的說法，以筆者觀之，就是一群以佛教慈悲精神為本，從事利他、行善、服務別人，同時淨化自心的愛心志工。

（四）情感領導與類家庭體系

在慈濟，對人的關注是它成功的重要因素。慈濟強調工作場域就是一個家，工作的同仁都是家人，這與一般企業或政府組織的運作與文化不盡相同。

一般的企業組織裡，標榜競爭。對內鼓勵同仁互相競爭，對外與同業競爭；競爭才能邁向卓越。所謂競爭力，是企業界標榜的黃金法則，但是競爭的同時，逐漸出現的爭與鬥亦在所難免。公司或組織不斷在內部壓力與互相傾軋之下，凝聚力與生產力相對下滑。

慈濟的組織體系裡，卻要求人人互相感恩。主管感恩部屬的付出，部屬感恩主管的帶領。人人相互體諒，以成為一個溫馨的大家庭為目標。愛，特別是家庭的愛，是每一個人企求的工作環境氛圍。證嚴上人強調的「以愛為管理」，不以責備、壓迫、物化的模式作為組織的管理形態，才能使人人生活在一個安全與自信的氛圍中，因而具備正向的思維、態度與行為。換言之，愛才能讓自我對社群做更具創造性的能量產出。

從慈濟的觀點言之，感恩心與愛並不會削弱個人在專業上持續地提升與邁向優質的能力。感恩心與愛同時也強化了團隊合作的品質，讓人在和諧的環境中，不必再分出一部分的力量去平衡

80 俞秀珍，〈證嚴上人開示 人間菩薩大招生〉，《慈濟美國月刊》第三九三期（美國：慈濟傳播文化基金會，二〇一四年三月二十九日）。

彼此而造成內部力量的抵銷。

社會憂鬱症的驟增，多半是和工作競爭壓力、人與人之間的不信任及相互傾軋有關。家，是人類最基本的生活核心，營造每一個組織的環境都像家的環境，自然人的身心都會獲致一種澄靜的平衡。中國傳統社會以家為中心，這種「家」為核心的人情體制，與其所衍生的裙帶關係，曾被認為是現代化的阻礙。但是現代社會的人際過度生冷、過度講求制度化的環境，造成官僚體系的氣息，其弊病仍然不亞於裙帶社會所衍生的後遺症。

儒家的「家」之人情關係，在慈濟轉化成人人必須照顧他人的感受、尊重他人的感受，因此做事不是只講求成果，不只事圓，還要人圓、理圓。「人圓、事圓、理圓」是上人對於「德」的重要詮釋。組織最重要的還是人，對於人的珍惜，是慈濟社群很重要的核心價值。特別是志工，不為金錢與權力來參與，因此人的感受與尊重是組織裡很重要的關鍵。[81]

在慈濟這樣「類家庭」體系的管理動力是情感，以情感相互依靠，彼此疼惜，因此在慈濟很少討論誰做錯什麼，並不是大家都彼此鄉愿，而是對於錯誤，大家都談得很委婉隱諱，針對事，很少針對人，因為不可以傷害到別人，因為對錯與誰負責，經常不會確切地論斷。

證嚴上人強調的理念是對於做錯的人都要持一「寬」字，在慈濟，即使有人犯了錯誤，證嚴上人當他們的面前告誡他們，但是在其他人面前都還會為犯錯者緩頰。在他看來，立刻追究責任在很多情況下不是真正解決問題的方法。但如果因此就認為在慈濟做錯事的人，都一直會被原諒，而不會做任何更動，那也是偏頗的想法。佛陀時代的自懺、發露懺悔之方式，在慈濟的環境中是被鼓勵與肯定的。

以筆者長期之經驗觀之，如果一個人不適任，他當然還是會被調整，不過是會以一種很和緩的方式，在儘量照顧到他的尊嚴及情感的情況下，進行職位移轉。這裡指的尊嚴不只是維護他的面子，更是照顧好他的「道心」與「慧命」。證嚴上人的理念是，一個志工或同仁不繼續承擔某項工作，只有在他不能接受別人，而且其他人也都不能接受他時，才會有這個因緣產生。而即使他離開某個職位，並不等於他離開慈濟，證嚴上人會希望他繼續透過其他的方式付出奉獻，並藉此精進修行。

（五）慈濟志業人　工作即修行

在慈濟的世界裡，即使職工或學有專精的專業人士投入慈濟志業體，也都希望他們以志工的精神投入工作，甚至以此作為他們生命中最重要的使命與理想。

在工業社會中工作與休息都是分開的，但是如果工作如同在家庭裡一樣溫馨，人是不是需要那麼多的休息時間？現代人一年休息的時間幾乎超過一百天。這麼多的休息究竟意義何在？對於人的身心平衡健康真的有益嗎？

證嚴上人說：「休息，就是換個方式工作。」[82]不區別工作與休息、修行與休息是慈濟重要

81 盧蕙馨，〈慈濟志工行善的人情脈絡〉，《慈濟大學人文社會科學學刊》第一期（花蓮：慈濟大學，二〇〇二），頁三一一六八。

的修行理念。在證嚴上人眼中的確沒有過勞這種理念。在慈濟同仁與志工身體健康當然是被極度關懷的。生病休息當然是必須的，但是慈濟鼓勵多做事，做事就是修行，工作與休息不應該被二分法，或覺得工作就是辛苦，休息就是快樂。樂在工作，樂於服務，是人生的宗旨。

以此理念，靜思精舍的師父們終年工作，他們耕作、做豆元粉、做蠟燭，以及從事各種日常生活的食、衣、住、行等忙碌庶務，他們不需要週休二日，依然身體健康、精神開朗。有人會說，因為他們是修行人，但是慈濟許多資深的志工或同仁、主管，一樣幾乎全年無休，他們並沒有因為工作壓力或過度勞累，而發生憂鬱或沮喪感。

從慈濟的觀點言之，現代人忙著工作，之後忙著休閒；忙著應酬，再忙著健身。現代多元化的功能，將個人切割成不同的區塊，人於現實中無法得到真正的完整性，也無法真正地掌握自己的身、心、靈、境。慈濟人的理念是工作即為休息。證嚴上人常問志工，做得累不累？他們都會回答：「很幸福！」慈濟人不說辛苦。

證嚴上人希望人是為了工作而生活，不是為了生活而工作，所以沒有退休這個理念。證嚴上人曾在對靜思精舍的出家師父與清修士說，靜思弟子不退休。不可以將長者師父送老人院，要自己照顧。能做事的，一定要做，靜思勤行道，做到生命的結束，還要再來人間，繼續為人間、為眾生努力。[83]

臺灣的工作體制是週休二日，而證嚴上人就期勉慈濟人「週修二日」，別「週休二日」。慈濟的主管與主要志工其實多半全年無休。證嚴上人每日清晨三點半即起，開始講經，到八點半已經開示兩場。全年無休。弟子們也是不敢須臾離也，努力精進不懈。從慈濟的觀點言之，區別工作與休息，人的生命之統一也喪失。慈濟的理念是工作即是福報，能付出很幸福。心心念念為眾生，少欲志堅，為他人付出之際，不斷地縮小自我，達到體驗與大我一體的境地。這是慈濟人的生命目標與使命。

證嚴上人在二〇〇八年初的一場歲末祝福的開示中，向慈濟志業體的核心幹部強調，「無我、放空自己，真正用我空、無我的心去為人群服務。」[84]慈濟要培養的志工與同仁就是這種品格、這種人品典範的「志業人」。志業人不是以物質、情欲、自我為中心，而是以付出、無我、修行、利他為精神依歸。

（六）慈濟宗門永續的反思：人情體制與西方法制思維的含納

慈濟在以慈悲等觀為價值核心，相容儒家人情體制的運作下，以科學實事求是的精神，將宗教慈善推廣到全世界華人及部分非華人的區域。它的成果在佛教歷史上是顯著的。如前面所述，對於人的關懷，是慈濟成功的關鍵。以家為基礎的慈濟世界，盧蕙馨教授將之描述為「情感社群」。[85]

82 釋證嚴，《靜思語》（臺北市：九歌出版社，一九八九）頁二四六。
83 二〇〇七年證嚴上人於靜思精舍與清修士開示，筆記。
84 釋證嚴，二〇〇八年歲末祝福 人文志業中心（二〇〇八年一月）。
85 盧蕙馨，《人情化大愛——多面向慈濟共同體》（臺北：南天書局，二〇一一），頁九九。

黃倩玉教授觀察慈濟的人情運作中，證嚴上人扮演一個最大的情感動力的角色。慈濟的成功在於將強烈渲染的感情約制在某種穩定的感情裡的集體性過程。這是慈濟在龐大的組織能成功運作的關鍵。這強烈的情感之集體性格，產生慈濟類家族的特色，這特色接近儒家的人情體制。人與人的關係是做事成功的關鍵。結好緣是慈濟團體做事的重要圭臬。值得釐清的是在慈濟並不是講求利益交換的結好緣，正因為不能也沒有利益交換，所以結好緣成為做事的重要基礎。在這種具儒家人情的關係體系裡，慈濟仍然以佛教的清淨無染的長情大愛為導，但是在組織中有不適任的人，或是有不當的行為，其是否能更大範圍地遵循人情體系去圓滿解決？

丁仁傑先生在慈濟的研究中提及，慈濟因為不能引進與佛教自身價值不相符的西方式職權本位的分工管理體系，所以對內部成員之間所發生的不和諧就更強調忍讓原則，即「知足、感恩、善解、包容」，來調和人與人之間的意見不同或差距。[86]證嚴上人的德行與他的法是慈濟社群人與人之間的誤解能得到圓滿解決的樞紐，這是黃倩玉強調聖格領導（Charismatic Leadership）的特色。[87]

筆者的體會是，慈濟內部任何的不和諧，在志工體系是透過資深者或有德望者的協調獲致和諧。這是聖格領導的衍伸。所以證嚴上人強調以德領眾，特別是志工體系，都是志願者，與企業或公部門的獎懲升遷之體系不同。志工是依靠價值與情感驅動的組織網路，人與人的差異必須以理念、以情感、用佛法與人的德行來調和。這一部分，筆者認為慈濟應該繼續保有它原本之運作模式。

筆者認為，慈濟下一步的努力將會在儒家人情結構與佛教慈悲等觀的價值體系基礎之上，向西方的法制思想吸納，這種吸納是有其內在矛盾的。過度重情，則制度不彰。過度法制化，則情不通達。如丁仁傑所觀察，慈濟未來的制度化即使建立，並不能保證它能帶給志工愛的動力。丁仁傑說：

> 制度的建立是使一個大規模組織能夠延續下去的重要條件，然而卻不是——甚至有時候還是相反的——一個組織能夠更為興盛的條件。尤其是一個以修行為要求的佛教團體，終極上，制度不能取代一切，它是否能夠興盛與繁榮，取決於它是否能夠繼續喚起人們的理想、情感和興趣，而非取決於它的「制度化」是否能夠成功的問題上。[88]

這是真知灼見的觀察。體制化也可能造成理想、熱情與愛心的冷卻，特別是志工體系是自願的、自發的，不支薪酬的，保住每一個人力量是慈濟成功的另外一個重要關鍵。但是如果有「不當者」不願離開，性情不改，創意不再，如何以人情與慈悲處理？因此法制的吸納是慈濟目前正進行或須進行的課題。

慈濟醫院、慈濟大學、慈濟人文志業中心（含大愛電視臺），都是極為專業導向的機構。政

86 丁仁傑，《社會脈絡中的助人行為：臺灣慈濟功德會個案研究》（臺北：聯經出版公司，一九九九），頁四九九。

87 Julia Huang（黃倩玉）,*Charisma and Commpassion*, US: Harvard University Press, 2009.

88 丁仁傑，《社會脈絡中的助人行為：臺灣慈濟功德會個案研究》（臺北：聯經出版公司，一九九九），頁四九六。

府的法規，專業的準則都在在引導慈濟法制體質的建立。然而過度適應會世俗化，吸納不足則創意與適才適所會出現遲緩的現象。慈濟決策的核心要為此努力或正為此努力，都需要極大的文化創造性的智慧。這種文化的融合，很可能要經過幾個世代才能夠將「儒家的人情結構」、「佛教慈悲等觀的價值體系」與「西方的法制思想」做適切的、恰如其分的圓滿之融合。果能如此，屆時，又會是中國或東方智慧與西方和合的新文明之典範。

即便如此，佛教的修行之德，所創造的人格感染力，仍是慈濟永續發展的必要因素。如同先前所述，制度不能給予同仁們熱情、理想與興趣。修行者的德行與智慧，所創造出的愛的能量與洞見時代需要的眼光，才是慈濟能持續往前邁進的關鍵因素。

如同耶穌傳道三年就殉道，他的門徒彼得與保羅等門徒，憑著自身信仰的堅定與熱情，將耶穌的信仰之道延續至今兩千年，成為世界上最重要的人類精神文明之一。佛陀入滅後的弟子們，阿難、須菩提傳法，大迦葉、優波離傳戒律，以及其他無數弟子將佛法傳到亞洲各地，乃至全世界。對於當代佛教宗門而言，特別是以對治悉檀的旨趣的宗派，不能解決時代的問題，不能回答時代的答問，再好的內在制度化都無法使它持續昌盛。

修行是宗門延續的根本，回應時代需要的洞見是宗門興盛的關鍵。

五、慈濟志工組織運作與修行

（一）以戒為制度、以愛為管理

1. 慈濟志工的界定

慈濟目前全球九十四個國家地區從事慈善、醫療、教育、人文等工作。約於五十多個國家設有分會及聯絡點。這些分會與聯絡點，多半由志工組成。特別是領導的執行長，多為資深志工擔任。少數國家在該分會設有領薪的職工。而職工能被選擇加入慈濟，多數具備志工之精神，或曾經是志工。因此他們在一個範圍內，不計較付出的時間與薪資的多寡。

慈濟是全球具備志工人數最多的ＮＧＯ之一。[89]志工的組成與管理是慈濟的一大特色。慈濟的志工是捐款者、行善者、修行者，也是慈濟的管理者。志工是慈濟宗門最重要的支柱。

89 根據比爾蓋茲基金會執行長麥可迪瞿（Michael Diech）所述，比爾蓋茲基金會是全球最具財力的ＮＧＯ。而慈濟是全球志工數最多的ＮＧＯ。二〇〇八年七月與筆者的會談中述及。

慈濟人或慈濟志工約略可以分為幾種類型：

第一：會員，通常是定期或不定期的捐助者。會員本身並不一定會參與慈濟志工的活動。目前慈濟在全球的會員超過一千兩百萬。

第二：志工，又分為培訓志工與非培訓志工。非培訓志工不嚴格要求守十戒，但是在從事服務工作中，必須恪遵慈濟的規矩。如不飲酒、素食、不喧嘩、不談生意、不議論政治等。受證慈濟志工則必須遵守十戒，通常培訓兩年，通過志業課程、慈濟理念的了解與戒律持守無虞，始能受證。受證志工分為三類，一為委員，二為慈誠，三為志業功能志工。

第三：委員，通常為女眾，亦有男眾。女眾著「八正道」制服及慈濟藍色「旗袍」；旗袍又稱為「柔和忍辱衣」。亦即度化眾生必須堪忍。委員恪遵十戒，做好慈濟人的榜樣，並投入慈濟各項志業的服務工作，更重要的是委員具備募款的身分，所以操守一定要嚴格地要求。慈濟委員定期向慈濟會員收功德款，並藉此向會員們說明慈濟慈善等志業的進展。會員家裡有任何不愉快事情，委員會幫忙排憂解難。委員是會員心中的菩薩，為他們拔苦予樂。社區一旦遇到有不幸的事件，諸如火災、車禍或緊急事故，慈濟委員會立刻動員，前往探視關懷。平常社區有貧困、鰥寡、弱勢家庭，都是慈濟委員長期照顧、幫扶的對象。

慈濟委員所穿著之「八正道」及「旗袍」之制服，非為捐款多寡所能獲得。慈濟委員必須見習一年，培訓一年，謹守戒律，投入慈濟志業，才符合資格穿著這套制服。犯嚴重戒律的委員，其制服與「法船」（胸前所掛別針）及委員資格會被慈濟本會收回。

第四：慈誠，慈誠為男眾，與委員一樣是見習一年，培訓一年，遵守十戒，投入慈善志業，才能受證為慈誠。慈誠肩負各種慈濟的勤務，舉凡救災、物資集結、發放規劃、興建大愛屋等，無所不做。慈誠的資格與制服一樣是非捐款所能獲得。

第五是榮董：因捐款而得到慈濟「類感謝狀」的為「榮譽董事」（簡稱榮董）。在一九七六年之前，慈濟準備蓋醫院，當時募款相當困難，因此有人一次捐一百萬元興建醫院者，特頒「榮譽董事」；此為感謝狀，榮譽董事不參加慈濟董事會，也未嚴格要求其遵守十戒。當然許多榮董為企業家，後來因感動慈濟的慈善工作，而投入培訓，成為慈誠或委員者多，但不是每一個榮董都被期待成為慈誠或委員。連戰先生與馬英九先生都是慈濟榮董。

第六：志業功能志工，志業型態的志工包括環保志工、人文真善美志工、人醫會志工、骨捐關懷志工、教聯會志工等。慈濟一共有三十二功能性團體，投入慈善、醫療、教育、人文、研發、環保等不同之志業工作。受證的志工一樣穿上制服相同之良能不同之制服。如環保志工為灰衣。人醫會志工為白衣，教聯會志工為灰藍制服等，都是具備慈濟的形象與標誌。

表四之二：慈濟功能志工團隊分類

類別	功能組
宗教／總論	慈誠、慈濟委員、榮譽董事、精進組志工
慈善	訪視志工、國際慈濟人道援助會
醫療	醫療志工、國際慈濟人醫會、骨髓捐贈關懷小組、大體捐贈關懷小組、器官捐贈關懷小組
教育	慈濟教師聯誼會、慈濟大專青年聯誼會、慈濟慈誠懿德聯誼會、大愛媽媽、慈濟青少年籃球家族聯誼會
人文	人文真善美志工、巧藝志工、環保志工、福田志工、外語隊、公關志工、社教志工、書畫志工、慈育隊／人文推廣志工、導覽志工、手語隊、慈詠隊（已併入社區一般合唱團）
其他	建築委員、慈濟警察消防暨眷屬聯誼會、諮詢志工、香積志工、慈友會

這些不同的功能（慈濟稱為良能），都是來自不同之專業，他們把慈濟的慈悲大愛之利他精神帶入專業。他們非全職志工，而是在工作之餘，投入慈濟。志業型態的志工亦有非受證的志工投入，他們不定期來慈濟從事慈善、環保等工作，這類型志工則以環保資源回收為多。慈濟環保

志工受證約十萬人[90]，非受證的環保志工約二十萬。

2. 慈濟志工「四法四門四合一」之體系

金字塔型的組織與社會這個概念，支配著人類數個世紀。決策權是少數，菁英分子是少數。少數菁英領導多數普羅大眾，幾乎是大家奉行的必然法則。但是金字塔型組織所造成的不平等與階層對立，卻也困擾著人類社會數個世紀。證嚴上人依止於佛教慈悲等觀的概念，創立一種圓形的組織「無上無下，非上非下，可上可下，既上且下」的圓形組織來架構志工體系之運行。

證嚴上人於二〇〇三年推出志工體系的新組織架構，把已受證的慈誠與委員組織分為「合心、和氣、互愛、協力」四個體系。合心，是由當區最資深或最孚眾望的志工組成，負責法脈的傳承與經驗信念之分享。和氣，相當於一個省轄市的區級一般大小的地理範圍，和氣的幹部負責工作的統籌規劃，是志工主要啟動力的來源。互愛，相當於行政區裡數個里的大小所組成的單位，專司負責工作分配與實際執行。而協力組，則是以一個行政里為單位，負責該區志工第一線的實際執行工作。

然而證嚴上人卻一再強調，希望合心幹部在傳承法脈與規劃大方向之際，也能回歸里的協力單位，在第一線付出與奉獻。永遠在第一線，是證嚴上人要求資深志工必須力行實踐的一個重要理念。第一線，才能讓法脈的傳承者真正將法髓灌注在泥土裡，讓所有第一線較年輕資淺的志工

90 何日生，《慈濟年鑑》（花蓮：財團法人佛教慈濟慈善事業基金會，二〇一四），頁五三〇。

親潤慈濟法脈的精髓；永遠都在第一線，才能養成謙卑的心情，不以職位與資歷作為自我憑恃，而逐漸養成傲慢的心態；永遠在第一線，能夠讓資深的志工始終保持在實際的付出中，常養自我的慈悲心與感恩心；永遠在第一線，期許慈濟世界人人平等，沒有上下大小之別。

慈濟大愛電視臺的董事長杜俊元是一位成功的企業家志工，他也是高雄志工體系裡的合心幹部，高雄會所的地即是他捐贈出來興建的。雖然付出金錢、付出心力，又承擔重要的工作，但是他卻力行合心與協力，回到第一線的協力工作，與志工們排班指揮交通、掃街等工作。這是體現上下無別、人人平等的佛教思維。

雖然如此，慈濟這裡所體現的平等並不是齊頭式的平等，認為每一個人所做的事和所做的時間都應該一樣。其實平等是一種精神、一種態度。每一個人在能力與專業上仍然有所不同，應各自發揮，但是不管職位高低，專業有別，在一個程度上，志工必須有共同的工作，作為對於平等觀的具體實踐。

3. 以身作則　以德領導

許多認識慈濟的中、西方管理學者或專家常常問，慈濟的標準作業模式（SOP）為何？筆者認為，慈濟的SOP就是「一個覺悟的修行經由力行去啟發另一個志工，並讓他成為有德的修行者」。如此，一個一個地傳遞下去。如同證嚴上人所說，一切的慈善歸為「德」的修持。這契合《無量義經》所言：「從一種子，生百千萬；百千萬中，一一復生百千萬數；如是輾轉乃至無量。」這是從證嚴上人的以身作則開始，然後五個早期出家弟子跟隨他的腳步，帶領三十個家庭主婦，到現在全球慈濟數百萬個志工。

就各種管理學的實務觀之，所有傑出的領導者莫不都是以身作則，證嚴上人亦是如此。牛津大學宗教人類學教授彼得．克拉克描述證嚴上人的慈濟之所以成功是因為上人是：「做他所說！」（She walks her talk.）[91]慈濟希望激發每個人的利他與服務的精神。證嚴上人認為，要達到此一目標，必須以「愛」來管理，以「戒」為制度，共同發揮志業精神。

經由志工關愛人的方式，逐漸引導專業人士深入體會、了解何謂慈濟志業精神。以醫師為例，證嚴上人期盼醫師「以病為師」，不只要醫治病人，更要學習愛病人。他期許醫師「不要做醫匠，要做人醫。從人醫到人師」[92]，拓展生命不同的面向與經歷。慈濟的志業精神不是只專注在事項上，而是去體會不同的生命歷程後，重新界定專業，以服務他人作為一生中最重要的使命。

例如在慈濟醫療體系裡，非醫療專業的醫院志工，經常給予醫生許多生命及專業上的啟發。證嚴上人期盼醫師能以病人為中心，並透過志工們的具體實踐，傳達這個價值觀念。花蓮慈濟醫院的常住志工顏惠美師姊，一九八六年花蓮慈濟醫院啟業時即離開臺北優渥的工作，投入全職志工的行列。她在醫院裡陪伴重症病患，許多醫師受她啟發而知道如何與病人溝通，如何表達對病人的關愛，志工以德帶領醫師去關愛病人。

---

91 Clarke, B. Peter, *New Religion in Global Perspective*, UK: Routledge, 2005.

92 釋德仉，《證嚴上人衲履足跡》二〇〇六夏之卷（臺北：靜思人文出版社，二〇〇七）。

「德」亦是領導的重要特質之一，若能做到人圓、事圓、理圓，便是有德行的人。組織最重要的還是人，對於人的珍惜，是慈濟社群很重要的核心價值，特別是不為金錢與權力來參與付出的志工，因此，人的感受與尊重是組織裡很重要的關鍵。

在慈濟裡擔任領導者的志工，並非都是高知識分子或富有之人，真正能領導他人的是愛，能夠激發他人的也是愛。例如美國矽谷（Silicon valley）的資深志工林王秀琴師姊，大家都稱她「矽谷阿嬤」；她的英文能力很不好，亦未受過高等教育，但她在美國北加州以「愛」領導眾多高科技、高教育、高階管理階層的志工。因為她永遠充滿笑容，大家跟她去做慈善，大家在她身上永遠感受到愛。

慈濟是一個扁平化的組織，企業家與基層志工都一樣要輪值班、掃街、做環保，這是慈濟很重要的一個理念，從幫助別人當中淬鍊自己的性格，利他而度己。

慈濟以信念作為組織之核心力量，以信念領導，多元創發，希望達成在地化、社區化、去中央化，只要追尋同一個信念，在各地都能開花結果。高度社區化的結果是，社區中一旦有事就全部動員，例如莫拉克風災，慈濟志工非常清楚每一戶的狀況，能在最短的時間內，送上最需要的關懷與協助。

（二）行六度萬行　擴大愛與善

1. 正面擴大法

證嚴上人說：「心中布滿了善的種子，惡就無從所生。」[93]他教導慈濟人當「看到別人做錯，自己要先做對。」[94]慈濟宗門的基本修行法是擴大正面，擴大善、擴大愛。「消滅惡，不是打擊惡，是擴大善；消滅貧，不是打擊富，是擴大愛。」[95]

許多修行者主張壓制惡習、壓抑欲望、壓抑執著、壓抑自我、壓抑怒氣、壓抑傲慢心等等。而每個壓抑其實都是負面能量的產生。心理學家榮格即言，沉溺與習氣是不能壓抑，只能轉化。[96]而壓抑本身是一種強制，強制本身就是負面量。光中沒有黑暗。心要光明，不能存黑暗，更不能用黑暗創造光。

證嚴上人創立的慈濟宗門是用正面擴大法。把善擴大，而不是只用壓抑的方式。當年證嚴上

---

93 釋德仉，《證嚴上人衲履足跡》（臺北：靜思人文出版社，二〇〇八）。

94 何日生，〈當別人有錯〉，《人醫心傳雜誌》第二十六期（花蓮：佛教慈濟醫療財團法人人文傳播室，二〇〇六年二月），頁九。

95 何日生，〈慈濟扶貧濟困之實踐與理念〉，《慈濟實踐美學》上冊（臺北：立緒出版社，二〇〇八），頁一五七。

96 C.G. Jung, *The Archetype of Collective Unconscious,* US: Princeton University Press, 1990.

人出家後農禪，要犁田，但是出家人不能鞭打牛，所以證嚴上人教導弟子用草在前面給牛吃，邊走邊吃，邊吃邊走，牛就犁完田了。眾生無名如牛，鞭打或許一時有效但難以持久。循循善誘，擴大正面，才是正道。「已生惡令斷，未生惡令不生；已生善令增長，未生善令速生。」行一切善，斷一切惡，是修持佛法的實踐要義。證嚴上人採取正面擴大法，對於一個錯誤不是批判，而是擴大正面。他常說：「缺角不見是為圓。」這不是鄉愿，而是包容，能包容，才能引導人向善。

2. 無所求心的心才是道心

慈濟宗門是從慈善入門，其核心思想是「無所求的付出」。在無所求的利他行動中消除自我的私欲。在戒律的持守中，修得自身的清淨無染。「愛」與「戒律」是慈濟志工的兩大修行法則。

「無所求心的心才是道心。」一個人在付出當中經常想到自己，自我仍然巨大，不可能做到無所求。因此節制自我的欲望與執著，是「無所求的心」養成之關鍵。節制自我的欲望與執著，持戒是必須的。

「慈濟人」必須守十戒：「一、不殺生，二、不偷盜，三、不邪淫，四、不妄語，五、不飲酒，六、不抽菸、不吸毒、不嚼檳榔，七、不賭博、不投機取巧，八、孝順父母、調和聲色，九、遵守交通規則，十、不參與政治活動、示威遊行。」

前五戒是佛制時代定下的五戒。後五戒不離前五戒的精神，因時代的需要而加以宣說闡述。

不抽菸、不吸毒與不飲酒戒一樣都是防止人心沉迷有害的物質，喪失清明的精神與智慧。不賭博與不投機取巧是培養誠正信實的必須德行，是佛陀信實不虛的教法。而孝順父母是古德之訓。佛陀雖然捨親割愛，離開王室，仍上到忉利天為母親摩耶夫人說法。而佛陀的《父母恩重難報經》闡述懷胎十月之苦，人子應報親恩，甚至視眾生如父母般的報答親恩，所以證嚴上人說：「行善行孝不能等。」大孝者行善道，行善道必以孝為先。

第九戒中的遵守交通規則，從證嚴上人的思想言之，其實是孝道的一部分。中國大陸央視主持人白岩松在會見證嚴上人時，曾問，為何要有遵守交通規則的戒律？證嚴上人回答，很多年輕人不遵守交通規則，因而發生車禍喪命者多，父母養育其長大，正要為社會做事或回報親恩，卻因交通事故往生，對親生父母親情何以堪？遵守交通規則是孝道，是大孝之道。保護好自己身體，回報親恩，行善體現大孝是慈濟第九戒遵守交通規則的精神所在。[97]

3. 不對立抗爭

慈濟「第十戒：不參與政治活動、示威遊行。」則是避免對立，不參與抗爭。政黨政治充滿了是非對錯的抗爭、對立，或為利益、或為權力、或為理念但其本質為對立。

佛教強調不對立，不抗爭。集會遊行動輒起流血衝突，有違佛教和平不對立的原則。二〇〇三年當美伊戰爭爆發，證嚴上人在演講中以《梁皇寶懺》的經文說：「一王之怒，伏屍萬里。美

97 釋證嚴，《白岩松主播與證嚴上人對談》（中國大陸：中央電視臺，二〇〇五年七月）。

國士兵戰死沙場，他們的父母一樣難過。」當時慈濟不贊成戰爭，也不贊成反戰。反戰人士在全世界掀起遊行街頭抗爭，這邊戰場流血殺人，這邊街頭反戰人士與員警衝突流血，哪一邊是真正的和平？所以《聯合報》標題：「慈濟超越反戰：證嚴法師說，與其抗爭，不如參與救援。」[98]

從筆者所理解慈濟的理念始終是「消滅惡，不是打極惡，而是擴大善；消滅貧不是打擊富，而是擴大愛。」[99]面對暴力的看法始終是佛教討論的重點。有論者曰：殺一人救五百人，菩薩要殺這一人，以救五百人，這是慈悲。但是以這道理，可否殺一百人救五千人？殺一千人救五萬人？殺一萬人救五十萬人？或殺十萬人救五百萬人？這不就是歷史上每一個戰爭合理化的理由與藉口嗎？佛陀絕對是不殺的。

其實佛陀生在一個亂世，當他自己的王國遭到外敵侵略時，已經證道的佛陀，並未採取相同的武力或對抗的形式去拯救他曾經必須繼承的迦毘羅衛國。佛陀反對的是暴力，他不可能成為暴力或對抗的一部分。佛陀自身體現一種絕對的和平與大愛，這種示現啟發人類的和平與愛。

證嚴上人的社會改革觀似乎為佛陀時代所堅信的和平與愛之信念，提供了另一條思索的途徑。

4. 戒定慧與六度萬行

證嚴上人對於居士的修行仍強調「內修外行」並重。內修「誠正信實」，外行「慈悲喜捨」。「誠正信實」是依於「戒定慧」；「慈悲喜捨」是依於「六度萬行」。

慈濟宗門之修行是從利益眾生中轉化自我的煩惱，所謂「見苦知福」、「以苦為師」、「利他度己」。發願利益眾生，必須修習「戒、定、慧、解脫、解脫知見」等五法身。「戒定慧」就是內修「誠、正、信、實」。證嚴上人說：

誠正信實是我們的本分事，謹守此，我們才能求證佛乘，這就是戒定慧解脫的方法。成佛不離開這些事情。第一要發大乘心，菩薩行就是大乘法，大乘法第一個條件就是要遠離五欲。我們要誠、正、信、實入人群中。我們的心如果還有欲，要幫助人，那就是有條件。我們必定要心無欲念，要很清淨，沒有名利等等的煩惱，這樣付出才能真的很輕安自在。100

「誠」則無私，正者無欲，證嚴上人將「正」之涵義導向八正道之體現；「信」，信己無私，信人有愛，則能與一切有情眾生結善緣；「實」者，務實地於眾生離苦得樂，於自身力行十善戒。

證嚴上人要慈濟人以戒作制度，以十戒要求自己，才能逐漸達到不被煩惱、欲望、見解與執著捆綁的定之功夫。心不被貪、嗔、癡、慢、疑五毒入侵，就是解脫。最終連智慧知見都超越，就是解脫知見。解脫知見是一種大謙卑與大慈悲，慈濟宗門以此為修行之法。

98　王昭月，《聯合報》第十二版（臺北：聯合報，二〇〇三年三月二十四日）。
99　何日生，〈慈濟扶貧濟世之實踐與理念〉，《慈濟實踐美學》上冊（臺北：立緒出版社，二〇〇八）頁一五七。
100　二〇一四年二月二十日證嚴上人於靜思精舍早課開示，筆記。

慈濟居士修行法門，依循佛教教義的六度波羅蜜須受持「布施、持戒、忍辱、精進、禪定、般若」。六度從布施開始，布施從慈心啟發入門，所以四無量心慈悲喜捨的實踐，如證嚴上人所言：「大慈無悔、大悲無怨、大喜無憂、大捨無求。」「慈」的目標是無相布施，布施是六度之首；「悲」是無我，持戒才能無我；「喜」是無憂，能忍辱，能入娑婆世間被眾生磨練，達到無生法忍的精進，才是真無憂，真無求。如此則禪定，定中生慧。為眾生無所求，以眾生為師，所以生大智慧。值此，四無量心與六度般若是相契相連的法門。

在修行路上能與人無爭，與事無爭，做到事圓、人圓、理圓，有了這樣的境界，就能自在清淨，達到佛陀所揭示的禪定；禪定，即一心不亂才能解脫煩惱，達到智慧般若的境地。

5. 在群體共善中解脫

覺悟非個人，應在群體的共善中得自在解脫。慈濟宗門的利他實踐要旨為「在利他的實踐中求得情感的清淨；在團體的愛中求得個人的大自由。」[101]

在團體中個人如何獲得大自由？關鍵就是愛。團體有愛，個人在其中就覺得自由、自在。自由源自於愛，自在源自於守戒。證嚴上人說：「團體美，在於每個人都守好戒律。團體中每一個人都美才能造就整體的美。」[102]

團體是磨練心智最好的場域。慈濟志工是以團隊的精神去完成濟世助人之志業。團體中的修行必須與人人結善緣，要達到這個境地必須要去除我執我見。當有境界來磨，要當作增上緣。如果能做到與人相處無爭，面對生死無慮，與自然涵融無礙，則能心無煩惱掛礙。心無無明，時時善念不斷，惡念不生，就是禪定的境界。而能禪定，則漸臻於解脫之智慧。

以筆者參與慈濟二十多年的體會，在證嚴上人的理念中，參禪、打坐不是唯一禪定的方法。禪定能於生活中求，能於世俗中得。在慈濟，每一個人都是一面鏡子，每一個人都是一個考驗，每一個人都是一部經典。深入人心，就是深入經典，向他人學習，就是讀經。謙卑感恩他人，就是造福。包容善解他人，就是消業。一切境界在人群中都可以看到，一切錯綜複雜的因緣果報都在人群中。解縛之道，就是與人人結好緣。如果我們將每一個傷害我們的人都當作是因緣果報，並感恩能因此消業，自然無怨無尤。如果把每一個我們幫助的人都當作是還業報，那就不會有所求。這種心境自然清淨無染。因此，因緣果報不離人群，懺悔罪愆也在人群中。與人人和睦無爭，煩惱自然消。

這是佛教因緣觀，以愛以善觀照一切緣起，直到萬緣、萬物都和合無爭，即是圓滿清淨之境界。

慈濟所欲創造的生命之美，或能帶給參與者生命之美，在於他創造很多不同的實踐場域，讓人在此實踐中體現感通、涵融、互愛之情。這實踐場域，例如環保站、醫院、音樂手語劇、賑災，用心規劃了、放進了、涵融了佛教的智慧與慈悲。通過此模式，慈濟期望創造的是一個——人與自然感通，心與境涵融，人與人互愛——之美感境界，因而建立一個人與群體共享、共有的

101　何日生，〈慈濟與人間佛教的實踐〉，《慈濟實踐美學》上冊（臺北：立緒出版社，二〇〇八），頁一五二。

102　釋證嚴，《慈濟月刊》第三六一期（花蓮：財團法人慈濟傳播人文志業基金會，一九九六年十二月十五日）。

圓滿生命。

6. 以行入經懺　群情意合一

佛法的傳遞從智慧、從慈悲，而從情感的啟發，更勝於思想的鍛煉。以筆者觀之，行動才能啟發情感的清淨與智慧。

證嚴上人除了引導慈濟從外行「以慈悲入佛門」；內修也「以行動入經懺」。如同慈悲的行動是強調群體的，慈濟的「入經懺之內修」仍是群體行動，以期在共懺中自己與他者同臻情意合一之境，思想與情感同時清淨的境界。

證嚴上人以「經藏演繹」創造了一個新的群體共修，共入經藏的佛教新法會。證嚴上人創立經藏演繹從一九九八年開始的《三十七助道品》，到二〇一四年為止，慈濟人一共創作了包括《父母恩重難報經》、《藥師經》、《地藏經》、《無量義經》、《慈悲三昧水懺》（或稱水懺）等。

以《水懺經藏演繹》為例，說明慈濟的經藏演繹創造一個「類現實」的「情境實踐」，讓人人能夠在演繹中親身體驗各種貪嗔癡的無明，進而能去除無明煩惱，回歸清淨。在水懺演繹的過程中，從經典的改編，音樂的著作，經藏演繹的排演，先前的讀書會，社區的彩排，到最後的上萬人齊心入懺的法會。從參與彩排開始，人人都必須素食一百零八天以上。社區彩排每一層，每一次都是希望讓慈濟人能體會感受自我深埋的罪愆。這些罪愆不離六根、六塵、六識的結合染著。慈濟對經懺演繹期望在莊嚴優美的音樂薰習中，在雋永經典改編文字的啟迪中，在學習手語的沉浸中，在與他人合和互協的演繹中，人的心靈得到深刻的覺醒，人的心性得到無限的清淨。

《水懺經藏演繹》，從讀書會、手語學習、齋戒、茹素、社區演練，到團隊彩排，將近半年的時間。它的特色是不只研讀經典，還以身體力行演繹，這也是一種行經，通過行，而入法。透過大家一起入法，產生一種善的場域，一種道氣滿盈的道場，個人的習性，脆弱，都在大能量的善力中，得到轉化與淘洗。一如水滴回到清淨大海，得以滋養、淨化、回復其能量。

演繹，作為一種行經，是慈濟人內修的法門，這種身心靈境都融入其間的法會，是慈濟宗門開創的一種內修智慧。

（三）從利他邁向永恆的慧命

以利他實踐通向究竟覺悟的境界，而佛陀究竟覺悟的境界是遍及萬有，這境界稱為：「真如、佛性、法性、涅槃、究竟覺、阿耨多羅三藐三菩提。」慈濟宗門創辦人證嚴上人將此覺悟的境界稱之為「慧命」——智慧的生命。

1. 借假修真　體佛三德

證嚴上人引用阿含經系的一個語彙——「慧命」[103]來闡述究竟覺悟的境界。慧命，智慧的生

103《別譯雜阿含經》卷十二世尊以偈答曰：「於諸財物中，信財第一勝，如法修善行，能獲快樂報。於諸滋味中，實語為第一，於諸壽命中，慧命為最勝。」

命有別於分別心的識。「分別識，平等慧」。智慧的人生就是覺悟的人生，慧命有覺的涵義，證嚴上人言：

唯覺道恆常存，「覺」，聞法後之覺悟，即慧命成長，無老病死的觀念，無老病死的威脅，需要有法，「法」才能恆常存，這就是「出世的法財」。人只追求世間財物，忽視了出世的法財。實則，出世的法財才是永恆，法入心後，成長了我們的慧命，才是永遠，無量無數。[104]

慧命是出世財。證嚴上人講述《法華經》時曾謂，佛以五度福德為財，般若智慧為寶。佛陀為宇宙大覺者，具足萬德，悲智雙運，譬如財富無量，喻佛德慈悲智慧之無量法，財寶謂佛之功德無量。所以《法華經》云：「其諸倉庫，悉皆盈溢。」倉庫指有為功德，可養慧命。

證嚴上人告誡弟子們此「有為功德之倉儲」在人群，人人都是一部經，入人心取經，其藏甚深。入人群長養智慧功德，即有為功德法。佛法庫藏無量，此指無為功德，即第九識清淨功德。佛陀覺性庫藏無數，眾生覺性亦無量無數，能分享他人，自利利他。佛陀體會萬物真理，其體悟的法遍及虛空，所謂「虛空有盡，我願無窮。」證嚴上人說：

佛雖不在人間，佛所說的法仍在。佛的慧命，智慧的生命仍在人間。法身常在。[105]

慧命即佛的法身，此法身於人間成就，常留人間。眾生學佛修行必須認識此無盡法財，於利益眾生中成就此無量法財。

佛陀寶藏可歸納為三德——「斷德、智德、恩德」。佛陀教導弟子「內修智德與斷德」。智德，即照了真理謂智德，佛陀所說的諸種法能清楚了解，撥開了無明，看到了真理，這即是「智德」。斷盡煩惱叫做「斷德」，知道人間種種煩惱，煩惱無邊誓願斷，斷盡煩惱，成就斷德。但是得一切智，斷一切煩惱，還要成就一切善，即是佛陀的恩德。

慧命以證嚴上人的觀點，即三德之實踐。以佛教的次第，似乎主張斷煩惱、修智慧、度眾生。先斷德、再智德、後恩德。就以慈濟宗的法門而言，慈濟人是先修恩德，從中斷煩惱，得智慧。在付出中體會世間無常，人生無常，曉了「此身非我有，用情在人間」。「借假修真」、「以有形、有限的身體，修無形、永恆的慧命」。[106]

2. 常樂我淨與慧命長存

慈濟人在付出中體會此身無常，而入清淨定靜之「常」；在守戒中去欲之樂，體會不被欲望捆綁之常「樂」；在為無數量眾生的拔苦予樂中，去我執，契入萬有為一大「我」之境；在無量

104　二〇一四年九月一日證嚴上人於靜思精舍早課開示，筆記。
105　二〇一四年五月二十日證嚴上人於靜思精舍早課開示，筆記。
106　釋證嚴，《全球連心愛援前線》，（臺北：慈濟全球資訊網，二〇一五年五月一日）。

劫的利他度己中，體現無為法「不生為清，不染為淨」的究竟義。筆者認為這是證嚴上人創立慈濟宗門修行之歷程與終極目標。

而以慈濟宗門的理念，如何實踐永恆的慧命的存在？從離八苦開始。慈濟人在力行菩薩道之際，逐漸體會此身無常，無常故苦。自己是苦的來源，在不為自己，無所求的付出中，感受此身非我有，但身是載道器。利他實踐讓慈濟人逐漸遠離八苦。不懼生老病死苦，超越愛別離苦、怨憎會苦、五蘊炙熱苦。筆者舉例說明：

二〇一四年六月證嚴上人行腳到臺中，一群彰化的慈濟志工與證嚴上人溫馨座談。一位八十一歲的志工楊顯謨站起來分享，他看來氣質很文雅，一頭短白髮，臉色雖些微潤紅，但難掩他虛弱的神色。這位志工向上人報告，他身體常常不適，手經常發抖，也有長期的慢性病，但是他每日持續地做環保。他向證嚴上人說，不會因為身體懈怠而停止做環保，要做到往生為止。從旁人聽來這位志工的心好像絲毫未受病痛影響。身是身、心是心，身的苦不影響心的樂。或許身苦正由心的樂得到超越，心畢竟是超越身的限制。這是「離病苦」的修持。

在同一場合，當這位師兄說完之後，彰化一位羅瑞紅師姊起來分享。她說兩個月前她突然間接到警察局來電話，說她的兒子「出事了！」「出什麼事？」大家心裡都納悶著。師姊說，她一開始也認為兒子很乖，不可能出什麼錯誤的行為，心裡楞了一下。但員警繼續說：「妳的兒子往生了。在他自己的住家，被鄰人發現報警。」師姊說著說著，神情很祥和自在，在場的師兄姊都很驚訝，但是她很平靜地繼續說，沒有悲傷的表情。孩子一直很乖，很孝順，三十多歲未婚，自己住。他的天命到此，她自己很自在。這是「離生死苦」之修行。[107]

證嚴上人讚歎羅瑞紅師姊心的超越，也同時讚歎做環保的八十多歲的楊顯謨師兄心如此地無染，無染於病苦，身苦的羈絆。

心有無限的力量，這力量在為社會付出之際開展出來。心超越身苦、病苦、老死苦。一場生老病死的超越就在證嚴上人的會客室裡體現出來。

心能不與色身合，不與五蘊合，不困於色、想、行、識，就不苦。心能超越身的限制是可以確認的境界。「慧命存在」就是不斷地在付出中超越。

慈濟羅瑞紅師姊喪子不悲，八十歲做環保的楊顯謨師兄身苦不痛，都於此身、此世、當下印證了心超越一切的有形有相的世界。所以慧命常存是用心在此身、此世，在當下，關鍵在於和更大的力量相結合，與更根本的真理相結合。

從慈濟的觀點言之，當人們對更多的他人付出，就更能感受自己心的廣大，在不斷地對他人之付出中，自我逐漸去除身與我的束縛，更能體解心的無限。越與廣大的眾生結緣，心就越不被自我身的生滅給困住，心就與更廣大的生命體相連結，此心是常存不滅，慧命永恆的道理於當下有跡可見。

證嚴上人提出「此身非我有，用情在人間」的理念，並運用在醫學器官捐贈及大體捐贈。證嚴上人認為身體不過是載道器，人往生後，身體就是一個軀體，無用之物如果能有大用，是一項智慧的生命選擇。慈濟醫學院的大體捐贈者，被證嚴上人稱為「無語良師」。這些「無語良師」

107 釋證嚴，歲末祝福與中區委員溫馨座談（二〇一四年一月）。

在往生後奉獻大體，以教導醫學生用尊重與珍惜的態度對待病人。死亡並不是結束，而是愛的延長及擴大。無形的存在，如今又化作有形。所以證嚴上人說：「藉假修真，以有形的軀體，修無形的慧命；以有限的身軀，培養永恆的慧命。」[108]

如同許多慈濟的大體老師一樣，人走了，但是他們捨的精神常留在學生心中。這些高貴靈魂依然存在著，永遠存在每一個孩子的心裡，在學生的身上延續，在未來眾多的病人身上復活。大體老師的精神正是一種慧命永恆的體現。在慈濟這些感人的大體捐贈故事裡，老師、學生、家屬、志工都能感受到這群「無語良師」之無形慧命依然存在。

一位資深慈濟老菩薩靜容師姊，立願當大體老師。師姊七十多歲之際，疾病造訪，她在心蓮病房等待生命的那一頭。一次證嚴上人到病房看她。上人說：「我幾次來看妳，妳都在睡了。」她笑著說：「是啊，師父沒時間睡，我幫妳睡。」上人說：「好，妳現在沒時間做，我幫妳做。」師徒兩人談得很開心。上人離開前告訴她：「如果妳睡了，醒來時有體力，就要和大家多分享慈濟，要傳承慈濟法脈。如果又睡了，醒來時，是另一個境界，妳要乖，要聽話，要快快長大，不要忘記慈濟。」師姊說好，說她會努力做。上人又說：「我要出門了不要等我。」師姊說：「我知道。師父放心。」然後雙手合十。[109]

隔天，證嚴上人行腳出門了！在路途中接到電話，說這位師姊往生了。往生之前，她揮揮手，跟每一個人告別，然後躺下來，就到生命的另一頭了！師姊面對生命的盡頭從容自在，這是修行邁向慧命長存的境界。

「慧命」是無私利他的付出之後，忘身、忘我的清淨，這是究竟覺悟境界的前提。慧命永存的意義，以證嚴上人言之，是在利他的現世修行中，至臨終仍然正見、正志、正定、正語、正業、正命，正念，這境界當然未到達究竟涅槃之境，但如此不斷地精進付出修行，能逐漸邁向十法趣涅槃；十法趣涅槃為「正見、正志、正道、正語、正業、正命、正方便、正念、正定、正解脫、正智」。如證嚴上人勉勵慈濟人，慧命的資糧累積要生生世世地不斷在人間付出：

佛法如果入心，人間的方向很清楚，所以正知、正見、正行、正業等等八正道，可以走得穩，這樣智慧就日日增加。雖然生命過一天少一天，佛法入心，慧命增加一分。如果接受佛法，慧命不斷增長，對生死看得很開，了解生死來去，要分秒不空過，分秒要守好這念心。學佛法要用在我們分秒間，每一念間，就是我們定慧法的資糧，如果有慧的資糧，身軀來人間是利益人群、幫助人群。身是載道器，修法自度然後法再度人，天下哪裡有災難，人間菩薩現前助人，造福人群。[110]

「慧命長存」，對於入世間的意義，是可供後世學習效法的永恆之人格與智慧典範。有儒家現世間的永生義——「立德」，對於出世間的意義，是佛教所述，在累生累世，於無量劫的修行

108　二〇一二年二月二十五日證嚴上人於靜思精舍志工早會開示，筆記。
109　二〇〇七年證嚴上人於靜思精舍與靜思弟子談話，筆記。
110　二〇一四年三月三十日證嚴上人於靜思精舍早課開示，筆記。

中，成就菩薩道與佛之願行。

佛教利他到究竟覺悟之意，即在生生世世的菩薩願力中，不滅的法身，以大願力再回到人間，在與一切眾生結善緣中清淨自性，在度化一切情中生大智慧，直到一切的眾生都度盡，一切眾生都能回歸清淨本性，最終即能臻至與萬有的真理合一，契入究竟覺悟的佛性。

第五章

結語　慈濟宗證嚴上人利他精神之現世價值

當今世界最大的問題是來自各種不同文明價值間的激烈衝突，這些不同文明價值的衝突，通常以政治、經濟、軍事、文化等的模式展現自身的堅持與力量，因而導致世界的紛亂、民族的不幸、國家的爭鬥、民生的凋敝、社會的衰敗，與人心的焦慮不安。以佛教為本的慈濟宗門之利他精神實踐，將不同文明的價值衝突化解在共同的利他行動中，使人們感受到人類普遍的愛與慈悲。宗教的本質從來就是情感的覺醒，而非只是思想上的覺悟。思想永遠讓人處在對立之中，永遠無法如禪宗所言達到究竟的覺悟。思想如手指，指著月亮，但是感受不到月亮。利他實踐讓人重新感受到人類生存的大共同體，萬物相依相立，互為關聯，互為依存。在利他的實踐中愛與慈悲是不同文明的最大的公約數。

雖然如此，筆者並不是說利他的精神理念各文明都相同，也不是說慈濟宗門的利他精神無須理論性的闡述，無須說明其理念與實踐的合理性及一貫性。在實踐的背後，思想與理論的建立是其實踐能持續與興盛的前提。何況當今西方諸多利他思想仍各分歧不已，各有表述，各有背後長遠的文化思想之基底。

因此本書最後一章，將以近當代西方各主要的利他思想之理論為比較參數，說明佛教慈濟宗門之利他實踐精神的重要原則，以及其可能對當今精神文明所產出之價值。

本章通過討論佛教慈濟宗證嚴上人的利他思想及其實踐例證，論述佛教從一整體觀闡明「自、他關係」，建立「自他不二」、「利他即利己」的思想與實踐。這是涵蓋了形上思想與倫理學的範疇。這是當今西方諸多從科學、心理學、哲學、宗教學所作之利他精神的討論所未觸及的層面。這種形而上思想與形而下實踐互攝、無別，本來就是東方思想的重要特色，從佛教利他思想到究竟覺悟理想的研究路向更為能突出這種思想的特質。

一、建立以利他為中心的生命觀

本書對從利他到究竟覺悟的研究顯示，利他到覺悟並無確切的修行次第，或尚未發展出修行之次第。尤其證嚴上人主張無師智、自然智，向眾生學習，向志工學習。但本書仍歸結出幾種從利他邁向修行之門的四種途徑。這四種途徑只是顯示不同的人格特質如何從利他走向修行，或以利他為修行之法趣向覺悟的因緣與歷程。

（一）從自我中心過渡到以利他為中心的歷程

近代探討利他精神的美國哈佛大學皮蒂里姆．A．索羅金（Pitirim A. Sorokin），於一九四九年在哈佛大學成立「利他主義研究中心」。索羅金在他的著作《愛之道與愛之力：道德轉變的類型、因素與技術》（*The Ways and Power of Love: Types, Factors, and Techniques of Moral Transformation*）一書中，將個體之自我轉化到利他的歷程，分為三種類型，分別為早期幸運型，後期轉變型或稱悲慘型，以及介於兩者的中間型。[1]

關於第一型早期幸運型利他主義者，索羅金例舉如十九世紀在夏威夷治療痲瘋病人的天主教達米安神父、非洲行醫的史懷哲博士、天主教聖方濟各、美國革命先驅佛蘭克林等。早期幸運型的利他主義者在早年的生活教育中就讓人充滿著對超越意識的認同，長大後，機緣一到，就立刻能義無反顧地投入利他的奉獻。

第二種後期轉變型，索羅金舉悉達多太子等人為例，在早年生活中，他們要不是於自我、價值和群體整合不充分，就是錯誤地把個人主義與感性價值整合在一起，在經歷重大撕裂性的轉變後，他們重新建立自我與群體的關係，認識了超越自身的利他主義精神主體。索羅金例舉佛陀、聖保羅、以及耶穌會創始人聖依那爵・羅耀拉等人，認為他們都是後期轉變型的利他主義者。

第三種的中間型，其早期生活依然不具備自我與群體的價值整合，不具備成熟的超越意識之準備，但是　旦機緣來臨，他們很快地調整自我與群體價值的關係，並快速地整合自我與原來的價值體系，並將之轉化、超越至以利他精神為核心的生命模式。索羅金將甘地、德雷莎修女歸為第三型。[2]

索羅金對於自我過渡到以利他為中心的生命轉化之分類，筆者不盡認同，但是給予筆者許多的啟發與省思，需要對佛教慈濟宗門從利他到覺悟的生命類型進行分析。這種分類分析有助於理解不同生命個體，從利他行到覺悟所需面對的各種因緣與條件。筆者將這些主客觀條件與因緣區分為四種，姑且稱之為慈濟宗門從利他到邁向覺悟的「四門論」。

筆者以六度般若作為判定基準，衡量四門修行者經歷的不同之挑戰與可能超越之因緣時節，探討不同類型的修行者，從利他行入覺悟所面臨的不同之困難與殊異之挑戰。

（二）慈濟宗門利他精神的四門論

1. 從「空門」入利他契覺悟

從慈濟宗的志工成員與修行者的行列中不難看出，從學佛而進入慈善利他行的人數，是占慈濟修行者相當重要的一部分。但其數量並非大多數。這些學佛者早年修習空慧，在法空中深體般若智慧，最後理解有無中道、真空妙有，因而投入人群，積極利他濟眾，這是自利利他的例證。筆者把這種類型的修行者稱為「空門型」或「空慧型」。

最典範的修行者當然是證嚴上人。證嚴上人早期出家，是不收弟子、不趕經懺、不作住持。但是當一個索羅金認為的中間型所遇見的生命重大事件，包括他父親的驟然往生，以及一灘血反應出的原住民婦女的苦難，使得證嚴上人的生命邁向以利他為核心的超越之境地。父親往生使他走出家庭邁入如來家；一灘血使他走出修行的小木屋，投入廣大的人群。

---

1 皮蒂里姆・A・索羅金（Pitirim A. Sorokin）著，陳雪飛譯，《愛之道與愛之力》（*The Ways and Power of Love: Types, Factors, and Techniques of Moral Transformation*）（上海：上海三聯出版社，二〇一一），頁一七〇。

2 皮蒂里姆・A・索羅金（Pitirim A. Sorokin）著，陳雪飛譯，《愛之道與愛之力》（*The Ways and Power of Love: Types, Factors, and Techniques of Moral Transformation*）（上海：上海三聯出版社，二〇一一），頁一七五—一九八。

慈濟許多的出家師父都是出家學佛，以此因緣投入利他行善的志業。他們事先出家修行，後投入行善，將生命轉化為以利他精神為中心的生活方式。有許多的出家師父卻是先做志工，再出家修行，先利他，然後求空慧。這是筆者稍後要提出的其他三門之利他修行之因緣。

對於從空門行入利他的修行人，其覺悟之道是較為便利與順遂的。福慧雙修的空慧型修行者在面對人我是非的歷練中，是比較不會有退轉或生煩惱心的情事發生。這當然是一般性言之，少數修行者因人我是非而退轉者或生極大煩惱心者當然有之。

空慧者行利他契覺悟的法要是「布施」與「忍辱」。空慧修行者深體佛法，但是恆常積極的慈悲心之長養是其能邁向究竟覺悟的必要歷程。體空的修行者經常落入自利的旨趣，對眾生的剛強也會有所畏懼。像證嚴上人一般的慈悲智慧都具足的大修行者並不容易練就。

空慧者另一挑戰是忍辱，因為修行之德已受尊重，能堪忍受辱不嗔，是空慧修行人必須超越的境界。能長養慈悲、能堪忍謙卑，是空慧者成道之關鍵。

2. 從「善門」入利他契覺悟

善門型的修行者多半事業有成或具備積極人生。他們想要追求生活的更高的價值，因而投入慈善利他行。這類型的修行人比較容易執著在事項，在利他中追求成就感。無相布施心與法益之理解是其兩人考驗。善門者可能喜歡布施的歡喜，喜歡成就價值勝過佛法的追求與精進。善門者必須去除對事項、名項的貪念與執著，善門者如果不能從成就導向過渡到利他空慧之中心，便無法真正邁向覺悟。超越對「相」與「有為法」的執著，善門者才會精進修習空慧般若智，而逐漸邁向覺悟。

3. 從「悲門」入利他契覺悟

悲門修行者慈悲心重，因各種因緣進入慈善，從慈善中深體世間之苦，苦眾生之苦，持續利他行。這類悲門型修行者會在人我是非裡退轉，因人我是非失去愛心。悲門修行者追尋的就是愛的情感，一旦感受愛的失去與稀薄，悲門者便會生退轉心。

悲門者在群體的利他中適合站在第一線服務，不適合領眾或協調人事，人我磨擦會削弱其悲心與對善愛的追求。悲門者必須從情感中心過渡到以法理為中心，或增加法理的體解，去癡、向智慧，才能從利他中體會覺悟之旨趣。

4. 從「業門」入利他契覺悟

罪業會使人趨向佛道。慈濟志工不少來自監獄受刑者、吸毒犯、婚姻不幸者或生活於卑劣環境中的人。他們尋求心靈的救贖，進入利他行善的道場，積極地在行善利他中自我轉化。業門修行人的挑戰出現在持戒與忍辱。無明習性可能會以不同的形式再出現。自卑的過往可能造成的卑劣慢，在遇到堪忍、受辱的情境可能就無法超越。

業門修行者必須在極具信任的環境下付出。太大的挑戰性任務帶來的可能挫折，可能會使習性再現。慈濟有許多過去是吸毒犯的志工，他們從事環保資源回收服務，轉化他們的心靈。這類工作之例行與低度挑戰，對於業門者是一條修習之道。

業門修行者能在信任與恆常的付出中練習持戒，就能轉化自我的卑劣慢為自信，才能面對嗔辱。佛法的滋養是業門修行者最大的慰藉與轉化的力量。能克服前兩者的障礙，業門修行者會是很精進的佛法修習者，在恆常的利他行與法的體會中，業門者的覺悟之道不會渺遠無期。

5. 自他不二圓覺性

佛教利他作為究竟覺悟之道，在理論與思想上是完備的，但是其實踐之次第與法門仍須進一步的探討與研究。畢竟在有為法層次的利他行，如何上升到無為法的覺悟之境，所具備的不是自利修行者自我精進之努力，而是內修外行並具。

證嚴上人的慈濟宗門之利他理念需要群體為之，需要在眾生中達成，在社會中實踐。其共善之努力涉及智慧與慈悲的融合與創新。它需要世間法的滋養，也需要出世間法的增長。才能在因緣和合的真實法中，從有相契入無相，從有為悟入無為，從個體到群體，從自利到利他，直到自他不二。一切眾生都涵融在慈悲與智慧中，統攝在真如本性中，最終臻於萬法合一的大圓滿境地，這是佛陀圓滿之覺性的願力與願行之究竟大圓滿。

（三）慈濟宗門利他精神實踐之後續問題

在佛教利他思想的實踐例證——慈濟宗門的利他行中，吾人可以看出通向「無為法」的有為之行動，一切有為法的利他都通向無為法的空慧。一切的自我覺悟之完成，都維繫在一切眾生的覺悟上。如證嚴上人所言：「真如是與萬有和合的境界。」菩薩證得真如，是於一切眾生——有情、無情眾生，都度化、和合為一法之際，方證菩提。這在思想理論上有圓融之諦。然而在具體實踐的次第上，仍有待進一步的研究探析。

如本書第三章所述，證嚴上人所宣導的修行是將每一個眾生都視為經典，每一個「力行利他」、「行經」的慈濟志工都是他的老師，即所謂「無常師」、「無師智」、「自然智」的法門。這項修行之理念，說明慈濟宗作為佛教利他思想之踐履者，其修行之次第非為其主要考慮。

慈濟有清晰的修行原則，但「未有」、或「不立」清晰的次第。慈濟的利他實踐原則是「內修誠正信實，外行慈悲喜捨」。在群體內「知足、感恩、善解、包容」，在組織上「合心、和氣、互愛、協力」，即「四門四法四合一」。

這些原則運用在無盡無量的眾生與萬物，如同舟船置身大海。證嚴上人希望慈濟人如《無量義經》所述，即便自己習性尚未完全去除，如船夫身有病，依此堅固船身能度人。「船上的人上彼岸，自己也上彼岸。」[3]這就是度他也自度。

無師智、自然智，以眾生為師如同大海航行。但大海寬闊，智者、志堅者能把握航行的目的與目標，而有些根器弱的凡夫，不見得能把握航行的目標。以眾生為道場如同置身大海，雖有舟船，時有顛簸，凡夫於海中不適水性。正如開闢江河，讓船夫試水性，如何建立修行次第，從河裡行舟到大海航行，是繼續可以研究的主題。

3 釋證嚴，靜思精舍——證嚴上人與筆者的談話，（花蓮：靜思精舍，二〇一二年四月）。

雖未或無明確化的利他修行之次第，但其利他實踐之原則是明確而可依止的。本節僅從證嚴上人慈濟宗的利他實踐體系，總結佛教慈濟宗門利他實踐到究竟覺悟可資依循的若干原則。從這些原則相較於西方近當代的利他主義之異同，可以看出慈濟證嚴上人利他精神對於當代精神文明之價值。

二、將世界視為一有情整體的利他精神

（一）利他之實然與應然

學術上經常將實然歸為科學的領域，而將應然視為倫理學的範疇，應然與實然經常被視為不同的思考體系。在哲學上，應然與實然並非、也不應視為二元的對立或不同的思考領域。在西方心理學家及科學家極力尋找利他的實然基礎，佛教思想則主張，利他精神是實然，亦為應然。佛陀所領悟的法是客觀的，在因緣生法的思想體系下，萬法、萬物為一。度化眾生的願力是應然的，亦是彰顯人性之本然。

1. 達爾文進化論的利他

十九世紀達爾文的進化論觀點指出人類的本性是利他的意向。利他讓人類免於滅絕的危機。達爾文認為利他精神是從進化的過程所衍生出來的。達爾文觀察物種之間的競爭，得出具備利他的物種較容易在競爭中生存下來。

達爾文進化論學派的學者，如近代心理學家蘇伯和威爾遜（Sober and Wilson）則從實驗中總結，道德的利他是從進化的原理所衍生出來，以利物種的延續及社會規範的建立。社會規範將高度利他的特質轉入個體自私的特質中。個人具備利他的心理是在進化的過程中逐漸產生的心理行為模式。即所謂「親近互動機制」（Proximate Mechanism）[4]。「親近互動機制」具備社會文化的意義與生物繁衍的基因之價值。「親近互動機制」指出，人類之所以發展出巨大社群，而猩猩等其他物種沒有這麼成熟複雜的社會體系，是因為人類社會具備利他、互助的文化機制。

為何人類文化發展出互助與利他？而猩猩物群則無？

因為人類的生活型態與猩猩差異頗巨。人類在原始社會生活中人與人之間彼此十分緊密。這種緊密的生活互動，讓人類逐漸意識到幫助別人對自己與群族都有好處。親密的群體生活之所以可能成立，就必須衍生出彼此可被預期的行為模式。人類在這種親近的互動模式中逐漸發現，互

4 Thomas C. Scott-Phillips, Thomas E. Dickins, Sturart A. West, Evolutionary Theory and the Ultimate-Proximate Distinction in the Human Behavioral Sciences. *Perspectives on Psychological Science* January 2011 vol. 6 no. 1 38-47, SAGE Journal.

惠、利他比較能讓自己與群體在高度物種競爭的環境中生存下來。因此，利他，從歷史演化的觀點是人性本然、實然。

進化論學者從社會文化及生物基因遺傳兩種角度，解釋人類利他作為實然本性形塑的過程。

根據「親近互動機制」的觀點，人的行為與態度是透過學習其他人的行為而建立的。如同俄羅斯心理學家維果斯基（Vygotsky）的「最近發展區域理論」（*Zone of Proximal Distance*）所指出，孩童的行為模式是通過學習親近的人之行為模式而建立。人是透過人的行為而學習，透過行為而建立觀念。[5]研究進化論的心理學者們認為，社會文化的力量，讓社群透過語言和行為的媒介，由一個傳遞到另一個，由一代傳遞到另一代。慢慢人類社群裡的對於自私的負面評價，會使人拋棄或不敢自私，而行使互惠、利他的行為。[6]

進化論學者進一步從基因的遺傳解釋某種生命的特質從上一代如何傳遞到下一代。生物有一種機制叫「超基因突起」（Epigenetic Process），這超基因突起「具備控制基因（DNA）開合的樞紐。」超基因突起並不能改變基因本身，但是它可以讓某些基因作用（Express）或不作用（non-Express）。舉例，當一隻幼鼠與母鼠的互動疏遠，這些幼鼠成長以後，會和他們的母親一樣，與自己所生的幼鼠之互動較不頻繁。生物的行為是由鄰近其他生命的行為所決定，這時候社會文化的環境會影響生物特質的改變。「超基因突起」會抑制某些基因的表達。[7]利他的心理機轉，是透過基因的傳遞成為後代生命的本能。

利他經由進化成為人性的實然，但如何成為道德的應然？

研究進化論的心理學者也說明宗教的起源是道德應然的肇始。遠古人類對於超自然的畏懼

（The Fear of Supernatural）對族群生存扮演著重要的角色。進化論學者觀察到，那些對超自然力量畏懼的族類比起不畏懼超自然的族類，更容易在物競天擇的原理中生存下來。

對超自然力量的畏懼，逐漸轉化成宗教儀式。宗教儀式傾向譴責自私，贊許利他，特別是對於族群的利他行為。這就不難想像為何原始宗教的活人祭拜儀式得以存在，似乎某個人的犧牲可以安撫憤怒的天神，獲取族群的生存。

從達爾文與當代心理學家與生物學家的研究歸結，利他的心理與文化是源自於利他對族群長期發展有利。漸漸地發展成社會文化中的倫理思想或宗教儀式，前者讓人不敢自利以害他，後者讓人從心理上就不敢有自私的念頭。

這利他的「本然」與「實然」從進化論的角度當然是屬於歷史的。馬克思的歷史唯物觀點強調，在歷史的演進中，生產方式與生產關係決定了人性。湯恩比（Arnold J. Toynbee）的《歷史研究》（*A Study of History*）之「挑戰與響應」模式指出，人類的文明多半產生於外在環境艱巨的挑戰。[8]

---

5 Vygosky. The Zone of proximal Distance, 1926. Educational Psychology. Translated by: Robert Silverman. 1992. Florida: St. Lucie Press.

6 Thomas C. Scott-Phillips, Thomas E. Dickins, Sturart A. *West, Evolutionary Theory and the Ultimate-Proximate Distinction in the Human Behavioral Sciences*. *Perspectives on Psychological Science* January 2011 vol. 6 no. 1 38-47, SAGE Journal.

7 Thomas C. Scott-Phillips, Thomas E. Dickins, Sturart A. West, *Evolutionary Theory and the Ultimate-Proximate Distinction in the Human Behavioral Sciences*. *Perspectives on Psychological Science* January 2011 vol. 6 no. 1 38-47, SAGE Journal.

8 湯恩比（Arnold J. Toynbee）著，陳曉林譯，《歷史研究》（*A Study of History*）（臺北：桂冠出版社，一九八〇）。

我們不難想像原始人類生活在所有物種中，應屬較脆弱的物種。他們必須群聚以保護彼此，必須藉由群體的力量才能面對外部的各種大自然與物種的威脅，因此「親近互動機制」（Proximate Mechanism）的生存模式出現了。但在地球發展的歷史上，許多其他同樣脆弱或更為脆弱的物種，甚至早已滅絕的眾多物種，為何發展不出群聚或群體力量以讓族群生存下來？筆者認為，人類獨特天性本具的某種特質與智慧是發展「親近互動機制」的關鍵，所以利他性情很可能是個人內在的本然。

地球上許多具備群聚特質的物種，也並未發展出利他的道德倫理體系。地球上存在過或至今仍然存在的許多物種甚至發展出比人類更為親近互動的生存機制。如蜜蜂、螞蟻的龐大無個體意識的分工互動組織，這些物種本能性的利他（利益自我族群），但牠們並未產生道德上應然的倫理觀。利他成為道德上的應然，是人類獨特的生命模式，並非全然產生於「親近互動模式」。「親近互動機制」並非是解釋道德利他觀點產生的最佳論點。

某種存在於人類本然的特質，如抽象思考能力、道德傾向、親情互愛的特質，才是人類發展出利他思想與性格的關鍵因素。群聚生活與利他觀念是不可分割的。

2. 利他是人性的實然繼而演化為道德的必然

一個純然利己的生命體是不可能發展出群體組織。只有群體生活但不具備利他本然性情的生命體，也發展不出利他的道德倫理觀。因此利他是人性中的「實然」，隨著歷史的演進，演化為道德上的「應然」。

從佛法的角度，利他是「實然」，是「實然」自然也為「應然」。如《雜阿含經》所陳，比丘「於他得利，他作功德，欣若在己。」[9]佛教是強調他人之功德，欣若自己。他人之利益，於己無異。《大智度論》也主張：

菩薩心自利利他故，度一切眾生故，知一切法實性故，行阿耨多羅三藐三菩提道故，為一切賢聖之所稱讚故，是名「菩提薩埵」。[10]

菩薩的自利利他是「知一切法實性故」。菩薩知道利他是真理之故，「法之實性」是實然面的思維，人在實踐利他之中，才能充分體現本性之實然。佛教的利他既為是實然，亦屬應然。因為利他，本性才得以彰顯，利他才是真利己。

利他精神是自發非強制，所以證嚴上人說，幫助人是「本分事」，菩薩要當「不請之師」。從慈濟宗門的觀點，利他應作為一種文化價值，而非法律規範。利他如果不是自願的，如果成為強制性，它就是法律意義下的義務，而非利他之願力。佛陀所教化的因緣果報是自然法，是必然法，非他力所強制。提婆達多為惡自有因果，對犯錯的比丘頂多「默擯之」。一切的修行與道德踐履都是自願，菩薩度化眾生的利他更是自發心，不捨眾生的悲願。

9《雜阿含經》卷四十一，《大正新修大藏經》第二冊，第〇〇九九。
10《大智度論》卷十二，《大正新修大藏經》第二十五冊，第一五〇九。

3. 自願式的利他於當代專業主義之適應

利他精神不必以立法或政治的方式進行。它應該是人們甘願奉行的一種信念，真心信服的一種價值。如果利他成為硬式規範，將失去它原本的生命力與創造力。與萬物同，與萬法合一，本質是一種崇高的生命情懷與理想，應由個別性的方式自主地、自由地去體會、去創造與實踐。無論是慈善領域、經濟領域，科技領域，甚或是政治領域都應以利他精神重新闡發與建構。

在經濟領域裡就是「善經濟」[11]，經濟應以利益他人為主，而非為自己謀私利。近幾年被強調與快速發展的非營利組織就是一群有信念與理想的人，以非營利組織的方式為社會做事。

西方政治學假定「人性為惡」的思維，創造了制衡與監督原則，結果製造更多的不信任與政治對立。利他精神的重新闡發，有助於拋棄政治學裡的道德與價值中立，而將利益人群的理想重新建立起來，把政治家的道德感與利他為民的信念重新拾回，才能挽救當今民主政治體制及非民主體制崩潰的危機。

科學的精神亦是如此。科技的價值中立使得科技可以造福，亦可以造禍。科技發展必須符合利他的精神，慈悲對待一切有情。只有基於利他的科學發展，才得以用科學真正建立良善的社會道德，人類才能免於毀滅的命運，或免於最終被機器奴役的危機。

但這些利他的建構，從慈濟的觀點言之，必須以「理念的方式」讓人們得到體解與實踐。而非以權力的手段立法，強迫大家必須如此遵守。或許道德理念的推動極為緩慢，但是如同先前所述，利他精神一旦成為社會強制力，就失去並違背利他的核心精神。

（二）利他與利己的融合

1. 利己式的利他——心理學觀點

相對於佛教將利他與利己相結合的思維，西方哲學對於利他與利己的辯論已經數千年。利他，在邏輯上似乎是與利己相違背。從亞里斯多德到聖托馬斯、尼采、佛洛依德等都認為利己才是人的本性。希臘思想認為只有理性能引導人走向道德。聖托馬斯則主張是上帝引導人走向善與道德。佛洛依德從心理學立場主張人是被個己欲望所驅使，利他的前提也是為了自利。

西方思想界在十九世紀法國哲學家孔德（Auguste Comte）提出「利他」（Altruism）一詞之前，對於「我們為何要幫助他人」是以慈悲（Compassion）、慈善（Charity）、友誼（Friendship）、仁慈（Benevolence）等名詞來表述。[12]孔德是西方第一個創造「利他」（Altruism）一詞的哲學家。「利他」（Altruism）拉丁文字根是「autrui」，是「other 他人」之意。孔德針對利他主義（Altruism）與利己主義（Egoism）的不同提出討論。從孔德的角度，利他是指「一個人的行事動機，是為著他人最高福祉而設想。」動機是「為他人」，結果是給他人帶來「最高福祉」。[13]

---

11 何日生，〈善經濟：試論資本市場的善性與道德〉（花蓮：慈濟大學第三屆慈濟論壇，二〇一四年十一月）。

12 C. Daniel Baston, *The Altruism Question—Toward A Social Psychological Answer,* US: Psychology Press, 2014 .5.

利他在心理學的定義是指「個體抱持著利益他人的心態」（Psychological Altruism: The existence of ultimate desire concerning the well-being of others.）心理學家把「動機」視為界定利他精神的重要關鍵。利他，其動機必須不為自己，而是為他人。

但當代心理科學家卻指出，有利族群演化的「利他」之於個人，可能一開始就純只是「自利」的動機。如史考特・菲利浦（Scott Philip）和迪克金（Dickins）就例舉：當一個女人在尋求一個地位比他高的男人當配偶時，她的心理是自利的，但這選擇對她的族群而言卻是更有利於演化與適應（Evolution Fitness）。利他與利己在此巧妙地透過心理機制與演化機制默默地契合著。

筆者將西方這種心理學與演化論的實證利他詮釋，稱為「利己式的利他」（Altruism for Self Interests），正是這種「利己式的利他」，使得利他倫理觀點放諸一族群或一國族可以成立，而無法解釋從原始社會至近代人類社會，部落與部落、國族與國族、宗教與宗教不停的因自我群類之利益而爭鬥不已。科學主義（包含進化論與心理學主張）之利他詮釋仍不是普遍性的，仍是局限於族群、國族、部落宗教的範疇。在更大的範圍中，人類仍抱持著某種程度的「自利」之社會心理機制。

2. 利他的圓滿不能求自利

從慈濟宗門的觀點言之，利他不能有對價關係，不能有所求。如證嚴上人說，「付出無所求，付出還要感恩」。付出有所求，就回到貪、嗔、癡。利益他人是無私的行動，不求回報、不求功德。利他精神要能擴大利他的廣度，利他必須給予他人「法」，給予愛，啟發更多的人去利他，讓受者也能成為施者。要做到三輪體空，無施者、無受者、也無施予這件事。

再者，慈濟的利他的精神是強調群體，非個人的理想。如果利他只是個人的行為，就不是真利他。因為佛陀的思想，萬物無分別，萬物本一體。所以利益他人就是利益自己。我與他無別，一與全體無別。所以如果利他不是群體為之，就不是佛教的利他。佛陀要度化一切眾生，也要讓一切眾生度化一切眾生，一即一切，一切即一。從一善種子，到十，到百千，如是輾轉乃至無量。這一點呂瀓先生所言甚切：

> 在緣起的條件下單獨自利是不可能的，要自利利他，甚至要以他為自。這要把自己融合在眾生的汪洋大海中，利他就是自利。[14]

然而，利他也不必害己。慈濟的骨髓庫成立，證嚴上人關心捐髓者的身體健康。他說：「絕不會傷害一個健康的人去救一個生病的人。」這即是中道。如果生命同等重要，如何犧牲這個人去救另一個人。「利他不害己」，這種利他才能行之長久，才不會淪為道德性的、「應該之暴行」。

或問佛教也不是說「頭目髓腦悉施人」嗎？大捨，連身體都捨。如慈濟人成為大體老師，大

---

13 C. Daniel Baston, *The Altruism Question—Toward A Social Psychological Answer*, US: Psychology Press, 2014.6.

14 呂瀓，《印度佛學源流略論》（臺北：大千出版社，二〇〇〇），頁一八二。

捨身體給醫學院醫師學習。「此身非我有，用情在人間」。或者器官捐贈，造福更多病人。或者捐骨髓搶救白血病患。但這些大捨菩薩都是成就更永恆的慧命。這本身非害己，而是化無用為大用的大智慧。

佛教義理與慈濟的精神不會要一個活生生的人去犧牲自己搶救他人。害己利人之思維在現世的倫理不只窒礙難行，而且容易成為一種道德壓力，就跟殺一人救天下人一樣，不知道在哪裡終止這種犧牲。

（三）利他是觀念理性與情感理性的結合

1. 理性主義的利他倫理觀

西方理性主義對於倫理道德的思辨，是先建立在一個堅固的真理之可能，再從這可能性的真理出發，建構倫理學。康德把這道德倫理的真理稱為「善意志」。康德在《道德底形上學之基礎》一書就說，道德的建立必須是普遍的、自然的、自發的、無現實目的的、無條件的一種律令。他說：「在世界之內，甚至根本在它之外，除了一個善意志之外，我們不可能設想任何事物，它能無限地被視為善。」[15]

康德對「道德令式」的詮釋。無疑這是一種形上的律令，但它仍是一種律令。這律令先存在那裡，人的意志依此一律令行事，即使現實的環境沒有讓這律令有實現的基礎，但人的意志仍然能夠跟隨這律令，那才是「形上的道德律令」。所以道德實踐就成了道德形上律令的一項工具。

康德的至善是先建立一善意志，然後讓一切善行必須能夠符合此一善意志。這意志以康德來說是自由的，非強迫的。康德是先建立形而上的律令，再經自由意志運用至形而下的現實世界。約翰．羅爾斯把康德的這種善稱為「觀念取向的欲望」（Conception-dependence desire），亦即只要人們充分意識到道德的最高原則，而且這原則是根植於我們的自由之理性，人們就會產生根據此道德法則實踐的欲望。

宗教學者約翰．哈伍德．希克認為，康德至善的思想與佛陀的思想為相近。[16]因為康德倫理學所陳述的至善是應然、是實然、是必然的真理。與佛陀的覺悟與真理合一之境界相契合。但是本書的論點為，康德是理性的認知至善，從觀念而情感。佛陀是感性的認知眾生平等，從慈悲契入智慧。

2. 情感取向的理性之利他精神

佛陀對於善的觀點卻是從情感出發，如果認識世間的苦，世間種種的無常，不平等，人就會趨

15 康德（Immanuel Kant），《道德底形上學之基礎》（*Grundlegung zur Metaphysik der Sitten*）（臺北：聯經出版公司，二〇一四），頁九。

16 約翰．哈伍德．希克（John Harwood Hick）著，蔡怡佳譯，《宗教之詮釋：人對超越的回應》（*An Interpretation of Religion: Human Responses to the Transcendent*）（臺北：聯經出版公司，二〇一三）。

向出離苦之道，即苦集滅道四聖諦，知苦、知無常、知苦之集將滅，然後趨向證道。從下而上，從情而理的道德倫理觀，筆者將稱之為「情感取向的理性」（Sentiment-dependence rationality）。這與康德的「觀念取向的欲望」成對比。

雖然如此，佛陀對於道德倫理之思維，是具足理性與觀念基礎的。

佛陀對於利他倫理學的觀點是將無為與有為，形上與形下皆相互涵融，相依相攝。佛陀對於善的倫理觀點可以「從下而上，從上而下」。佛陀的利他思想是根源於眾生皆有佛性的觀點，啟發眾生的佛性清淨的本性就是利他，每一個形而下的生命都具有善的本質與潛力。

佛陀的善也是形而上的。佛陀最高的覺悟就是體悟萬物為一體，無分別。出世間，無為法，正是因緣生法中體現萬法歸一的整體觀。至善、利他的極致正是回歸萬法是一，不二，又不一、不異。

我們如果把佛陀的「無為法」比擬為「形上的律令」，它自身是不離「有為法」即「形而下的實踐」。

佛教之無為法與有為法的關係，可以用「圓的概念」來譬喻說明。我們將「圓」這個概念放諸「十公分圓皮球」，「圓概念」是無為法；「十公分的圓球」是有為法。有了「無形無相」之無為法的「圓概念」，才產生「十公分圓球」之有為法。而如果「圓皮球」破了，此「境」、此「相」、此「功能」沒了，但是「圓概念」仍存，亦即此「無形無相」的無為法仍常存不滅。

但是我們無法在「虛空」中把握圓，我們只能在「十公分的圓球」中把握圓形的概念。所以有為中才能看到無為，形而下的世界才能體現形而上的至善之道。但是對康德而言，至善的意志應該超越世間一切的用途，而仍然獨立存在，才是形而上學的道德之至善。而在佛陀眼中，並不存在確切存在的形而上的律令或真理，真理與律令都是因緣生滅。不住生死，不住涅槃，連涅槃之至高境界都不住。佛陀體會的因緣生法故空，在一切因緣中把握因緣，轉化一切因緣為善緣，從而不執著一切有，故達空性。

佛陀覺悟的涅槃的境界，此涅槃理解為不染著於一切有形的、無形的存有之境界，但又能生成於一切有形無形的境界之中。涅槃像是一切生成創造的根本，又依一切因緣而創造。涅槃是空，所以用之無窮。涅槃是有，這有是萬有，所以不能為任何一種個體之「有」所捆縛。因此，涅槃不生不滅，非有非無。

（四）利他精神的動機論與結果論

1. 結果導向的利他主義：功利主義與博奕理論的利他

當代經濟學者為了解決人性自利所產生的衝突，逐漸發展出互惠、利他模式。從博奕理論的觀點，合作才是雙贏。學者威廉．龐士東所著《囚犯的兩難》[17]以及大衛．麥克亞當斯的《賽

17 威廉．龐士東（William Poundstone）著，葉家興譯，《囚犯的兩難：賽局理論與數學天才馮紐曼的故事》（*Prisoner's Dilemma*）（臺北：左岸出版社，二〇一四）。

局意識》[18]，都是從博奕模式出發，分析兩個囚犯彼此如能有良好合作的默契，對彼此都最為有利。兩個囚犯分隔審問，都不願供出夥伴罪行，不是基於愛與利他，而是精心計算自我利益下的利他模式。博奕理論發展出的囚犯困境大量運用在商業談判、危機處理、糾紛仲裁之中，以此模式讓對立或夥伴的雙方互利，這思維屬「自利式的利他」。

美國的羅伯特・愛克斯德（Robert Axelord）與漢彌爾頓（Hamilton）合作的《合作的進化論》（*The Evolution of Cooperation*）一樣採用博奕理論，探討互惠模式，不背叛彼此，對雙方的好處最大。換言之，如果結果不利於任何一方，這「博奕理論」或其衍生的「賽局理論」及「囚犯困局理論」都會失效。互惠是基於「自利」而行使之。結果好，這理論才有效。因此，賽局理論的失靈會發生在無法預估對方會怎麼做？軍備的雙方不知道對方的軍事預算；或在一場美元拍賣中，價格上限無法確知，買方就很難開價，賽局理論就失靈。[19]所以當一個體無法預估對方是否做出對自己有利的行為之際，或訊息不清楚之際，賽局理論就會失靈，互惠原則就會破壞。這都是基於「自利」的計算所行使的「互惠」。從其結果之利，論其利他之行。

這種模式保證利他不能害己，或者說，博奕理論的利他是以不害己為前提。因此，問題的浮現會是：利他如果預期會害己，還利他嗎？答案應該是否定的。

另一個問題是，利他的動機在現實中無法實踐出具體利他的結果時，還能算是利他嗎？利他的動機可能因為時空條件不到位而無法實現，那這還屬於利他嗎？利他究竟只是動機？還是要論結果？

從康德善意志觀點的利他是不論結果的。一個人的善不應該在現實中無法得到體現而削弱他至善的意志之價值。康德說：

> 善意志之為善，並非由於其結果或成效，即非由於它已達成任何一項預定目的，而僅由於意欲；也就是說，其自身就是。
>
> 縱使由於命運特別的不利，使這個善意志完全欠缺實現其意圖的能力，且在其盡了最大的努力之後仍一無所成，而只剩下善的意志，此時它自身仍具備其全部價值，像一顆寶石似的獨自閃耀。有用與否對這項價值不會有增減。[20]

康德的善意志觀點下的利他應視為非功利、非結果論、動機論，或唯心論的道德倫理觀。康德認為善意志不能等同於它的結果。即使善意志造成痛苦的結果，善意志仍為善，因為它的目的就是行善。[21]

---

18 大衛．麥克亞當斯（David McAdams）著，朱道凱譯，《賽局意識：看清情勢，先一步發掘機會點的終極思考》（*Game-Changer: Game Theory and the Art of Transforming Strategic Situations*）（臺北：天下文化出版社，二〇一五）。

19 威廉．龐士東（William Poundstone）著，葉家興譯，《囚犯的兩難：賽局理論與數學天才馮紐曼的故事》（*Prisoner's Dilemma*）（臺北：左岸出版社，二〇一四），頁三五七。

20 康德（Immanuel Kant）著，李明輝譯，《道德底形上學之基礎》（*Grundlegung zur Metaphysik der Sitten*）（臺北：聯經出版公司，二〇一四），頁十。

21 Immanuel Kant, *Groundwork of the Metaphysics of Moral* , US: Cambridge, University press, 1997. 62.

一九九二年五月五日發生在臺北的健康幼稚園火燒車事件，一位林靖娟老師已經救出六位孩童，但是當她聽到二十位還困在車上的孩童的哭聲時，她又衝進燃燒的車上救人，在她從車窗上丟出八個孩童之後，林老師與其他十多個孩子都葬身火窟。林靖娟的義舉如果從康德的觀點就是善意志，其自身不因結果而減損他的價值。而且這種善意志，這種利他的行動是完全基於自由理性的自由意志。[22]

2. 動機與結果兼備的利他精神

佛教的利他則是根植於動機與結果兼備的道德觀點之上。佛陀強調布施是無相布施，即不著相，一如慈濟證嚴上人所言：「付出無所求。」但是無所求的付出之利他，仍是著重結果的。但這結果的衡量不見得是屬於世俗意義底下的結果。

證嚴上人曾舉《愚賢經》的一段記載，說明佛陀在累世修行中，都曾經身處地獄道。但是一念為善，所以上升天人，終至成佛。《愚賢經》說，佛陀有一世在地獄中受苦，但是看到一位罪人扛著火焰鐵車，一時慈心起，幫他拖拉火焰鐵車，結果被獄卒一棒打死。

一棒被獄卒打死的佛陀，直接升忉利天，於無數量劫之修持後成佛。慈心悲憫眾生，是成就佛道的關鍵。試想佛陀於這一世為地獄罪人，其甘心為另一罪人背負火紅的鐵車，其出發心並不是為了升忉利天，其出發心是不忍人的惻隱之心，是慈悲心讓這地獄的罪人去背負其他罪人的苦煉。這與康德之自由理性之善意志，其區別在於利他的道德出發點不是意志理性，而是意志的慈悲。罪人並不具備善意志的律令，而是在慈悲中體現了它。

獄卒打死這位為他人背負火車的罪人，結果這罪人的利他行動之結果為自身帶來了善果。雖然他死了，但是升至忉利天。最重要的是那一世就是佛陀成道的起點，從此再經過累世修行之後，佛陀終成正果。這故事的隱喻為利他是動機的善與結果的善，但是這個善不是世俗的功利，而是通向至善修行的善果。這與功利主義的利他仍有極大區別。

慈濟證嚴上人強調志工在救災過程中要注意自身的安全。不能保障志工人身安全的災區，慈濟本會是不希望志工前往的。如戰火連天，缺乏適當保護的交戰區，慈濟人不會前往賑災。以佛教慈濟的觀點而言，利他之結果不能害己。利他可能害己，但是能預期的害己，卻仍然願意利他，從慈濟觀點而言，這是非常個人化的意志之表現，不應成為團體之規範。

因利他而犧牲自己，佛經裡也有許多的故事。佛有一世作為一比丘，看見飢餓的母虎與小虎，比丘唯恐母虎因為飢餓吃掉小虎，因此以血餵母虎，等虎力氣恢復，把這比丘也吃掉了，而這比丘心裡完全無憾。[23]這是比丘預防他人為惡所行之利他。其結果是自身受害，但其慧命卻常保。佛教利他之善果非現實之成果，而是允諾一修行的清淨與覺悟增進之善果。利他是通向究竟成佛。

22 林火旺，《基本倫理學》（臺北：三民出版社，二〇一三），頁一〇九。

23 《菩薩本生鬘論》卷一，《大正新修大藏經》第三冊。

（五）利他與超越——宗教哲學觀點

1. 利他作為人類自我之超越

利他是超越自我的趨力。人對於超越的追尋如同卡爾・雅斯培在《哲學信仰》中所說：「人體認識到自己雖然是有限，但他的可能性似乎伸延到無限。這一點使他自己成為一切奧祕中最偉大的存在。」[24]

人類亟求無限，希望通向無限，契入無限，或與無限合一，這是宗教得以存在與延續的重要因素。因為對於無限的渴望，宗教總是把「有限」、「分別」、「部分」當作是業，是苦，是無明，是惡，或是原罪。

以基督教為例，基督教的原罪來自亞當、夏娃違背上帝的旨意，偷食禁果，因此有了男女之識別，有了裸露的羞恥感，這是原罪。人類祖先的罪，是每一個人的原罪。亞當、夏娃的偷食禁果，讓他們覺知自我，分別男女，這是人類從與萬物全體合一的無分別中分離出來，開始有分別心，開始有自我意識，羞恥的意識即是自我之顯現，這是原罪。因為人類已經開始與從萬物一體的無限中脫離出來，變成執著有限，貪著自我意識，因此被認為是原罪。

當人類的文明發展開始意識到自身與萬物不同，就開始了生滅法。我生、我滅。如果視萬物為一體，此生，此滅，彼生，彼滅，都是萬物循環、宇宙法則的一部分，無個體之生滅可言。

所以回歸萬有的上帝，成為「有限」的人類（基督徒）最高的渴望。東方儒家的「天人合一」、印度的梵我思想、道家的「人法地、地法天、天法道、道法自然」，無不是將人的存在擴展到無限。人與萬物原本皆相連不悖，所以利己是局限的，與無限結合是利他的趨向與動力。

卡爾・雅斯培以個體生命的「存在」必須認識超越的「存有」，才是自身回歸的目標。他以「統攝者」來描述這超越的存有是不落入主客觀的對立，不落入個別、分別的對立。「統攝者」之存有超越這些存在之局限。卡爾・雅斯培不以上帝作為統攝者，而是以老子的「道」描述統攝者的涵義。他說：「道是統攝者。」[25]

從宗教超越角度論述道德實踐的學者包括英國的約翰・哈伍德・希克。約翰・哈伍德・希克在他的著作《宗教之詮釋——人類對超越的回應》以及《第五向度》中闡述他的理念。他主張人類都具備「第五向度——靈性的向度」，這個向度通向梵、上帝、佛性、道，只是各宗教的歷史條件與詮釋不同，但是都指向人類共同的生命體，這生命體是趨向合作、互愛、互助，共生共融。

近代的海德格之存有觀也是從超越的觀點談「存有」(Being or Dasien)。[26]人類的存在、萬物的「此在」(existence)是涵蓋在「存有」之中。海德格深受老子「道」的影響，其「存有」

24 Karl Jaspers, *The Perennial Scope of Philosophy,*UK: Routledge & Kegan Paul, 1950,51. “He becomes for himself the greatest of all mysteries when he senses that despite his finite nature, his possibilities seem to extend into infinite”

25 Karl Jaspers, *The Great Philosophers*,New York: Harcourt, Brace & World, 1996, 391. “Tao ... remains the Encompassing.”

26 Heidegger, Martin, *Being and Tim*e. US: Harper & Row, Publisher Incorporated. 1962, 37、38、39.

帶有「道」之涵義。海德格甚至提出「無」與「存有」並立為一，是宇宙萬有的根本。只不過海德格的「無」不是老子的「無」。老子的「無」是天地萬有的源頭。海德格的「無」是一種「存在」。就像空白的紙，空白之境是一種存在，就像沒有光的空間，「黑暗」是一種「存在」。

從海德格、卡爾・雅斯培到約翰・哈伍德・希克，西方宗教學者與哲學家在去除上帝的框架之後，從東方的「道」、「無」、「法身」、「空」、「梵」等思想，去尋找對存在的理解方式。他們都指出有一大我的存在，個體的目標就是認識與回歸此大我整體存有之路徑。

當西方哲學家努力從個體與整體的對立找出路的時候，東方哲學家似乎早就悟透這二元對立背後的和合與一體。老子將一切萬物歸於「道」。「道生一，一生二，二生三，三生萬物。」萬物從一而生，也回歸一。這一，如《華嚴經》所陳，一即無限，無限即一。佛性是一，以佛性點化一切有情眾生。如唐朝杜順大師所陳，「佛性緣起，法性緣起，法界緣起」。佛性遍及一切諸有情眾生，最後達圓融無礙，周遍無礙的境界。這是菩薩救護眾生的無量功德。

東方哲學思想有其強大的恆久性與圓融性。但其對時代的適應性與詮釋的創造性卻是吾輩努力的目標。在佛教體系中，本書認為佛教利他的思想有其客觀性與可實踐性，對當今的西方哲學理解東方哲學涵融之智慧，有一定的價值及影響。如約翰・哈伍德・希克在談到佛教的慈悲時說：「佛教自我中心而來的慈悲，涉及慧見的客觀性及清澈性。」[27]當西哲們逐漸認知到，慈悲就是「自我融入大我」的和合智慧，立足於東方哲學的我輩，對於佛教利他思想的研究，愈發顯明其重要性及急迫性。

2. 利他精神提供個人尋回歸屬的根

沒有人能孤獨地存在於這世界，沒有任何一個人的生長是不需仰賴他人，以及所有一切生成他的自然環境與社會環境。佛教所說因緣生法，一切有情都是因緣生滅。單一與整體不離，單一與單一不離，個人與群體不離，個人與環境不離，個人與個人不離。但是現代人卻尋求個人化，尋求與團體分離，與社會環境疏離，與自然環境對立。個人成為無根的一滴水，等待在烈日與塵灰中灰飛煙滅。「而一滴水能夠不乾涸是因為它融入閃亮的大海。」[28]利他精神讓人回到團體的互助、互愛與互利之中。那是一切生命生成必然的狀態。沒有互助、互愛，沒有任何生物能夠存在。

哪怕是深信物競天擇之法的人，試問天擇不是客觀因緣嗎？哪怕是認為生命的成長是以鬥爭為本體思想的人，試問沒有資源的相助，哪來鬥爭的能量？一切都是因緣聚合。能量有大、有小，有偏狹、有廣闊，有私心、有無私，有剝奪、有成全。一切都在因緣中得果報。如是因，如是果。但是可以確立人不會單獨生存與成長。所以感恩一切助緣，感恩一切孕育我們的力量。利他就是一種感恩。利他一如大地孕育萬物一樣的胸懷，讓個體本身成為更巨大的存在之能量。

---

27 約翰・哈伍德・希克（John Harwood Hick），《宗教之詮釋：人對超越的回應》（*An Interpretation of Religion: Human Responses to the Transcendent*）（臺北：聯經出版公司，二〇一三），頁三三九。

28 釋證嚴，《慈濟月刊》第五五八期（花蓮：財團法人慈濟傳播人文志業基金會，二〇一三年五月二十五日），頁一二五。

當個體開始利他，他就與更大的能量結合在一起。這更大的能量給予一個個體生命找到根機與泉源。一如心理學家榮格（C.G. Jung）所說，通向集體潛意識就是與更大的力量相結合。任何偉大的人都能懂得運用這股集體潛意識的力量。[29]即便是看得見、摸得見的具體集體意識，也是對個人有很大的幫助。利他是通向集體的正向能量。所以利他使個人找回歸屬的根源，找回與自然、社會斷裂的繩索，人在其中更完整、更有力。

利他是個人回歸整體的救贖，是成就更寬闊的自我的不二之道。而當自我因著利他不斷地擴大到萬物與我合一，那就契入佛性了。

3. 立基於日常道德實踐的慈濟利他精神

以實踐層面而言，個人之於群體的利他精神，證嚴上人強調力行「禮」與「德」的重要性。利他在群體中必須以「德」為前提。以「德」處眾，才能同敬。以「禮」相待才能和合。證嚴上人期許慈濟人必須「養德於內，行禮於外」[30]。而「德」與「禮」的前提不離守戒。慈濟十戒是延續佛教五戒的精神，適應當代生活而制定。「德」與「禮」不二，德不離禮，尊禮則德生，而兩者也都始於「誠」。證嚴上人對於德的定義，融合了佛教與儒家的精神，他引述管子的一句話，德者，得也。他說：

「德者，得也」。柔和善順，待人有禮而圓滿歡喜的功德，只要下功夫，就有所得。[31]修行者真正的道場在自己的內心……。修行修一念心在誠。有誠於心，起心動念，自然合於正道。「誠意方殷，諸佛現全身」，只要內心殷切真誠，諸佛菩薩都會現前，足見誠的重要性。[32]

儒家《大學》「誠意、正心、修身、齊家、治國、平天下」之倫理次第，對於證嚴上人有一定的影響。他在《有禮達理》一書中云：

慈濟不斷推動克己復禮，希望民德歸厚，里仁為美，再現禮儀社會。《禮記・大學》云：「大學之道，在明明德，在親民，在止於至善。」讓我們從誠意、正心、修身、齊家，一步步做起，落實克己復禮，人人明明德……人間有人倫的道理，順於天地自然之道，安於人倫次序，終能「止於至善」。[33]

證嚴上人的利他精神於出世間法是以不斷的願力生生世世利益眾生。但願眾生得離苦，不為自己求安樂。之於世間法是以禮確定人與天地，人與人的人倫次序。形上的利他理想與形下的倫

29 C.G. Jung, *The Archetypes and Collective Unconscious*,US: Princeton University Press,1969.
30 釋證嚴，《有禮達理——人文素質的涵養》（臺北：靜思人文出版社，二〇一五），頁六六。.
31 釋證嚴，《有禮達理——人文素質的涵養》（臺北：靜思人文出版社，二〇一五）頁七九。
32 釋證嚴，《有禮達理——人文素質的涵養》（臺北：靜思人文出版社，二〇一五）頁八〇。
33 釋證嚴，《有禮達理——人文素質的涵養》（臺北：靜思人文出版社，二〇一五）頁三五。

理實踐在此得到結合。

近年慈濟不斷提倡「敬天愛地聚福緣，克己復禮致祥和」。禮對於天地，對於人一樣的尊禮。證嚴上人引述儒家思想說：

「禮者，理也。合禮，則合理也。」禮是做人的根本道理。禮若失，理就失。古云：「有禮則安，無禮則危。」社會發生爭執衝突，大多因為人們輕忽禮的重要，言行無禮，舉止粗魯，進而造成激烈的對立。所以人與人之間以禮相待，是不可或缺的環節。[34]

證嚴上人的利他精神應用於群體之中，不離道德之實踐。這是原始佛教佛陀之教法，也是儒家重要的倫理思想。

（六）利他精神視世界為一個整體

1. 利他精神作為各宗教之共同基礎

本書所述的慈濟利他精神起源並根植於佛教，但其實踐超越佛教的範疇。今日眾多不同宗教的人士投入慈濟當志工，說明利他精神是一種普世價值。與其討論有無神的存在？有無輪迴？不如一起共同為苦難人做出奉獻。宗教的核心就是愛，利他即是大愛的表現。

以愛導愛，讓不同宗教以此為共同實踐與和合之平臺。如南非的慈濟基督徒志工說：「通過慈濟，讓我們更接近上帝。」上帝的本質是愛，佛陀的本懷也是慈悲與大愛。

佛法本身是客觀的真理，因緣生滅法也是客觀的真理。以慈悲心看待一切，因緣是人心清淨的基礎。佛陀所教化的這些道理人人都可實踐，這法是普世的，非佛教徒專屬。因此，奠基於眾生皆具平等慈悲智慧的利他精神是跨越各宗教與集合各宗教的力量。

2. 邁向與萬物合一的利他精神

當今世界在各種主義與各種利益的拉扯下，形成一種極端分裂的狀態。宗教之間的仇視、民族間的敵意、國家之間的衝突，乃至國內不同意識形態之對立，自由的世界並沒有產生更自由的個人，而是製造更多的對抗。這不是自由的錯誤，是自由遭到誤解。西方的自由講的是「選擇的自由」。佛教的自由強調「無所求的自由」，亦即免於欲望捆綁的自由。選擇的自由是求，佛教認為有所求皆苦。佛教講接納，講求無所求，無所住的自由。這種自由觀可以匡正當今社會因為各種不同的選擇，而造成的意識形態與利益的對立。當然不是說佛教放棄任何選擇，而是佛教更強調接納，而接納是利他的起點。利他之前必須先接納，接納不同，接納彼此的缺陷，接納人性之惡，而願意逐步地耐心幫助與感化。

「選擇的自由」來自自我的渴求，是很個人主義的思維。阻擋我的選擇的即是惡，即興起反

34 釋證嚴，《有禮達理——人文素質的涵養》（臺北：靜思人文出版社，二〇一五）頁三二一。

抗之行動，無怪乎社會的衝突與日俱增，無怪乎地球在過去一、兩個世紀被人類極端的剝削後，產生極端的天氣。西方真正的自由主義下的「選擇的自由」其實是看重差異，尊重差異。但是佛教的利他精神更進一步地給予差異者利益，只要差異者不是以危害他人作為自我利益的追逐。

根本來說，人類社會中任何一個力量的成長當然帶來其他力量的削弱，利他精神必須有一個更高的標準來看待利他的實踐程度。這標準不是回歸到「效益主義」。效益主義以約翰・羅爾斯的觀點是只重視與追求利益的極大化。羅爾斯強調公平正義的前提是承認差異化，承認一樣的公平機會，但個人發展一定不同。而那些優勢者，在擴展自我的利益時，必須能同時嘉惠弱勢者的利益。羅爾斯的公平正義之兩大原則，機會均等與給予最弱勢者最大的利益。任何追逐自我利益的人，必須想到及發展出一個機制讓因你而減少利益的一群人如何受益。這是西方目前對於「利己與利他的平衡」最突出的詮釋。

但是佛教的利他更為根本。如證嚴上人效法古德們的悲願：「但願眾生得離苦，不為自己求安樂。」這是徹底的利他。一個優秀的人不是追求個人的利益為生命的目標，不是個人利益獲取後，才開始做利益他人之事。這就是證嚴上人所強調愛心不是有錢人的專利，是有心人的權利，號召人人慈善，即刻行善，人生的價值來自於創造他人之價值，這是慈濟對佛教的利他精神之體現。

在國家與民族的對抗之間，利他精神其實是考慮到人民的利益。國家與國家的衝突，民族與民族的衝突，都是以人民的生命與利益作為代價。在諸多戰爭與衝突的藉口中人民永遠是犧牲者。一國之君，一族之長，能以利他精神看待世間，看待自己的國人與族人，不會輕易興起衝突與戰爭。一群抗議者如果想想員警也有眷屬，也有家人需照顧，不會在抗議衝突中刻意醜化員警，向員警投汽油彈。反之亦然，政府執行公權力想到都是老百姓，自然能以更理性的方式解決。利他的前提除了接納，就是同理，再來才是給予。「接納、同理、給予」這三種利他的步驟將大大減少人與人、人與社會、百姓與政府、勞工與資方、國與國、民族與民族、宗教與宗教的對立。

佛教的利他精神以六度萬行，布施、持戒、忍辱、精進、禪定、智慧。一個願意布施的人沒有敵人。一個願意持戒的人會縮小欲望，不會追逐自我利益而傷害他人。一個忍辱的人不會因為意見理念不同，受到辱罵就起嗔心。忍辱心不只能生忍，還要度化侮辱我們的人，這種精進不會產生對立的面向。一個禪定的人，處處皆能自在，無入而不自得，以大智慧布施法，以大慈悲廣施博愛，這是人間祥和的理想。

因此，佛教利他精神是社會理想之藍圖。是人與人、人與自己、人與社會、人與自然、國族與國族和諧安樂的一劑良方。然而，利他精神最後歸結到，人人從無所求的利益他人中，契入無我之境，這是究竟覺悟。

自我覺悟，人人覺悟，天下本來一體，萬物本來和合為一。利他的極致就是邁向萬物和合，一切有情安樂自在。

3. 究竟之利他精神回歸無我

只有在無我、空性的基礎上，利他才能長久不怠。「用之不窮」，必須回到空性，回歸到無為法。一切的有相、有形都應超越，都可以捨；如此，之於個人才能長保修行之果實，之於團體才能時時順應眾生之所需，達到無我所的境地。

佛陀的覺悟是契悟真實法、領悟萬法的覺者。佛陀告訴阿難「皈依法、自皈依」。如證嚴上人所言，佛陀之唯我獨尊，是唯真理是尊。面對萬法之真理，面對無量眾生，利他行者永遠是一個謙卑的學習者。

後記

年輕的時候對生命有很多疑問？宇宙怎麼形成？生命為何在這裡？對哲學問題深深著迷。那時候住鄉下，對思想與感性極度地渴望，抓到什麼就讀什麼，如錢穆、泰戈爾、羅曼羅蘭、托爾斯泰、徐志摩和佛洛姆等等，都是我喜愛的作家、思想者。中學畢業考慮讀哲學或法律，老師認為我這麼活躍，應該從政、應該讀法律，結果聯考後，我兩樣都沒有讀到，反而念了傳播。傳播走得很順利，在臺灣新聞界算是被普遍認可的主播、製作人。在美國讀完傳播碩士，也同時在大學裡任教。

我對佛教的認識是二十多歲時涉獵新儒家思想而接觸了方東美先生的佛學，爾後閱讀《壇經》深受感動，翻讀《維摩詰經》覺得佛法智慧之高妙。我從佛洛姆心理學認識了鈴木大拙的禪學，為禪宗的思想深深吸引。直到二〇〇二年我離開傳播工作，加入慈濟，跟隨慈濟證嚴上人學習，參與慈善、人文、國際交流等工作，我的哲學生命才又真正回來。

在慈濟十多年了，有大福報經常在證嚴上人身邊學習，他的智慧、寬宏、細膩、慈悲與穿透力，無不讓我對他的敬愛與感佩日日俱增。二〇〇六年我開始在晨間五點鐘前往靜思精舍聆聽證嚴上人每日靜思晨語的佛法講述，十多年下來，陸陸續續，耳濡目染對佛法有更深切的體會。我一直想著念個博士，想過幾個領域，傳播、政治、社會學、哲學。想過東、西方幾個學校，但都覺得機緣不足。二〇一〇年拜訪了樓宇烈教授，邀請他到慈濟參與論壇及專題講座。是年，好友人民大學魏德東教授陪同樓教授一起到臺灣，參與第一屆慈濟論壇。樓教授並在靜思精舍為常住眾發表一場演講，談中國佛教的演進。證嚴上人透過視訊在他的書房裡聽。翌日，證嚴上人召集常住眾詢問他們這兩日聽了牛津大學的彼得．克拉克教授與北京大學的樓教授演講有何感受？會中證嚴上人對樓教授佛法之通透很是讚歎。

二〇一一年我在證嚴上人同意下報考北大哲學系博士班，幸運地考上了。在一年的上課中，讓我重拾讀書當學生的喜悅。我不會忘記聆聽樓老師上課，以及其他教授授課時所獲得的思想之喜悅。我除了主修中國哲學與佛教哲學，也修了伊斯蘭宗教學與馬克思思想，旁聽西哲及聖經學詮釋等。這些都給我帶來無比的智慧之啟發。哲學系的第二、三年大量研讀佛教哲學，並作論文撰寫之準備。感恩指導教授樓宇烈先生的指引，讓我的論文能夠從佛教從利他到覺悟的思想，更集中在探討證嚴上人的利他思想實踐之研究。期間周學農教授、李四龍教授不時給予指導，也讓我獲益甚多、銘感於心、至誠感謝他們。樓教授給予我不只是思想與學識的啟發，他的風骨、處世、融通、敏銳與篤定，都是學子們最好的身教，他的人格典型是我們終生學習的榜樣。

除了老師們的殷殷教導，樓門同學們的陪伴、支持是我能完成學業的關鍵。偉光、江甯、建華、千琪，國柱、卞景、天賜、佳希、繼忠、威維以及其他無法一一列舉的同門師兄姊們的情誼讓我永世難忘。我的慈濟同仁睿伶、建谷經常指點我 Word 軟體格式的使用，這些細微的事，其實是我的大事，這讓不太會用軟體格式的我能在寫作上、心情上更勝任有餘。我對他們表達由衷的感恩！

我更要感恩我的家人賢內慶方、兒子予懷、我的妹妹明娥，以及其他家人們給予我最大的支持與鼓勵。家人長期忍受我經常不在家，為著我的學業，付出許多有形、無形的心力。我也要感謝我在慈濟的法親、邰中和師兄、阮妮蓮師姊這幾年不斷地鼓勵我攻讀博士，他們的支持與鼓勵給我很大的力量。李億慧師姊與當時在清華大學就讀的楊雯婷師姊，陪伴我與慶方到北大報到入學，安排長期往返的種種，銘感於心。基金會同仁謝景貴師兄、聶齊桓師兄，對於我決定攻讀博士提供的意見也一併表達無限的感恩。

這一切的因緣我更要感謝我的恩師證嚴上人給予我繼續進修的機會，最重要的是他給予我生命的大智慧。我的論文能順利完成，他的思想給我的啟迪是深刻而根本的。在北大就讀期間，聆聽樓宇烈教授的講課，也發覺樓教授與證嚴上人的思想有諸多相契、相通之處，這無疑都是我的大福報。

日生願將所學、所聞，持續地以思想及行動的力量貢獻學術界與人類社會，才不負我的指導老師樓宇烈教授、諸位師長、先進，特別是我的恩師證嚴上人的殷殷期望。

參考文獻

一、藏經

《雜阿含經》卷四十一，《大正新修大藏經》第二冊。
《雜阿含經》卷一，《大正新修大藏經》第二冊。
《雜阿含經》卷二十七，《大正新修大藏經》第二冊。
《雜阿含經》卷十四，《大正新修大藏經》第二冊。
《雜阿含經》卷二十六，《大正新修大藏經》第二冊。
《雜阿含經》卷三十三，《大正新修大藏經》第二冊。
《增壹阿含經》卷二十，《大正新修大藏經》第二冊。
《佛開解梵志阿颰經》，《大正新修大藏經》第一冊。
《長阿含經》卷二，《大正新修大藏經》第一冊。

《中阿含經》卷三十四，《大正新修大藏經》第一冊。
《增壹阿含經》卷十四，《大正新修大藏經》第二冊。
《妙法蓮華經》卷一，《大正新修大藏經》第九冊。
《小品般若波羅蜜經》卷七，《大正新修大藏經》第八冊。
《六度集經》，《新修大正新修大藏經》第三冊。
《妙法蓮華經》卷二，《大正新修大藏經》第九冊。
《大智度論》卷十二，《大正新修大藏經》第二十五冊。
《賢愚經》，《大正新修大藏經》第四冊。
《菩薩本生鬘論》卷一，《新修大正大藏經》第三冊。
《解脫道論》卷八，《大正新修大藏經》第三十二冊。
《無量義經．說法品第二》，《大正新修大藏經》第九冊。
《大方廣佛華嚴經》卷二十三，《大正新修大藏經》第九冊。
《佛說藥師如來本願經》，《大正新修大藏經》第十四冊。
《增壹阿含經》卷十九，《大正新修大藏經》第二冊。
《雜阿含經》卷二十四，《大正新修大藏經》第二冊。
《增壹阿含經》卷三十四，《大正新修大藏經》第二冊。
《阿毘達磨大毘婆沙論》，《大正新修大藏經》第二十七冊。

《大智度論》卷四，《大正新修大藏經》第二十五冊。
《大智度論》卷十二，《大正新修大藏經》第二十五冊。
《小品般若波羅蜜經》，《大正新修大藏經》第八冊。
《大方廣佛華嚴經》，《大正新修大藏經》第九冊。
《大方廣佛華嚴經》卷四十，《大正新修大藏經》第十冊。
吉藏，《中觀論疏》卷九，《大正新修大藏經》第四十二冊。
《大方廣佛華嚴經》，《大正新修大藏經》第十冊。
《大方廣佛華嚴經》卷三十九，《大正新修大藏經》第十冊。
《別譯雜阿含經》卷十二，《大正新修大藏經》第二冊。
《大方廣佛華嚴經》卷三十九，《大正新修大藏經》第十冊。
《淨土鏡觀要門》，《大正新修大藏經》第四十七冊。
《無量壽經會譯》，《卍新續藏》第一冊。
《地藏菩薩本願經上》，《大正新修大藏經》第十三冊。
三藏曇摩伽陀耶舍譯，《無量義經》，《大正新修大藏經》第九冊。
天親著，《遺教經論》，《大正新修大藏經》第二十六冊。
明古吳蕅益釋，《遺教經解》，《卍新纂續藏經》第三十七冊。
《大梵天王問佛決疑經》卷二，《卍新纂續藏經》第一冊。

《成實論》卷十二，《大正新修大藏經》第三十二冊。
《增壹阿含經》卷二十六，《大正新修大藏經》第二冊。
《遺教經論》，《大正新修大藏經》第二十六冊。
《雜阿含經》卷十二，《大正新修大藏經》第二冊。
《大般若波羅蜜經》卷三八五，《大正新修大藏經》第六冊。
《佛地經論》卷五，《大正新修大藏經》第二十六冊。
《四分律比丘戒本》，《大正新修大藏經》第二十二冊。

二、專書

釋證嚴，《無量義經講義》（臺北：慈濟文化出版社，二〇〇一）。
釋證嚴，《靜思妙蓮華・序品第一》上卷（臺北：靜思人文出版社，二〇一五）。
釋證嚴，《妙法蓮華經・序品第一》下卷（臺北：靜思人文出版社，二〇一四）。
釋證嚴，《佛門大孝地藏》（臺北：靜思人文出版社，二〇〇九）。
釋證嚴，《四十二章經講述》（靜思精舍，一九八七）。
釋證嚴，《三十七道品講義》（臺北：慈濟文化出版社，一九九一）。
釋證嚴，《父母恩重難報經》（臺北：靜思人文出版社，一九九八）。

釋證嚴，《心靈十境》（臺北：慈濟文化出版社，二〇〇二）。
釋證嚴，《佛遺教經》（臺北：靜思人文出版社，二〇〇九）。
釋證嚴，《證嚴上人衲履足跡》二〇〇六夏之卷（臺北：靜思人文出版社，二〇〇六）。
釋證嚴，《靜思語》（臺北：靜思人文出版社，二〇〇九）。
釋證嚴，《無量義經偈頌》（臺北：靜思人文出版社，二〇一一）。
釋德㑵，《證嚴上人思想體系探究叢書》第一輯（臺北：靜思人文出版社，二〇〇八）。
釋德㑵，《證嚴上人衲履足跡》二〇一二春之卷（臺北：靜思人文出版社，二〇一二）。
釋德㑵，《證嚴上人衲履足跡》二〇〇六夏之卷（臺北：靜思人文出版社，二〇〇九）。
釋德㑵，《證嚴上人衲履足跡》（臺北：靜思人文出版社，二〇〇〇）。
釋德㑵，《證嚴上人衲履足跡》（臺北：靜思人文出版社，二〇〇六）。
釋德㑵，《證嚴上人衲履足跡》（臺北：靜思人文出版社，二〇〇〇）。
釋德㑵編撰，〈為天下做事 就是為臺灣植福〉，《證嚴上人衲履足跡》（臺北：慈濟文化出版社，二〇〇七）。
杜繼文，《漢譯佛教經典》（江蘇：江蘇人民出版社，二〇〇八）。
任繼愈，《中國佛教史》（北京：中國社會科學出版社，一九八八）。
方立天，《中國佛教哲學要義》（北京：中國人民大學出版社，二〇一一）。
樓宇烈，《中國文化中的儒釋道》（中國大陸：佛學研究網，二〇一五）。

徐文明，《中國佛教哲學》（北京：宗教文化出版社，二〇〇八）。

李四龍著，葉朗編審，《中國佛教與民間社會》（河南：大象出版社，一九九七）。

Peter Singer, *The Most Good You Can Do*, US: Yale University Press, 2015.

約翰・哈伍德・希克（John Harwood Hick），蔡怡佳譯，《宗教之詮釋——人對超越的回應》（臺北：聯經出版公司，二〇一三）。

Richard Madsen, *Democracy Dharma,* US: University of California Press, 2007.

馬克斯・韋伯（M. Weber）著，康樂、簡惠美譯，《宗教與世界 韋伯選輯二》（臺北：遠流出版社，一九八九）。

懷海德（Alfred North Whitehead）著，周邦憲譯，《過程與實在》（貴州：貴州人民出版社，二〇〇六）。

Vygotsky. L. S. 1926. *Educational Psychology.* Translated by: Robert Silverman. 1992. Florida: St. Lucie Press.

C.G. Jung ,*The Archetypes and Collective Unconscious*, US: Princeton University Press, 1969.

Clarke, B. Peter, *New Religion in Global Perspective*, UK: Routledge, 2005.

C. Daniel Baston, *The Altruism Question—Toward A Social Psychological Answer*,US: Psychology Press, 2014.

康德（Immanuel Kant）著，《道德底形上學之基礎》（*Grundlegung zur Metaphysik der Sitten*）（臺北：聯經出版公司，二〇一四）。

Kant, Immanuel, *Groundwork of the Metaphysics of Moral* ,UK: Cambridge University press, 1997.

Huang, Julia（黃倩玉）,*Compassion and Charisma—Cheng Yen and the Buddhist Tzu Chi Movement,* US:

Harvard University Press. 2009.

威廉・龐士東（William Poundstone）著，葉家興譯，《囚犯的兩難：賽局理論與數學天才馮紐曼的故事》（Prisoner's Dilemma）（臺北：左岸出版社，二〇一四）。

大衛・麥克亞當斯（David McAdams）著，朱道凱譯，《賽局意識：看清情勢，先一步發掘機會點的終極思考》（*Game-Changer: Game Theory and the Art of Transforming Strategic Situations*）（臺北：天下雜誌，二〇一五）。

Karl Jaspers, *The Perennial Scope of Philosophy*,UK: Routledge & Kegan Paul, 1995.

Karl Jaspers, *The Great Philosophers*, New York: Harcourt, Brace & World, 1996

Heidegger, Martin,*Being and Time*, US: Harper & Row, Publisher,1927.

約翰・羅爾斯（John Rawls）著，姚大志譯，《作為公平的正義：正義新論》（*Justice as Fairness: a restatement*）（臺北：左岸文化有限公司，二〇〇二）。

尼采（Friedrich Wilhelm Nietzsche）著，余鴻榮譯，《查拉圖斯特拉如是說》（*Also sprach Zarathustra : ein Buch fur alle and keinen*）（臺北：志文出版社，一九九九）。

太虛大師，《太虛大師全書　宗用論》（臺北：善導寺佛經流通處印行，一九九三）。

太虛大師，《佛法總學》（一）（臺北：善導寺佛經流通處印行，一九九三）。

太虛大師，《佛法總學》（二）（臺北：善導寺佛經流通處印行，一九九三）。

太虛大師，〈我的佛教改進運動〉，《太虛大師選集》（臺北：正聞出版社，一九九三）。

太虛大師，〈僧制今論〉，《太虛大師全書》（臺北：正聞出版社，一九九三）。
印順導師，《大乘佛教之開展於緣起》（臺北：正聞出版社，一九九三）。
印順導師，《華雨集第一冊》（臺北：正聞出版社，一九九三）。
印順導師，《學佛三要》（臺北：正聞出版社，一九九一）。
印順導師，《菩薩心行要略》（臺北：正聞出版社，二〇〇五）。
印順導師，《佛法概論》（臺北：正聞出版社，一九九二）。
印順導師，《攝大乘論講記》（臺北：正聞出版社，一九九二）。
印順導師，《華雨集第四冊》（臺北：正聞出版社，一九九三）。
呂澂，《印度佛學源流略論》（臺北：大千出版社，二〇〇〇）。
呂澂，《佛學選集五》（山東：齊魯書社，一九九一）。
方立天，《中國佛教與傳統文化》（北京：中國人民大學出版社，二〇一〇）。
木村泰賢，《小乘佛教之思想》（臺北：天華出版社，一九九〇）。
平川彰，《印度佛教史》（臺北：商周出版社，二〇〇二）。
方東美，《華嚴宗哲學》（上）（臺灣，黎明出版社，一九八六）。
平川彰著，莊昆木譯，《印度佛教史》（臺北：商周出版社，二〇〇四）。
樓宇烈，《宗教研究方法講記——繼承與批判》（北京：北京大學出版社，二〇一三）。
樓宇烈，《人文立本》（北京：北京大學出版社，二〇一三）。

靜思書齋，《有朋自遠方來：與證嚴法師對話》（臺北：天下文化，二〇〇〇）。

金觀濤、劉青峰，《中國現代思想緣起》（北京：法律出版社，二〇一一）。

丁仁傑，《社會脈絡中的助人行為》（臺北：聯經出版公司，一九九九）。

盧蕙馨，《人情化大愛——多面向的慈濟共同體》（臺北：南天書局，二〇一一）。

朱熹，《大學》，《四書章句集註》（臺北：中華書局，二〇一一）。

朱熹，《論語》，《四書章句集註》（臺北：中華書局，二〇一一）。

梁明霞，《近代日本新佛教運動研究》（北京：宗教文化出版社，二〇一五）。

林火旺，《基本倫理學》（臺北：三民出版社，二〇一三）。

江文富、賈栗，《利他還是利己——生命文化視角下的選擇》（北京：高等教育出版社，二〇一四）。

李委煌，《川震百日情》，《慈濟道侶叢書》（臺北：慈濟人文志業中心中文期刊部，二〇〇八）。

李明芳，《大乘佛教倫理思想研究》（高雄：佛光文化事業，一九八九）。

何日生、許木柱編輯，《曙光初現——雅加達慈濟紅溪河與慈濟大愛村研究——邊界的典範》（花蓮：慈濟大學出版社，二〇一二）。

何日生，《慈濟實踐美學》（上）（臺北：立緒出版社，二〇〇八）。

何日生，《慈濟實踐美學》（下）（臺北：立緒出版社，二〇〇八）。

何日生，《一念間》（臺北：圓神出版社，二〇〇七）。

三、論文期刊

釋證嚴，〈隨師行記〉，《慈濟月刊》第四八一期（臺北：財團法人慈濟傳播人文志業基金會，二〇〇六年十二月二十五日）。
釋證嚴，〈隨師行記〉，《慈濟月刊》第四四八期（臺北：財團法人慈濟傳播人文志業基金會，二〇〇四年三月二十五日）。
釋證嚴，〈隨師行記〉，《慈濟月刊》第四八一期（臺北：財團法人慈濟傳播人文志業基金會，二〇〇六年十二月二十五日）。
釋證嚴，《慈濟月刊》第五一七期（臺北：財團法人慈濟傳播人文志業基金會，二〇〇九年十二月二十五日）。
釋證嚴，《慈濟月刊》第四〇二期（臺北：財團法人慈濟傳播人文志業基金會，二〇〇〇年五月二十五日）。
釋證嚴，〈靜思法脈勤行道　慈濟宗門人間路〉，《慈濟月刊》（臺北：財團法人慈濟傳播人文志業基金會，二〇〇八）。
釋證嚴，〈靜思法脈勤行道　慈濟宗門人間路〉，《慈濟月刊》（臺北：財團法人慈濟傳播人文志業基金會，二〇〇八）。
釋證嚴，〈隨師行記〉，《慈濟月刊》四四八期（臺北：財團法人慈濟傳播人文志業基金會，二〇〇四年三月二十五日）。
釋德仉，〈隨師行記〉，《慈濟月刊》四〇七期（臺北：財團法人慈濟傳播人文志業基金會，二〇〇六年四月二十五日）。

釋證嚴，《慈濟月刊》三六一期（臺北：財團法人慈濟傳播人文志業基金會，一九九六年十二月二十五日）。

釋德佩，〈隨師行記〉，《慈濟月刊》四四八期（臺北：財團法人慈濟傳播人文志業基金會，二〇〇四年三月二十五日）。

釋德佩，〈隨師行記〉，《慈濟月刊》四八一期（臺北：財團法人慈濟傳播人文志業基金會，二〇〇六年十一月）。

釋德佩，〈隨師行記〉，《慈濟月刊》四八一期（臺北：財團法人慈濟傳播人文志業基金會，二〇〇六年十一月）。

Richard Gombrich, Oxford, and Yu-Shuang Yao, *A Radical Buddhism and Modern Confucian, Tzu Chi in Socio-Historical Perspectives.* Buddhist Study Review. BSRV30.2, 2013.

Thomas C. Scott-Phillips, Thomas E. Dickins, Sturart A. West, *Evolutionary Theory and the Ultimate-Proximate Distinction in the Human Behavioral Sciences. Perspectives on Psychological Science.* January 2011 vol. 6 no. 1 38-47, SAGE Journal.

Rey-Sheng Her（何日生）, *The Silent Mentor of Tzu Chi*, Journal of Oxford Center for Buddhist Studies. Vol, 4, 2014. P,47 2014.

Rey-Sheng Her（何日生）, *Humankind and Nature—Dharma Master Cheng Yen's Environmental View of Life and the Development of Tzu Chi's The Environmental Mission,* UK: Cambridge Scholar Publishing Company, 2014.

Rey-Sheng Her（何日生）, *How the Buddhsit Tzu Chi's Altruism Can Save the World—Dharma World Magazine,* Japan. 2014.

盧蕙馨，〈慈濟志工行善的人情脈絡〉，《慈濟大學人文社會科學學刊》（花蓮：慈濟大學，二〇〇二）。

何建明，〈佛光宗與中國現代佛教的宗派特徵 提綱〉（二〇一五年三月）。

周建平，《佛教利他主義思想評析》，《山東行政學院學報總》第一一六期（山東：山東行政學院山東省經濟管理幹部學院學報出版，二〇一二年二月）。

呂有祥，《佛教自利利他精神及其現代價值》，《中華文化論壇》第二期（四川：四川省社會科學院，二〇〇三）。

蔡玉霖，〈垃圾山不見了〉，《慈濟月刊》第四〇七期（臺北：財團法人慈濟傳播人文志業基金會，二〇〇〇年十月二十五日）。

潘煊，〈師徒因緣〉，《慈濟月刊》第四八一期（臺北：財團法人慈濟傳播人文志業基金會，二〇〇六年十二月二十五日）。

何日生著，〈用愛的眼角膜走向新生〉，《人醫心傳雜誌》第一二六期（花蓮：佛教慈濟醫療財團法人人文傳播室，二〇一四年）。

何日生，〈慈濟宗門與無量義經〉，《法印學報》（桃園：財團法人弘誓文教基金會，二〇一二）。
何日生，《慈濟宗門的理念與實踐》（日本：日本庭野和平獎，二〇〇七）。
何日生，《證嚴上人與慈濟宗門思想源起》（江蘇：第四屆世界佛教論壇，二〇一五年九月）。
何日生，〈善經濟：試論資本市場的善性與道德〉，（花蓮：第三屆慈濟論壇，二〇一四年十一月）。
何日生著，〈轉欲為愛致大美〉，《人醫心傳雜誌》第一二六期（花蓮：佛教慈濟醫療財團法人人文傳播室，二〇一〇年五月十二日）。

四、專題講座

1. 釋證嚴，〈法華經講述〉，《靜思精舍早課開示》（二〇一二—二〇一六）。
2. 釋證嚴，靜思精舍，《靜思精舍早課開示》（二〇一二—二〇一六）。
3. 釋證嚴，志工早會（花蓮：靜思精舍，二〇一二—二〇一六）。
4. 釋證嚴，花蓮慈濟醫院（花蓮：慈濟醫院，一九七七年五月一日）。
5. 釋證嚴，聯誼會講話（花蓮：靜思精舍一九九六、一九九七、二〇〇六）。
6. 釋證嚴，慈濟全省合心組隊精進三日，靜思精舍雙向座談。
7. 釋證嚴，歲末祝福與中區委員溫馨座談（二〇一四年一月）。
8. 樓宇烈，北京大學哲學系——佛教哲學專題講座（北京：北京大學，二〇一三、二〇一四）。

9. 魏德東，第二屆世界佛教論壇——慈善分論壇（臺北：二〇〇九年四月一日）。
10. 何日生，哈佛大學商業管理學院專題講演（美國：哈佛大學，二〇一一年二月九日）。
11. 何日生，二〇一二年歲末祝福——證嚴上人與媒體主管座談（二〇一二年十二月）。

五、其他

1. Peter Clarke, Speech at The First Tzu Chi Forum, 2009.
2. 釋證嚴，靜思精舍，證嚴上人對筆者的開示（二〇一二年四月）。
3. 釋證嚴，〈全球連心 愛援前線〉（臺北：慈濟全球資訊網，二〇一五年五月一日）。
4. 釋證嚴，〈報真導正 開門見路〉（臺北：慈濟全球資訊網，二〇〇九年二月十七日）。
5. 印順導師，《法影一世紀：印順導師談人間佛教》（臺北：大愛電視，二〇〇五）。
6. 賴睿伶，《勤耕福田節目》（臺北：大愛電視臺，二〇〇〇年）。
7. 何日生，《慈濟宗門與藥師經》（花蓮：慈濟大學宗教與人文研究所研討會，二〇一二）。

利他到覺悟：證嚴上人利他思想研究

2017年10月初版　　定價：新臺幣380元
2021年5月初版第四刷

著者	何日生
叢書編輯	張擎
特約編輯	王靖婷
封面設計	蕭明蘭、莫炳燊
內文排版	極翔企業有限公司

出版者	聯經出版事業股份有限公司	副總編輯	陳逸華
地址	新北市汐止區大同路一段369號1樓	總編輯	涂豐恩
叢書主編電話	(02)86925588轉5321	總經理	陳芝宇
台北聯經書房	台北市新生南路三段94號	社長	羅國俊
電話	(02)23620308	發行人	林載爵
台中分公司	台中市北區崇德路一段198號		
暨門市電話	(04)22312023		
郵政劃撥	帳戶第0100559-3號		
郵撥電話	(02)23620308		
印刷者	文聯彩色製版印刷有限公司		
總經銷	聯合發行股份有限公司		
發行所	新北市新店區寶橋路235巷6弄6號2F		
電話	(02)29178022		

行政院新聞局出版事業登記證局版臺業字第0130號

本書如有缺頁，破損，倒裝請寄回台北聯經書房更換。　ISBN 978-957-08-4995-0 (平裝)
聯經網址 http://www.linkingbooks.com.tw
電子信箱 e-mail:linking@udngroup.com

國家圖書館出版品預行編目資料

利他到覺悟：證嚴上人利他思想研究/何日生著．
初版．新北市．聯經．2017年10月（民106年）．416面．
14.8×21公分
ISBN 978-957-08-4995-0（平裝）
[2021年5月初版第四刷]

1.釋證嚴　2.學術思想　3.利他主義

229.63　　106014950